DELÍCIAS DIVINAS

Obras da autora publicadas pela Editora Best*Seller*

NA COZINHA COM NIGELLA

NIGELLÍSSIMA: INSPIRAÇÃO ITALIANA INSTANTÂNEA

DELÍCIAS DIVINAS

COMO SER UMA DIVA NA COZINHA

NIGELLA LAWSON

FOTOGRAFIAS DE PETRINA TINSLAY

TRADUÇÃO DE JOANA FARO

1ª edição

RIO DE JANEIRO | 2015

PARA JOHN, CRIADOR DE DIVAS

CIP-BRASIL. CATALOGAÇÃO NA FONTE
SINDICATO NACIONAL DOS EDITORES DE LIVROS, RJ.

L45d

Lawson, Nigella, 1960-
Delícias divinas: como ser uma diva na cozinha / Nigella Lawson; tradução Joana Faro,
Petrina Tinslay. - 1ª. ed. - Rio de Janeiro: Best*Seller*, 2015.
il.

Tradução de: How to be a Domestic Goddess
Inclui índice
ISBN 978-85-7684-756-4

1. Culinária - Receitas. I. Tinslay, Petrina. II. Título.

15-26773

CDD: 641.5
CDU: 641.5

Texto revisado segundo o novo Acordo Ortográfico da Língua Portuguesa.

Título original
HOW TO BE A DOMESTIC GODDESS
Copyright © 2000 by Nigella Lawson
Copyright das fotografias © 2000 by Petrina Tinslay
Copyright de tradução © 2015 by Editora Best *Seller* Ltda.

Design original e direção de arte: Caz Hildebrand
Assistente culinária: Hettie Potter

Design de capa e editoração eletrônica de miolo: Renata Vidal

Este livro foi composto nas tipologias Sabon e Futura,
e impresso em papel couché fosco 150g/m² na Prol Gráfica.

Todos os direitos reservados. Proibida a reprodução, no todo ou em parte,
sem autorização prévia por escrito da editora, sejam quais forem os meios empregados.

Direitos exclusivos de publicação em língua portuguesa para o mundo reservados pela
EDITORA BEST SELLER LTDA.
Rua Argentina, 171, parte, São Cristóvão
Rio de Janeiro, RJ – 20921-380

Impresso no Brasil

ISBN 978-85-7684-756-4

Seja um leitor preferencial Record.
Cadastre-se e receba informações sobre nossos lançamentos e nossas promoções.

Atendimento e venda direta ao leitor
mdireto@record.com.br ou (21) 2585-2002

SUMÁRIO

PREFÁCIO 7

BREVE OBSERVAÇÃO SOBRE EQUIPAMENTOS E INGREDIENTES 8

TABELA DE TEMPERATURAS DO FORNO 9

BOLOS 11

BISCOITOS 55

TORTAS 89

SOBREMESAS 133

CHOCOLATE 173

CRIANÇAS 217

NATAL 255

PÃO E FERMENTO 301

A DESPENSA DA DIVA 343

BIBLIOGRAFIA 374

AGRADECIMENTOS 376

ÍNDICE 377

PREFÁCIO

Este é um livro sobre receitas de forno, mas não pretende ser um manual, um guia completo ou o mapa de uma terra que você não conhece. Não quero confiná-la à cozinha nem sugerir que isso seja desejável. Mas acho que muitas de nós se alienam da esfera doméstica, e podemos nos sentir melhor retomando parte desse espaço, tornando-o reconfortante em vez de assustador. De certo modo, essas receitas são uma boa metáfora para o calor familiar de uma cozinha do passado que imaginamos com carinho, e uma forma de reconquistar nosso Éden perdido. Claro, esse não é, de forma alguma, um assunto culinário, mas sabemos que a culinária tem a capacidade de permear e alcançar coisas que nada têm a ver com a cozinha. Por isso é importante.

O problema com grande parte da culinária moderna não é produzir uma comida ruim, mas induzirem quem cozinha a um clima de eficiência tensa, muito acelerado e pouco prazeroso. Às vezes, isso é o melhor que podemos fazer, porém, em outros momentos, não queremos nos sentir mulheres pós-modernas, pós-feministas, exauridas, e sim divas que, ao passar, deixam um rastro de noz-moscada da torta que está no forno.

Então, não estou falando exatamente de *ser* uma diva na cozinha, mas de se *sentir* assim. Uma das satisfações de se fazer bolos é que o esforço necessário é muito menor que a gratidão proporcionada. As pessoas consideram difícil fazer um bolo (e não é preciso desiludi-las), mas não leva mais que 25 minutos para preparar e assar uma fôrma de muffins ou um pão de ló em camadas, e a compensação é grande: você se sente desproporcionalmente bem consigo mesma. É nisso que se baseia esse tipo de receita, e este livro inteiro: sentir-se bem, perambulando em meio ao ar quente e aromático, relaxando, deixando de ser uma criatura apenas profissional; e é exatamente essa minha ideia de "cozinha reconfortante".

Parte disso também tem a ver com um sonho bobo e irônico: o "eu" reprimido que é um cruzamento entre Sophia Loren e Debbie Reynolds em um cardigã de caxemira rosa e um lindo avental xadrez, um alter ego de final de semana recebendo olhares de adoração e aprovação infinita de todos os que têm a sorte de comer em minha cozinha. A parte boa é que não precisamos nos vestir como mocinhas nem renunciar ao mundo para ingressar em uma vida de trabalho doméstico. Mas podemos preparar algumas receitas no forno — e um bolo é apenas um bolo, muito mais fácil que cronometrar corretamente o mais simples e casual dos jantares da semana.

Isto não é um sonho; sobretudo, não é nem um pesadelo.

BREVE OBSERVAÇÃO SOBRE EQUIPAMENTOS E INGREDIENTES

Você não precisa de uma cozinha profissional nem de uma despensa cheia de itens caros para preparar pães, bolos e afins. Na maioria das vezes, suas mãos, uma tigela e uma colher de pau devem bastar, juntamente com duas fôrmas redondas, uma ou duas fôrmas de fundo removível, uma fôrma de bolo inglês e outra para muffins, uma assadeira rasa para tortas e um rolo de massa. Um processador de alimentos facilita alguns trabalhos, mas não é indispensável. Se existe um equipamento que torna a vida de quem prepara essas receitas mais prazerosa é uma batedeira; hoje em dia eu não conseguiria viver sem minha KitchenAid, e, com certeza, não desejaria. O gancho para massas deixa o preparo de pães muito mais simples (mas eu nunca sugeriria abandonar por completo a relaxante tarefa de amassar à mão), e os outros acessórios — o batedor plano e o de claras — possibilitam deixar a massa do bolo, ou as claras, batendo enquanto você faz outras coisas. Ao contrário do processador, você não se sente excluída do trabalho; então, é uma ótima maneira de ter a impressão de que está fazendo tudo por conta própria, mas com o mínimo esforço. Do contrário, um simples mixer é uma alternativa mais barata. E não consigo fazer nada na cozinha sem um batedor plano de arame em espiral (às vezes, vendido como fouet plano).

Quanto a fôrmas e moldes, procurei não usar nada que não possa ser encontrado em uma loja de utensílios de cozinha ou de departamentos com um bom estoque.

Além disso, acho que nenhum dos ingredientes será difícil de achar. Os corantes em pasta que uso para tingir glacês estão disponíveis em lojas de decoração de bolos, assim como as folhas de ouro, outros itens decorativos e uma enorme gama de cortadores de biscoitos.

Gosto de usar farinha de trigo italiana tipo "00" em vez de farinha de trigo comum (é a mais fina e faz bolos leves e massas com ótima elasticidade), que agora existe em vários supermercados, e não deve ser um problema.

Os ovos — orgânicos e caipiras, de preferência — são grandes, a não ser que a receita peça algo diferente, assim como a manteiga que uso, que é a sem sal.

TABELA DE TEMPERATURAS DO FORNO

Temperatura do forno

°C	descrição
140	muito frio
150	frio
170	morno
180	moderado
190 } 200	relativamente quente
220	quente
230 } 240	muito quente

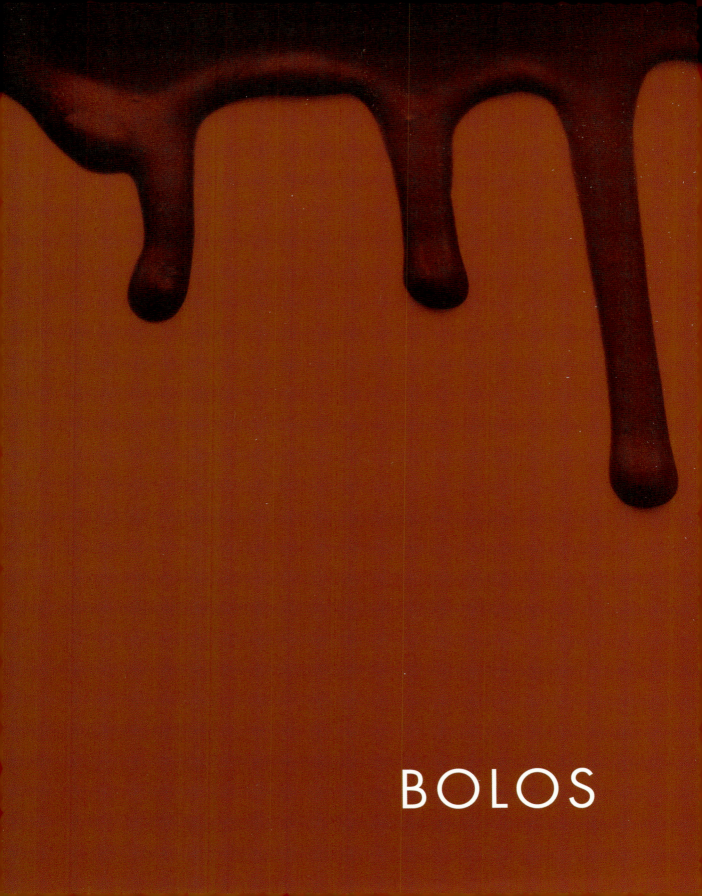

BOLOS

Fazer bolos é, ainda que de forma inocente, uma das maiores fraudes culinárias: implica esforço e destreza doméstica; mas, pode acreditar em mim, é fácil. Estamos tão convencidas de que a culinária simples produz uma comida simples que ficamos felizes em preparar elaborados jantares toscanos — que na verdade são muito mais trabalhosos do que poderíamos imaginar —, mas nos recusamos a assar um bolo por presumir que não temos tempo, que nossa vida não engloba essas enigmáticas artes culinárias.

Se você pensa assim, está errada. Sabe fazer um bolo? Basta misturar alguns ingredientes básicos, colocar a massa em uma fôrma e assar. E quando digo misturar, não significa que você mesma precisa fazê-lo se não quiser: pode processar ou bater na batedeira. Como isso pode ser difícil?

Sei que reafirmação demais pode ser inquietante em si. Se é tão fácil assar um bolo, por que você não consegue? Seja honesta: imagino que a resposta seja por não tentar com frequência, ou não tentar há anos. Nem todos os bolos saem perfeitos ou iguais todas as vezes, nem todos são igualmente fáceis de fazer, mas, se você seguir qualquer uma das receitas deste capítulo, pode ter certeza de que vai dar certo. Claro que sempre há variantes na culinária, algumas mais controláveis que outras, mas as receitas de forno são um pouco diferentes: são primeiro química, e depois poesia. Foi parcialmente por isso que cheguei tarde até elas. Quando estamos preparando um ensopado, podemos fazer o que quisermos, seguir o instinto, o gosto, a conveniência; mas não se pode fazer um bolo assim: um bolo exige respeito matemático.

Algumas regras se estendem para além dos limites de cada receita. É preciso se lembrar de três coisas básicas: a primeira é que todos os ingredientes devem estar em temperatura ambiente quando você começar; a segunda é que o forno deve estar na temperatura solicitada quando a fôrma com a massa for colocada lá dentro; e, finalmente, a fôrma deve ter as dimensões especificadas. (Para ser sincera, você pode variar um pouco nesse ponto, mas não muito — afinal, para que dificultar as coisas para si mesma?)

Falei que é fácil fazer um bolo, mas isso não transmite a profundidade da realização que se sente depois. Existe uma satisfação muito grande em acompanhar uma mudança tão elementar, em ver que farinha, manteiga, ovos e açúcar podem se transformar naquilo — e, mais, que foi você quem fez. Esses prazeres simples não devem ser subestimados.

BOLOS INGLESES E BOLOS SIMPLES

Este é o tipo mais simples e elegante de receita. Não há frivolidades nem artifícios sofisticados: você se sente apenas honrada, digna e transbordando coisas boas.

BOLO MADEIRA

Não sei se cheguei a comer Bolo Madeira quando era criança, mas só de ver esse bolo inglês dourado com sua longa rachadura no meio fico agradavelmente nostálgica. Esta receita é melhor que qualquer outra versão que já provei. É apenas um daqueles bolos simples que achamos não ter razão de ser até começarmos a fatiar e comer.

240 g de manteiga sem sal amolecida
200 g de açúcar refinado, e mais um pouco para polvilhar
Raspas e suco de 1 limão-siciliano
3 ovos grandes

210 g de farinha de trigo com fermento
90 g de farinha de trigo
1 fôrma para bolo inglês com 23 x 13 x 7cm, untada com manteiga e forrada

Preaqueça o forno a 170°.

Bata a manteiga com o açúcar e acrescente as raspas de limão-siciliano. Adicione um ovo de cada vez, juntando 1 colher de sopa de farinha para cada um. Depois, misture delicadamente o restante da farinha e, enfim, o suco de limão. Polvilhe com açúcar (cerca de 2 colheres de sopa devem bastar) antes de entrar no forno, e asse por 1 hora ou até o testador de bolos sair limpo. Coloque sobre uma grelha de metal e deixe esfriar na fôrma antes de virar.

Rende 8 a 10 fatias.

VARIAÇÃO

Eu amo um bom e antiquado bolo de sementes; se você também se sente assim, acrescente algumas colheres de chá de cominho a essa mistura. Para um bolo de limão-siciliano com sementes de papoula, acrescente o suco da outra metade de 1 limão-siciliano e 1 ou 2 colheres de sopa de sementes de papoula. Uma vez eu encontrei uma curiosidade cara, mas tentadora: morangos secos, minúsculas coisinhas colhidas por aquele inteligente Terence Conran. Aumentei a quantidade de líquido, acrescentando o suco de 2 limões, e adicionei 100 g de morangos. Foi uma experiência extremamente bem-sucedida.

BOLO FÁCIL DE AMÊNDOAS

Este bolo não é assado em uma fôrma de bolo inglês, mas em uma fôrma com buraco no meio, de preferência decorada; e só é um bolo simples no sentido de que não é recheado nem tem cobertura (mas fique à vontade); é densamente amendoado e tem intenso sabor de ovos. E sabe como prepará-lo? Você compra um pedaço de marzipã pronto e o coloca no processador, juntamente com ovos, farinha, açúcar, manteiga e um pouquinho de extratos, e bate.

Você poderia usar uma fôrma de bolo sem decoração para esta receita, mas sempre uso minha fôrma de fundo removível com buraco no meio (que não é difícil de encontrar), porque o aroma e a delicadeza únicos deste bolo o tornam a sobremesa perfeita de um jantar, com framboesas no meio, mais algumas espalhadas ao redor e um pouco de açúcar de confeiteiro polvilhado por cima. Quando o fizemos para a foto da receita, não conseguimos encontrar a fôrma certa (perder itens essenciais é uma especialidade minha). Além disso, parte do bolo grudou na fôrma que usamos. Eu poderia ter refeito, mas deixei como estava, porque essas coisas acontecem com todas nós e eu quis mostrar que não era o fim do mundo. Sim, você não vê a decoração da fôrma tão bem quanto poderia — se é que vê —, mas bastou dar uma ajeitada rápida e peneirar o açúcar de confeiteiro com cuidado e ficou lindo. A vida não acontece em um laboratório.

Um lembrete: o marzipã não vai se mesclar à massa do bolo se estiver gelado quando você começar a receita. Em momentos de pressa, já o cortei em cubos e os coloquei rapidamente no micro-ondas. E se você quiser substituir o extrato de baunilha pela casca de uma laranja, não me importo nem um pouco.

250 g de manteiga sem sal, amolecida
250 g de marzipã amolecido
150 g de açúcar refinado
¼ de colher de chá de essência de amêndoas
¼ de colher de chá de extrato de baunilha

6 ovos grandes
150 g de farinha de trigo com fermento
1 fôrma de fundo removível e buraco no meio ou uma fôrma decorada com buraco no meio, de 25 cm, untada com manteiga e farinha

Preaqueça o forno a 170°.

Pique a manteiga e o marzipã para deixá-los mais fáceis de bater e coloque-os juntamente com o açúcar no recipiente do processador, com a lâmina dupla. Processe até ficar homogêneo e bem liso. Adicione a essência de amêndoas e o extrato de baunilha, processe outra vez, depois quebre um ovo de cada vez através do bocal da tampa, processando um por um. Despeje a farinha pelo bocal, processando novamente, e depois transfira a massa para a fôrma preparada, raspando as laterais e o fundo com uma espátula de silicone.

Asse por 50 minutos, mas comece a verificar a partir de 40. Quando o bolo estiver com uma aparência dourada e cozida, e um testador de bolos ou um espeto fino (ou um fio

16 Bolos

de espaguete) sair relativamente limpo, retire do forno e deixe esfriar na fôrma antes de desenformar. (É aí que você ficará feliz se tiver usado a fôrma de fundo removível.)

O fato de que este bolo rende tranquilamente 12 fatias é outro motivo de esta receita ser útil quando você tiver convidados para o jantar. Outro ponto a favor é que ele se conserva por uma semana; você não precisa se ocupar com todos os pratos pouco antes de servir. E se não quiser comer framboesas com o bolo, assim como o bolo de alecrim, coloque maçãs, fica muito bom. Para este bolo faço um glorioso purê rosa de maçãs. Use maçãs cozidas em suco de laranja-sanguínea, o que dá um tom delicadamente coral, acrescentando um pau de canela ou ½ a 1 colher de chá de canela em pó, ou maçãs de casca vermelha, e não as descasque antes de cozê-las. Na verdade, também não é preciso tirar o caroço, basta cortá-las de modo grosseiro e colocá-las na panela com um pouco de manteiga, suco de limão-siciliano, canela ou cravos e, se tiver, um pouquinho de Calvados. Peneire as maçãs quando tiverem se transformado em uma papa bem mole, ou passe-as por um passa-verduras. Se quiser deixar o bolo com purê mais elegante, sirva com uma tigela de crème fraîche (com ou sem Calvados, adicionando um pouco de açúcar de confeiteiro dourado) e algumas amêndoas em lascas tostadas por cima.

Não gosto de passar muito tempo descascando e tirando caroços de laranjas, mas as laranjas-sanguíneas, ou até as comuns, descascadas e acompanhadas de um xarope feito ao reduzir volumes iguais de suco e açúcar, até quase se obter um caramelo, combinariam perfeitamente com uma versão desse anel de amêndoas com raspas de laranja (usando as raspas no lugar da baunilha).

É desnecessário dizer que também amo este bolo com uma tigela de ruibarbos do começo da temporada como acompanhamento, cozidos como se fossem para uma torta de ruibarbos (p. 117). E só mais uma sugestão... decore o bolo com ganache de chocolate (p. 32) ou simplesmente jogue-o por cima no momento de servir, de modo que ainda esteja quente e parecido com uma calda mais cremosa, e sirva com uma tigela de sorvete de baunilha e lascas de amêndoas tostadas e frias salpicadas por cima (acho que você poderia até colocar o sorvete dentro da cavidade central antes de despejar o ganache de chocolate e salpicar as amêndoas por cima).

Meu objetivo com essas sugestões não é apenas ser intrometida e mandona, mas mostrar que fazer bolos, o que as pessoas costumam associar ao chá da tarde que ninguém mais toma, pode ser útil à forma de comer contemporânea. Chamar este livro de "O forno e a solução para o jantar com convidados" não seria tão absurdo. Aliás, vou retornar a esse tema depois — veja a página 49.

Serve 10 a 12 pessoas.

18 **Bolos**

BOLO INGLÊS DE ALECRIM

A estrutura desta receita é quase a mesma do Bolo Madeira, mas o sabor é muito diferente. Não se assuste com a ideia de usar uma erva normalmente associada à comida salgada: ela tem um aroma forte que contrasta com o suave sabor de ovos e baunilha do bolo. E a receita em si funciona extraordinariamente bem como parte de uma sobremesa elegante e austera. Adoro comê-lo em fatias grossas com maçãs cozidas frias. Descasque, tire o caroço e pique 3 ou 4 maçãs grandes, esprema sobre elas o suco de 1 limão-siciliano e 1 laranja, salpique açúcar a gosto (eu começaria com 2 colheres de sopa por maçã e até dobraria essa quantidade), e acrescente um pouquinho de manteiga. Cozinhe até a fruta ficar pálida e mole, e deixe esfriar. Se quiser enfatizar os sabores, pode colocar um galhinho de alecrim, que deve ser removido quando você estiver passando o quase purê frio para uma tigela; mas vá com calma, o objetivo aqui é a sutileza. Uso meu estoque de açúcar de alecrim para polvilhar sobre este bolo (na verdade, só porque está à mão — e veja a p. 346), mas você pode substituí-lo por açúcar refinado comum ou dourado sem pensar duas vezes.

250 g de manteiga sem sal, amolecida
200 g de açúcar refinado dourado
3 ovos grandes
210 g de farinha de trigo com fermento
90 g de farinha de trigo
1 colher de chá de extrato de baunilha
Folhas de 1 ramo de 10 cm de alecrim
**   picadas, mas não muito finas**
**   (cerca de 2 colheres de chá)**

4 colheres de sopa de leite
1 a 2 colheres de sopa de açúcar de
**   alecrim ou de açúcar refinado dourado**
1 fôrma para bolo inglês com
**   23 x 13 x 7 cm, untada com**
**   manteiga e forrada**

Preaqueça o forno a 170º. Bata a manteiga até formar um creme bem macio, acrescente o açúcar, batendo os dois até obter uma pasta clara, lisa e leve. Adicione um ovo de cada vez, misturando uma colherada de farinha depois de cada ovo adicionado, em seguida junte a baunilha. Acrescente o restante da farinha — considero uma espátula de silicone a melhor ferramenta para isso — e, por fim, o alecrim. Dissolva a massa com o leite — a consistência deve ser gotejante e mole — e despeje, puxando e raspando com a espátula, na fôrma preparada. Polvilhe um pouco de açúcar por cima antes de colocar no forno e asse por 1 hora, ou até o testador de bolos sair limpo. Deixe esfriar na fôrma sobre uma grelha de metal, e quando estiver completamente frio, desenforme e enrole bem em papel-alumínio, até a hora de comer. Assim como todos os bolos desse tipo, este se conserva bem.

Serve 8 a 10 pessoas.

GATEAU BRETON

Encontrei esta receita de bolo bretão amanteigado no maravilhoso *Real Food*, de Anne Willan, e, como ela diz, é realmente um cruzamento entre o shortbread e o bolo de libra*. Mais parecido com a crostata da página 115, é difícil decidir se é um bolo ou uma torta. Eu como uma grossa fatia deste bolo a qualquer hora, mas, sem dúvida, também é um final perfeito e chique de um jantar, seja com sorvete ou frutas, ou, se você já comeu queijo, apenas com o café que se segue.

Anne Willan sugere amassar à mão para conseguir uma massa extremamente pegajosa; eu uso o gancho para massas de minha batedeira.

Use a melhor manteiga que conseguir encontrar, pois esta receita é o bolo simples em seu auge, e o sabor de cada um dos poucos ingredientes é crucial.

Para o bolo:

225 g de farinha de trigo, de preferência italiana tipo "00"

250 g de açúcar refinado

250 g de manteiga sem sal cortada em cubos

6 gemas de ovos grandes

1 fôrma de fundo removível de 25 cm, bem untada com manteiga

Para pincelar:

1 colher de chá de gemas de ovo, tiradas dos 6 ovos

1 colher de sopa de água

Preaqueça o forno a 190°. Prepare a mistura para pincelar e reserve enquanto faz o gateau.

Coloque a farinha em uma tigela (nunca me dou o trabalho de peneirar a farinha "00" porque é muito fina, mas se você estiver usando farinha comum, peneire), misture o açúcar e acrescente a manteiga e as gemas.

Com o gancho para massas de uma batedeira, misture lentamente, até obter uma massa lisa e dourada. (Se for bater à mão, faça um monte de farinha sobre a bancada, abra um buraco no meio e adicione o açúcar, a manteiga e os ovos, e amasse.) Passe essa massa para a fôrma e alise a parte de cima com a mão enfarinhada: vai estar bastante pegajosa; na verdade, deve estar.

Pincele o gateau com a mistura de gemas e água e marque um padrão de treliça no seu topo com os dentes de um garfo. Por uma razão que não sou bastante hábil para explicar, às vezes as marcas do garfo deixam uma estampa firme e estriada (que lembra um pouco as linhas fragmentadas que enlouquecem Gregory Peck em *Quando Fala o Coração*); em outras, como aconteceu no bolo da foto, elas mal aparecem no bolo pronto. Asse por 15 minutos, depois baixe a temperatura do forno para 180° e deixe por mais 25 minutos ou até estar dourado em cima e firme ao toque.

Espere esfriar completamente na fôrma antes de virar. O bolo se conserva bem se você tiver um recipiente realmente hermético. Na hora de comer, corte as fatias da forma tradicional — embora um pouco mais finas — ou, como eu prefiro quando vou comê-lo ao final de um jantar, em linhas cruzadas, criando diamantes de tamanhos diferentes.

Serve 8 a 10 pessoas.

* Do inglês, poundcake, um bolo feito com 1 libra de cada ingrediente. (N. *da T.*)

BOLO ÚMIDO DE LIMÃO-SICILIANO E AMÊNDOAS

Adoro limão-siciliano e adoro amêndoas, então, para mim, este bolo é o paraíso. Talvez esta receita devesse estar na seção de bolos de frutas, mas o elemento cítrico, embora intenso, simplesmente se funde às amêndoas, criando um bolo úmido, denso e ácido que derrete na boca. É um bolo simples, mas gloriosamente simples.

Se conseguir, deixe-o enrolado em duas camadas de papel-alumínio por uns dois dias antes de comê-lo: tanto sua acidez quanto sua macia umidade se intensificarão com a espera.

225 g de manteiga sem sal, amolecida
225 g de açúcar refinado
4 ovos grandes
50 g de farinha de trigo
225 g de amêndoas moídas

½ colher de chá de essência de amêndoas
Raspas e suco de 2 limões-sicilianos
1 fôrma de fundo removível com 21 a 23 cm, com o fundo forrado

Preaqueça o forno a 180°.

Bata a manteiga e o açúcar até formar um creme quase branco. Misture os ovos, um de cada vez, adicionando um quarto da farinha a cada adição. Depois que todos os ovos e a farinha forem incorporados, misture delicadamente as amêndoas moídas; em seguida, a essência de amêndoas, as raspas e o suco do limão-siciliano. Despeje a mistura na fôrma e asse por cerca de 1 hora. Só digo "cerca" porque os fornos variam demais. Já fiz esta receita em um forno no qual ela ficou pronta em 50 minutos; e em outro precisou de 1 hora e 10 minutos. Seja como for, talvez após uns 30 minutos você precise cobrir a parte de cima do bolo com papel-alumínio para não queimar. O bolo estará pronto quando o topo estiver firme e um espeto, ao ser inserido, sair relativamente limpo: umidade é desejável, uma massa pegajosa, não. Retire-o do forno e deixe descansar por mais ou menos 5 minutos na fôrma. Depois, desenforme-o sobre uma grelha de metal e deixe esfriar.

Então, de preferência, enrole bem em papel-alumínio e reserve por uns dois dias. Use uma peneira ou coador de chá para polvilhar um pouco de açúcar de confeiteiro sobre o bolo na hora de servir. Também acho impossível não murmurar "framboesas" para você.

Se quiser fazer uma produção maior para este bolo, pode preparar uma versão caseira do *assiette au citron*. Prepare a receita de sorvete fácil de limão-siciliano que está em *How to Eat* misturando o suco de 3 limões-sicilianos e as raspas de 2 com 175 g de açúcar de confeiteiro. Depois de deixar macerando por 30 minutos, bata 425 ml de creme de leite fresco até formar picos suaves, e acrescente o suco de limão adoçado, com raspas e tudo. Despeje em um recipiente raso e leve ao congelador até firmar, deixando amolecer um pouco na geladeira por mais ou menos 30 minutos antes de servir.

Você pode usar este bolo como base para o Pavê de Travessa de Limão-Siciliano e Framboesas (p. 163), em vez do Bolo Inglês com Xarope de Limão-Siciliano que se segue.

Serve 6 a 8 pessoas.

BOLO INGLÊS COM XAROPE DE LIMÃO-SICILIANO

Este não é, estritamente falando, um bolo simples, pois tem uma espécie de glacê, mas eu sinto que seu formato conta muito. Claro, você pode prepará-lo (em um tempo levemente menor) em uma fôrma quadrada de 18 cm, cortando o pão de ló encharcado de xarope em quadrados menores mais tarde.

Para o bolo:
125 g de manteiga sem sal
175 g de açúcar refinado
2 ovos grandes
Raspas de 1 limão-siciliano
175 g de farinha de trigo, com fermento
1 pitada de sal
4 colheres de sopa de leite

1 fôrma para bolo inglês com 23 x 13 x 7 cm, untada com manteiga e forrada

Para o xarope:
Suco de 1½ limão-siciliano (cerca de 4 colheres de sopa)
100 g de açúcar de confeiteiro

Preaqueça o forno a 180°. Unte com manteiga e forre bem sua fôrma. Na verdade, a não ser que você vá usar meus adorados tapetes culinários de silicone, tome o cuidado de deixar o forro ultrapassar mais ou menos 1 cm das laterais da fôrma, para ser mais fácil desenformar depois.

Bata a manteiga com o açúcar até obter um creme, e adicione os ovos e as raspas de limão, batendo-os também. Acrescente a farinha e o sal, misturando com delicadeza, mas por completo; depois, adicione o leite. Transfira para a fôrma preparada de bolo inglês e leve ao forno. Enquanto o bolo estiver assando, faça o xarope: coloque o suco de limão-siciliano e o açúcar em uma panela pequena e aqueça levemente, até o açúcar se dissolver.

Asse o bolo por 45 minutos, ou até ficar dourado e crescer no meio (embora vá afundar um pouco ao esfriar) e um testador de bolos sair limpo quando inserido. Assim que tirá-lo do forno, fure toda a parte de cima e derrame o xarope por cima, tentando fazer o meio absorvê-lo tanto quanto as laterais. Depois, deixe-o encharcar o resto. Não tente retirar o bolo da fôrma até estar completamente frio, pois estará saturado de xarope e poderá se despedaçar.

Serve 8 a 10 pessoas.

VARIAÇÃO

Dobre os ingredientes do xarope para fazer a base do Pavê de Travessa de Limão-Siciliano e Framboesas (p. 163). E não há motivo para não colocar um pouco de um maravilhoso licor Limoncello italiano no xarope. Se não, você pode usar a fruta cítrica que preferir. Eu adoro laranja-azeda, e trocaria os limões por elas. Caso você queira evocar no bolo a fragrância amarga dessa maravilhosa fruta, após sua curta temporada, misture o suco de laranjas-pera com o limão Tahiti, usando a proporção de 1 laranja-pera, relativamente pequena a média,1 limão Tahiti e as raspas de ambos. Veja na p. 163 a variante de limão Tahiti e, se estiver no clima, tente uma versão com toranja rosa, usando as raspas de metade da fruta no bolo e o parco suco de uma fruta inteira no xarope.

BOLOS RECHEADOS E DECORADOS

Eu achava que bolos recheados não deviam ser comidos como sobremesa, que pareciam pertencer à brincadeira de hora do chá das crianças, mas estou mudando de ideia. Para começar, eu nunca tomo chá, pelo menos não um chá completo. Mas, depois de um almoço de verão, um Pão de Ló Vitória recheado de creme, frutas e talvez uma boa geleia cai bem. É um lembrete de que, quando os ingredientes são bons e o bolo, fresco e macio, essa é uma das melhores combinações do mundo. E digo isso mesmo não tendo uma queda por doces. Além disso, esses bolos não precisam ser enjoativos de tão doces.

Por outro lado, bolos decorados são doces, e se desculpar por isso seria arruinar todo o propósito de prepará-los. E, claro, qualquer bolo decorado é um bolo de aniversário esperando por uma festa.

PÃO DE LÓ VITÓRIA

Repito esta receita do livro *How to Eat* porque acho que este capítulo ficaria incompleto sem ela. E como faço muitos bolos que são simples variações deste, não pareceu certo fazer apenas uma rápida referência à receita original.

Tradicionalmente, usava-se geleia em vez de frutas. Porém, a não ser que eu tenha uma geleia muito boa (e a que eu gosto de usar é, sem dúvida, a de framboesa; veja a p. 356), acho que acrescentar frutas silvestres faz uma diferença crucial. Em geral, uso framboesas com um pouco de geleia de framboesa, e, às vezes, morangos com sua geleia. Minha outra favorita (e minha primeira escolha para as Gotas de Pão de Ló, veja na p. 53) são amoras e geleia de amoras — se bem que, depois que encontrei geleia de amora boysenberry com regularidade no supermercado, em geral a uso, com alguma dessas frutas silvestres. No final do modo de fazer forneço, ainda, mais variações de frutas.

Embora tenha listado 200 g de farinha e 25 g de amido de milho, por achar que isso cria um pão de ló mais leve e macio, claro que não há problema algum em substituir esses ingredientes pelos habituais 225 g de farinha.

Para o bolo:

225 g de manteiga sem sal, bem macia

225 g de açúcar refinado

1 colher de chá de extrato de baunilha

4 ovos grandes

200 g de farinha de trigo com fermento

25 g de amido de milho

1 colher de chá de fermento em pó
(se for usar o método do processador)

3 a 4 colheres de sopa de leite

2 fôrmas redondas de 21 cm
(com cerca de 5 cm de profundidade),
untadas com manteiga

Para o recheio:

2 a 4 colheres de sopa de geleia de
framboesa ou de outra geleia,
dependendo das frutas silvestres

1 caixinha de framboesas ou frutas silvestres de sua escolha
125 ml de creme de leite fresco

Para decorar:

1 a 2 colheres de sopa de açúcar refinado

Preaqueça o forno a 180°. Se as fôrmas tiverem fundo removível, não é preciso forrá-las. Do contrário, forre.

Sempre preparo este pão de ló básico no processador, o que envolve colocar todos os ingredientes, exceto o leite, e processar até obter uma massa lisa. Depois, pressiono a tecla "pulsar", despejando o leite de forma gradual pelo bocal da tampa até a massa atingir uma consistência lisa e mole. Como sou desastrada, costumo deixar a massa aguada demais, mas não tem importância. Além disso, se os ingredientes estiverem gelados, talvez você obtenha uma massa com aparência de talhada: isso também não faz diferença alguma ao assar (embora possa impedir um crescimento impressionante).

Se quiser preparar esta receita da forma tradicional, bata o açúcar e a manteiga até obter um creme, adicione a baunilha e, depois, os ovos, um de cada vez, acrescentando 1 colher de farinha entre cada um deles. Misture o restante da farinha e o amido de milho, sem colocar fermento algum, e quando tudo estiver incorporado acrescente um pouco de leite, conforme for necessário.

Despeje e raspe a massa para dentro das fôrmas e asse por 25 minutos, até os bolos começarem a descolar das laterais, ficarem macios na parte de cima e um testador de bolos sair limpo. Deixe os bolos nas fôrmas sobre uma grelha de metal por 10 minutos antes de desenformar para esfriar completamente.

Na hora de comer, coloque um dos bolos virado para cima sobre uma travessa e espalhe geleia e frutas sobre ele. Bata o creme até ficar grosso, mas ainda fofo, e coloque sobre as frutas com geleia. Posicione o outro bolo por cima e polvilhe sobre ele aproximadamente 1 colher de sopa de açúcar refinado.

Serve 6 a 8 pessoas.

VARIAÇÕES

Uma variação, que acho que hoje em dia preparo com mais frequência que a original, é meu Bolo-Sanduíche de Limão-Siciliano com Mascarpone. Tive um sucesso precoce e encorajador com esta receita no primeiro festival da escola da minha filha (veja nas pp. 245-52 outras receitas desse evento). É muito fácil de fazer e o mascarpone proporciona um sabor contemporâneo a um bolo tradicional. Você só precisa substituir a baunilha por 1 colher de chá de óleo de limão-siciliano da marca Boyajian, acrescentando-o no final, logo antes do leite. Para o recheio, amoleça 100 g de mascarpone em uma tigela e o espalhe sobre um dos bolos, e acrescente 100 g de um bom curd de limão-siciliano* sobre ele. Depois, coloque o outro bolo por cima e polvilhe um pouco de açúcar refinado dourado (que você também pode usar na massa do bolo). Se não conseguir encontrar o óleo, use a casca de 1 limão-siciliano e seu suco, excluindo o leite, ou usando uma quantidade ínfima, se for necessário.

* Do inglês, *lemoncurd*. Tradicional creme inglês preparado com gemas, açúcar, manteiga e limão-siciliano. (*N. da T.*)

Bolos 25

Brinco com outras duas variações de frutas. Uma é a de ruibarbo, a outra, de maracujá. Em ambos os casos, uso 1 colher de chá de óleo de laranja da marca Boyajian no bolo. Para o recheio de ruibarbo, preparo mais ou menos 500 g de ruibarbos no forno (veja o método na p. 117) ou cozinho com cerca de 100 g de açúcar e o suco de ½ laranja em uma panela no fogão. Como não me importo se eles ficarem moles, geralmente uso o método do fogão. Peneire, reservando o suco. Quando o ruibarbo não estiver nem encharcado nem quente demais, espalhe-o sobre um dos bolos e junte o creme batido. Reduza o suco do ruibarbo a um xarope intenso, deixe esfriar um pouco e distribua-o sobre o creme. Então, coloque o segundo bolo por cima e polvilhe com açúcar refinado como de costume.

Na versão de maracujá, preparo um creme da fruta para colocar delicadamente no meio do sanduíche de pão de ló e um glacê para espalhar por cima. Misture a polpa (com sementes e tudo) de 4 maracujás com o suco de ½ limão-siciliano e um esguicho de suco direto da laranja, e reserve enquanto bate cerca de 100 ml de creme de leite fresco com 30 g de açúcar de confeiteiro peneirado até começar a formar picos suaves. Pouco antes de servir incorpore a mistura de maracujá ao creme e transfira-o para um dos bolos. Com cuidado, coloque o segundo bolo sobre o recheio e comece a fazer o glacê. Passe a polpa de mais 4 maracujás por uma peneira e acrescente o suco de ½ laranja a esse líquido aromático. Misture com o açúcar de confeiteiro peneirado até obter uma pasta líquida — comece com 100 g e adicione mais suco de laranja ou açúcar conforme for necessário. Despeje no topo do segundo bolo, deixando escorrer pelos lados — eu espalho de um lado para o outro e deixo cair em qualquer lugar.

Para um sanduíche de café, mantenha o extrato de baunilha, mas acrescente também 1 colher de sopa de pó instantâneo para espresso à farinha da massa do bolo. Recheie com buttercream de café (use pó de espresso em vez de baunilha), e se realmente quiser passar todos os limites, prepare o dobro da quantidade de buttercream. Para o recheio, espalhe-o em uma camada um pouco mais fina, e use o restante para cobrir as laterais e a parte de cima do sanduíche, cobrindo o topo, ou até mesmo o bolo inteiro, com nozes cortadas ao meio.

Outras ideias boas de se ter em mente incluem a variante de limão-siciliano com damascos secos cozidos em fogo baixo, ou ameixas assadas e crème fraîche — embora já estejamos entrando no território da Torta de Creme Boston —, ou a versão de baunilha recheada com ameixas secas deixadas de molho e depois cozidas em Armagnac, colocadas sobre um dos bolos, depois cobertas com um creme de confeiteiro aromatizado (p. 32) com conhaque em vez de baunilha. Quando chegar a curta temporada da uva-crispa, ferva de 100 a 150 g dessas uvas com 1 a 2 colheres de sopa de açúcar, 1 colher de sopa de manteiga e cerca de 2 colheres de sopa de xarope de flor de sabugueiro (ou, se for possível, algumas flores de sabugueiro, que você deve remover antes de amassar), depois amasse até obter um purê rústico. Quando esfriar, misture com um pouco de creme de leite fresco levemente batido (você estará fazendo um creme de uva-crispa semelhante ao creme de maracujá descrito antes), e recheie o bolo usando uma colherada de sopa de xarope de flor de sabugueiro no lugar da baunilha. Estritamente falando, você deveria reduzir a quantidade de açúcar para compensar a doçura do xarope, mas eu gosto de deixar o recheio ácido, então, não se preocupe demais com a quantidade de açúcar do bolo.

Torta de Creme Boston

Bolo de Caramelo em Camadas

O famoso Bolo de Abobrinha da Flora

Pão de Ló Vitória

O FAMOSO BOLO DE ABOBRINHA DA FLORA

Quem me deu esta receita foi Flora Woods, que trabalhava na Waterstone's da Harrods quando *How to Eat* foi publicado, e agora está na livraria Books for Cooks. Eu adoro receber as receitas de família das pessoas (e se isso parece um convite, é porque é mesmo). Gosto de dar o crédito de qualquer receita que me passam, não apenas por uma noção de propriedade, e sim porque isso a torna ainda mais interessante. As receitas, ao contrário de Atena, não saem completamente formadas da cabeça do autor: fornecer sua origem é um prazer a mais — é onde a comida e a história social se fundem.

Se um bolo de abobrinha lhe parece esquisito, pense por um instante em um bolo de cenoura; sua receita é apenas uma adaptação deste (porém, se achar que é mais seguro, só conte às pessoas que é feito com abobrinhas depois que o tiverem comido). Um aviso: não façam o que eu fiz para a foto (p. 27), que foi colorir de verde o curd de limão Tahiti do recheio. Não sei o que deu em mim, mas peguei o corante em pasta e minha sonda (um termômetro para carnes quebrado que uso para misturar cores quando faço glacês) e provei, em um ato caracteristicamente precipitado, que é melhor deixar a comida em paz. Cheguei à conclusão de que podíamos conviver com o verde ameaçador: as coisas dão errado na cozinha e, em geral, podemos conviver com elas. Mesmo assim, aprendi uma lição com isso, para todos nós.

Para o bolo:
60 g de passas, opcional
250 g de abobrinhas (2 a 3),
  pesadas antes de ralar
2 ovos grandes
125 ml de óleo vegetal
150 g de açúcar refinado
225 g de farinha de trigo com fermento
½ colher de chá de bicarbonato de sódio
½ colher de chá de fermento em pó
2 fôrmas redondas de 21 cm,
  untadas com manteiga e forradas

Para o recheio:
Veja a receita na p. 354

Para a cobertura:
200 g de cream cheese
100 g de açúcar de confeiteiro,
  peneirado
Suco de 1 limão Tahiti, ou mais, ao gosto
2 a 3 colheres de sopa de
  pistaches picados

Preaqueça o forno a 180°.

Se for usar as passas, coloque-as em uma tigela e cubra com água morna para inchá-las.

Limpe as abobrinhas com um pano de pratos (mas não as descasque), depois rale-as. O lado grosso de um ralador quadrado comum é o melhor: qualquer coisa fina ou rápida demais pode transformá-las em uma papa molhada. Deposite-as em uma peneira sobre a pia para remover o excesso de umidade.

Coloque os ovos, o óleo e o açúcar em uma tigela e bata-os até a mistura ficar cremosa. Peneire a farinha, o bicarbonato e o fermento diretamente dentro da mistura e continue a bater, até combinar bem. Então, misture a abobrinha ralada e adicione as passas escorridas. Despeje a massa nas fôrmas e asse por 30 minutos, até ficar levemente dourada e firme ao toque. Coloque as fôrmas sobre uma grelha por 5 a 10 minutos, depois desenforme e deixe esfriar até seu recheio e cobertura estarem prontos.

Para fazer a cobertura, bata o cream cheese em uma tigela até ficar macio, adicione o açúcar de confeiteiro peneirado, batendo bem para misturar, e depois junte o suco de limão Tahiti a gosto. Prepare os bolos para a montagem. Coloque um dos bolos em uma travessa e cubra completamente com o curd de limão Tahiti frio. Coloque o bolo de cima e cubra-o com uma camada grossa de cobertura de cream cheese. Se achar que a cobertura precisa firmar um pouco, leve o bolo à geladeira por algum tempo. Espalhe pistaches picados por cima, pouco antes de servir.

Serve 8 pessoas.

VARIAÇÃO

Como alternativa, asse a mesma massa em uma fôrma para muffins grandes. Quando os bolinhos estiverem prontos e frios, corte-os ao meio e recheie com a cobertura de cream cheese. Despeje o curd quente por cima, cobrindo cada um. Leve-os à geladeira até gelarem e peneire açúcar de confeiteiro por cima pouco antes de servir.

Rende 12 bolinhos.

BOLO DE CARAMELO EM CAMADAS

Este é o tipo de bolo que as pessoas rotulam de "muito pesado", mas depois comem três fatias com uma tranquilidade inocente. Sim, é pesado, mas chega a ser suntuoso a ponto de nunca grudar no céu da boca ou ser enjoativo. É uma sobremesa reconfortante depois de um jantar despretensioso de inverno, como algo com almôndegas ou frango assado com alho-poró.

Para fazer um bolo de café com caramelo — por mais celestial que o nome pareça — acrescente 1 colher de sopa de pó instantâneo para espresso à farinha. E enquanto escrevo me ocorre que, para os que gostam de torta banoffee, este bolo, sem café, ficaria ainda mais sedutor com algumas bananas perfeitamente maduras e fatiadas no recheio. Mas, para mim, está bom assim.

Para a cobertura:
300 g de açúcar refinado
125 ml de água fria
250 ml de creme de leite fresco
400 g de cream cheese em temperatura ambiente

Para as camadas do bolo:
225 g de manteiga sem sal, bem macia
125 g de açúcar mascavo claro

100 g de açúcar refinado dourado (ou comum)
4 ovos grandes
225 g de farinha de trigo com fermento
2 a 4 colheres de sopa de creme de leite fresco
2 fôrmas redondas de 21 cm, untadas com manteiga e forradas com papel-manteiga

Preaqueça o forno a 190° e depois comece a preparar a cobertura. Eu faço isso primeiro, pois é preciso preparar um pouco de caramelo e deixá-lo esfriar. Dissolva o açúcar na água em fogo baixo, lembrando-se de não mexer nem uma vez, ou o açúcar irá cristalizar. Quando dissolver, aumente o fogo e ferva até obter uma cor dourado-escura. Provavelmente levará de 10 a 15 minutos. E tente não ser fraca: caramelo precisa ser queimado; do contrário, não seria caramelo.

Quando chegar a esse empolgante estágio, retire a panela do fogo e misture lentamente o creme de leite. Pode encaroçar, mas não entre em pânico, ele vai ficar homogêneo. Depois que todo o creme tiver sido adicionado, leve a panela mais uma vez ao fogo, por 1 minuto, batendo até ficar liso e misturado. Na minha opinião, aqueles pequenos batedores planos de arame em espiral (às vezes, vendidos como fouet plano) são a melhor ferramenta para essa tarefa. Deixe esfriar e depois leve à geladeira até que seja necessário.

O jeito mais fácil de preparar bolos é colocar todos os ingredientes, exceto o creme de leite fresco, no recipiente do processador e bater até ficar homogêneo. (É por isso que a manteiga deve estar bem macia antes de você começar.) Raspe as laterais do recipiente, depois bata outra vez, adicionando algumas colheres de sopa de creme de leite fresco pelo bocal da tampa, com o motor ligado. Desligue e verifique a consistência da massa: se estiver mole (mas não líquida), pode parar; do contrário, adicione mais 1 a 2 colheres

30 **Bolos**

de sopa de creme de leite para obter essa consistência. Se quiser fazê-los à mão, siga o método do Pão de Ló Vitória (p. 25).

Divida a massa entre as fôrmas preparadas e asse por cerca de 25 minutos; os bolos estarão prontos quando começarem a se descolar das laterais das fôrmas e um testador de bolos ou espeto sair limpo. Coloque as fôrmas sobre uma grelha de metal por 10 minutos, depois desenforme os bolos e deixe-os sobre a grelha até estarem completamente frios.

Para a montagem, despeje o caramelo já frio em uma xícara de medida, ou em uma jarra medidora, até a marca de 250 ml. (Você vai usar parte, se não todo o restante, para espalhar por cima da cobertura depois.) Bata o cream cheese até ficar macio e homogêneo, acrescente a xícara de caramelo e bata delicadamente para misturar.

Coloque um dos bolos em uma travessa. Usando uma espátula de silicone ou uma faca rombuda comum, espalhe grosseiramente pouco menos da metade da cobertura sobre o bolo. Coloque o outro bolo por cima e cubra seu topo com o que restou na tigela da mesma maneira. Não se sinta obrigada a usar a cobertura até o fim: o sabor é quase o ideal direto da tigela raspada com o dedo. Com 1 colher de chá, espalhe um pouco do caramelo reservado sobre o bolo: pense em Jackson Pollock.

Serve 8 pessoas.

TORTA DE CREME BOSTON

Esta receita não é uma torta e sim um bolo, e, aparentemente, a fonte de um acirrado debate entre os interessados por culinária de sua terra natal. E embora eu o prepare em parte como se fosse um Pão de Ló Vitória, existem diferenças suficientes que me fazem sentir que ele merece a própria receita. A história é que, em 1850, o chef confeiteiro do Parker House Hotel, em Boston (obviamente, um polo da gastronomia americana, já que os pãezinhos Parker House também vieram de lá), teve a repentina inspiração de adicionar uma calda de chocolate amargo a uma "Torta Boston" — um bolo em camadas com recheio de creme de ovos — e, por alguma razão, com a adição do chocolate a palavra "creme" entrou no nome.

Este é outro daqueles bolos em camadas que você pode usar como sobremesa sem culpa alguma. Uma vez, eu o preparei com alguns morangos cortados ao meio no recheio, misturados ao creme de confeiteiro, além de outros espalhados pela borda da travessa. E, embora eu prefira sem, devo relatar que fui minoria. Para o Dia dos Namorados, considere entrar completamente no modo kitsch fazendo a versão de morangos e usando bolos assados em duas fôrmas em formato de coração.

A ideia de fazer o creme de confeiteiro pode parecer intimidadora se você nunca o tiver preparado, mas, na verdade, não é difícil — e lembre-se de que a farinha o estabiliza, então, não causa o mesmo nervosismo de preparar um creme de ovos.

Bolos 31

Para o bolo:

1 receita de Pão de Ló Vitória (p. 24)

2 fôrmas redondas de 21 cm, untadas com manteiga

Para a cobertura:

150 ml de creme de leite fresco

1 colher de chá de extrato de baunilha

1 colher de chá de manteiga sem sal

150 g de chocolate amargo

Para o creme de confeiteiro:

125 ml de leite

125 ml de creme de leite fresco

1 fava de baunilha ou 1 colher de chá de extrato de baunilha

3 gemas de ovos grandes

50 g de açúcar refinado

15 g de farinha de trigo

Preaqueça o forno a 180° e faça os bolos seguindo a receita da p. 25. Depois, despeje nas fôrmas redondas preparadas e asse por 25 minutos, como pede a receita do pão de ló, enquanto prepara o creme de confeiteiro.

Aqueça o leite e o creme de leite fresco em uma panela junto com a fava de baunilha cortada no sentido do comprimento. Ferva, retire do fogo, cubra e deixe descansar para infundir por 10 minutos. Se não estiver usando a fava, adicione o extrato de baunilha mais tarde, quando tiver combinado todos os ingredientes. Em uma tigela grande, bata as gemas e o açúcar, até obter um creme, e depois acrescente a farinha, batendo. Com a ponta de uma faca pequena e afiada, raspe as sementes da fava de baunilha e jogue no leite, adicionando esse leite morno à mistura de ovos e batendo até ficar homogêneo. Despeje outra vez na panela e misture ou bata delicadamente sobre fogo baixo até o creme de confeiteiro engrossar. Retire do fogo, deixe esfriar, despejando o creme em uma tigela larga, e cubra com papel antiaderente úmido. Isso impede a formação de uma película sobre o creme. Não coloque o creme na geladeira, pois a textura fica péssima, e nesta receita queremos que ele tenha uma voluptuosidade absoluta.

Quando os bolos estiverem prontos, coloque as fôrmas sobre uma grelha de metal por 5 a 10 minutos, depois desenforme e deixe esfriar diretamente sobre a grelha. Quando os bolos e o creme de confeiteiro estiverem frios, prepare o ganache de chocolate que vai servir de cobertura para esta pilha de delícias. Aqueça o creme de leite fresco, o extrato de baunilha e a manteiga com o chocolate picado em pedaços pequenos, e deixe ferver em uma panela de fundo grosso (na minha opinião, uma leiteira antiaderente é a melhor para isso). Depois de ferver, o chocolate já deve ter derretido. Retire do fogo e bata até ficar liso e encorpado. Deixe esfriar um pouco antes de usar, mas ainda deve estar líquido o suficiente para espalhar sobre o bolo. Rasgue quatro tiras de papel antiaderente para cozinhar ou de papel-manteiga, com cerca de 8 cm de largura, e arranje-as como um quadrado na travessa na qual vai servir o bolo. Coloque um dos bolos por cima delas e cubra-o com creme de confeiteiro frio; depois coloque o outro bolo sobre o primeiro. Despeje colheradas de cobertura de chocolate por cima, deixando-a se espalhar e escorrer pelas laterais do bolo.

Quando o bolo todo estiver frio e firme e você estiver prestes a levá-lo à mesa, retire as tiras de papel, revelando — a-há! — uma travessa sem respingos.

Serve 8 pessoas.

32 Bolos

BOLO DE COCO

Talvez eu tenha um senso exagerado de burlesco ou kitsch, mas um dos destaques desta receita é o uso de Malibu. Na verdade, o Malibu é bastante útil para as receitas de forno, pois é difícil achar extrato ou essência de coco dignos do nome.

Mas este bolo também é maravilhoso, dourado-claro e branco e de sabor delicado.

Para o bolo:

225 g de manteiga sem sal, amolecida

225 g de açúcar refinado

½ colher de chá de puro extrato de baunilha

4 ovos grandes

200 g de farinha de trigo com fermento

25 g de amido de milho

½ colher de chá de fermento em pó

50 g de coco ralado desidratado deixado de molho em 150 ml de água fervente

2 fôrmas redondas de 21 cm, untadas com manteiga e forradas

Para o recheio:

25 g de coco ralado desidratado

75 g de manteiga sem sal, macia

150 g de açúcar de confeiteiro peneirado

1 colher de sopa de Malibu

Para a cobertura:

2 a 4 colheres de sopa de Malibu

125 g de mistura para glacê real

Preaqueça o forno a 180° e faça o bolo colocando todos os ingredientes no processador e batendo até obter uma massa lisa. Se quiser fazer à mão, proceda como na receita do Pão de Ló Vitória (p. 25), adicionando o coco no final e deixando de fora o fermento. Despeje nas fôrmas preparadas e asse por 25 minutos ou até que esteja pronto: não muito macio no topo como um pão de ló simples, mas se desprendendo das bordas; um testador de bolos, ao ser inserido, deve sair quase limpo.

Para preparar o recheio de buttercream do bolo, torre o coco em uma frigideira seca, agitando de vez em quando, até ficar perfumado e dourado. Transfira para um prato e deixe esfriar. Bata a manteiga com o açúcar de confeiteiro até formar um creme e, quando obtiver uma pasta clara e lisa, misture o Malibu e o coco torrado e frio.

Junte os dois bolos com esse recheio e comece a fazer a cobertura. Em uma batedeira com o batedor plano, ou em uma tigela comum com um mixer, bata 2 colheres de sopa de Malibu e a mistura para glacê real (ou siga as instruções da embalagem, substituindo água por Malibu). Talvez você precise acrescentar mais 1 ou 2 colheres de sopa de Malibu, mas veja na hora. Quando obtiver uma pasta lisa e mole, mas não líquida, que cobrirá bem a parte de cima do bolo, despeje sobre o centro e deixe escorrer pelos lados. Deixe firmar antes de cortar e comer.

Serve 8 pessoas.

BOLO DE ANIVERSÁRIO OUTONAL

Não existe nenhuma razão plausível para que esta receita, adaptada do *Magnolia Bakery Cookbook*, não possa ser um bolo de aniversário, mas, como nas duas primeiras vezes em que a preparei foram para comemorar aniversários no final de outubro e no início de novembro, eu a associo ao outono. Em ambos os casos, coloquei apenas uma vela (dourada) em cima: é melhor em vários sentidos. Sei que adornar travessas com folhas outonais não é minha estética habitual, mas esse é outro benefício de usar esta receita como bolo de aniversário: você pode se permitir certa liberdade irônica.

Para o bolo:

175 g de manteiga amolecida

100 g de açúcar refinado dourado

3 ovos grandes

350 ml de xarope de bordo

500 g de farinha de trigo com fermento

175 ml de água quente

2 fôrmas redondas de 21 cm, untadas com manteiga e forradas

Para a cobertura:

2 claras de ovos grandes

125 ml de xarope de bordo

125 g de açúcar refinado dourado

¼ de colher de chá de cremor tártaro

¼ de colher de chá de sal

1 colher de chá de extrato de baunilha

¼ de colher de chá de extrato de bordo, opcional

125 g de noz pecan

Pré-aqueça o forno a 180°.

Bata a manteiga com o açúcar até formar um creme bem claro e fofo. Adicione um ovo de cada vez, batendo bem após cada adição, depois junte, aos poucos, o xarope de bordo, criando uma massa lisa. Por fim, alterne a farinha e a água quente, misturando delicadamente, até voltar a ficar homogêneo. Divida a massa entre as duas fôrmas e asse por 40 minutos. Quando estiverem prontos, um testador de bolos, ao ser inserido, deve sair limpo. Deixe os bolos esfriarem nas fôrmas sobre uma grelha por 10 minutos antes de desenformá-los. Em seguida, espere que esfriem, antes de preparar a cobertura.

Coloque tudo, exceto as nozes pecans e os extratos, em uma tigela de vidro ou metal que se encaixe sobre uma panela, formando um banho-maria. Encha a panela com água suficiente para ficar logo abaixo da tigela colocada sobre ela — mas sem tocá-la. Ferva a água, coloque a tigela por cima e, com um mixer, bata a massa vigorosamente por 5 a 7 minutos. Ela deve formar picos como um merengue. Retire a tigela da panela, afastando-a do calor, e adicione os extratos, misturando-os por mais 1 minuto.

Corte 4 tiras de papel-manteiga e use para forrar o prato do bolo, como explicado na p. 32. Recheie o bolo com o lindo merengue cor de marfim, cobrindo os lados e a parte superior. Dê à cobertura um efeito espiralado, e não liso, formando pequenos picos no topo. Pique bem a maior parte das nozes pecans, deixando alguns pedaços maiores. Polvilhe por cima do bolo, e jogue nas laterais.

O ideal é comer este bolo no dia em que é assado.

Serve 8 pessoas.

BOLINHOS EM FORMATO DE ANEL

Certa vez, em um café vegetariano com paredes de quadro-negro em Nova York, comi um bolinho em formato de anel sabor iogurte e limão-siciliano, e assim que voltei quis fazer algo similar. Eu lhe ofereço esta versão não apenas porque me lembra da inspiração original que comi, mas porque é mais fácil de fazer. Derreter a manteiga e depois só misturar os ingredientes úmidos aos secos (em vez de misturar a manteiga com a farinha e daí por diante) me ganhou.

Está ficando cada vez mais fácil comprar o que antigamente eram materiais raros de cozinha, então, não me sinto culpada ao sugerir uma receita que exija uma assadeira de bolinhos com buraco no meio.

Para os bolos:

125 ml de iogurte natural

75 g de manteiga derretida

2 ovos grandes

Raspas de 1 limão

150 g de farinha de trigo

½ colher de chá de bicarbonato de sódio

1 pitada de sal

125 g de açúcar refinado

1 assadeira para 6 bolinhos em formato tradicional de anel com buraco no meio, com aproximadamente 9 x 4,5 cm cada, bem untada com manteiga ou óleo

Para decorar:

200 g de açúcar de confeiteiro

Suco de 1 limão-siciliano

Preaqueça o forno a 170°.

Em uma jarra medidora, misture o iogurte, a manteiga derretida, os ovos e as raspas do limão-siciliano. Coloque a farinha, o bicarbonato, o sal e o açúcar em uma tigela grande. Adicione os ingredientes úmidos à tigela, misturando bem. Depois, encha as fôrmas de bolinhos com a massa e asse por 25 a 30 minutos. Quando saírem do forno, deixe-os esfriar um pouco antes de desenformar, ou vão se despedaçar — mas também não os deixe esfriar demais, pois irão grudar. Deixe que esfriem sobre uma grelha com o lado plano para baixo.

Para fazer o glacê, peneire o açúcar diretamente dentro de uma tigela e acrescente suco de limão-siciliano suficiente para criar um glacê grosso o bastante que cobrirá a parte de cima e escorrerá para os lados dos bolinhos, como neve.

Rende 6 bolinhos.

VARIAÇÃO

Assim como acontece em todas as receitas cítricas, você tem bastante liberdade com as substituições. O limão Tahiti é uma possibilidade óbvia e atraente. Outra alternativa é usar a laranja, ou combiná-la ao limão-siciliano (as raspas e o suco de metade de cada fruta para os bolinhos e para a cobertura, respectivamente) para fazer uma versão do bolo StClement.

BOLOS FRUTADOS

Ainda não me tornei uma velha excêntrica. Uso a palavra "frutados" só para deixar claro que o que se segue não são apenas bolos de frutas — na verdade, há apenas um —, mas todos os tipos de bolos que contêm frutas. Para encontrar o restante dos bolos de frutas mais tradicionais veja o capítulo de Natal.

BOLO INGLÊS DE CEREJAS COM AMÊNDOAS

Eu tenho um carinho nostálgico por esta fatia amarela pontuada por metades cerosas de cerejas escarlates — o bolo que em nossa casa chamávamos de bolo da estação de trem —, mas fica melhor com aquelas cerejas cristalizadas escuras, de cor natural.

200 g de cerejas cristalizadas de cor natural
250 g de farinha de trigo com fermento
225 g de manteiga amolecida
175 g de açúcar refinado
3 ovos grandes batidos

2 a 3 gotas de essência de amêndoas
100 g de amêndoas moídas
6 colheres de sopa de leite
1 fôrma para bolo inglês com 23 x 13 x 7 cm, untada com manteiga e forrada

Pré-aqueça o forno a 170º.

Corte as cerejas ao meio, lave-as em um escorredor sob água corrente, enxugue-as e jogue-as dentro de um pouco de farinha. Agite-as bem para livrá-las do excesso de farinha.

Bata o açúcar e a manteiga até obter um creme leve e fofo. Aos poucos, adicione os ovos batidos e a essência de amêndoas, depois misture com delicadeza a farinha e as amêndoas moídas. Acrescente as cerejas e o leite e transfira a massa grossa para a fôrma de bolo inglês. Asse por 45 minutos a 1 hora, ou até um testador de bolos sair limpo.

Assim como todos os tipos de bolos, deixe na fôrma sobre uma grelha de metal até estar completamente frio.

Rende 8 a 10 fatias.

BOLO DE RUIBARBO COM FARINHA DE MILHO

Nunca haverá receitas demais de ruibarbo em meu livro, e este bolo implora para ser preparado. Sem dúvida fica melhor nos primeiros dias da temporada de ruibarbo, só porque aqueles primeiros frutos forçados (e, sim, eu sei que na verdade é um vegetal) deixam o bolo mais bonito. A farinha de milho (ou polenta — e há alguns anos, sem dúvida, eu teria chamado esta receita de Bolo de Ruibarbo com Polenta) ajuda a absorver parte do suco do ruibarbo.

Além disso, a questão é que este bolo é surpreendentemente versátil. Coma frio como um bolo ortodoxo para a hora do chá, ou levemente morno, como sobremesa, depois de um almoço ou jantar. Para a sobremesa do almoço de domingo, prepare uma tigela de Creme de Ovos (veja na p. 144) para acompanhar, gelado ou na temperatura ambiente; para transformar esta receita em um *dolce* em um jantar para convidados, prepare uma tigela do divino creme de mascarpone com moscatel e sirva um pouco mais de uva moscatel com mel.

500 g de ruibarbos
300 g de açúcar refinado
150 g de farinha de trigo
1 colher de chá de bicarbonato de sódio
¼ de colher de chá de sal
1 colher de chá de canela em pó
155 g de farinha de milho fina (polenta)

2 ovos grandes
1 colher de chá de extrato de baunilha
125 g de manteiga sem sal, macia
250 g de iogurte natural
1 fôrma de fundo removível de 23 cm, untada com manteiga e forrada

Preaqueça o forno a 180°.

Lave e seque os ruibarbos se necessário (o que para mim quase nunca é), e, depois, limpe-os, removendo as partes fibrosas. Corte-os em fatias de 0,5 cm, coloque-os em um copo ou tigela de porcelana e cubra-os com 100 g de açúcar, enquanto prepara o restante do bolo. Essa fase não pode durar mais de 30 minutos, porque o açúcar pode desidratar os ruibarbos.

Misture a farinha de trigo, o bicarbonato, o sal, a canela e a farinha de milho. Com um garfo, bata os ovos com a baunilha em uma jarra medidora ou em uma tigela pequena. Em uma tigela grande, bata a manteiga com o restante do açúcar, até obter um creme, depois adicione, aos poucos, a mistura de ovos e baunilha, sem parar de bater. Então, acrescente a mistura seca das farinhas, alternando com o iogurte. Esses ingredientes só precisam ser combinados: não misture demais.

Por fim, adicione os ruibarbos e seus sucos doces e rosados, misturando. Em seguida, transfira a massa pontilhada para a fôrma pronta. Leve ao forno preaquecido e asse por 1 hora ou até ficar macio ao toque. Talvez você precise cobrir com papel-alumínio depois de 40 minutos, para a parte de cima não grudar. Deixe esfriar na fôrma sobre uma grelha de metal por algum tempo antes de desenformar.

Serve 8 a 10 pessoas.

CREME DE MOSCATEL E MASCARPONE

Preparei esta receita exclusivamente para servir com o Bolo de Ruibarbo com Farinha de Milho, mas é um jeito útil de dar um toque chique a qualquer bolo básico. Também ficaria maravilhoso com Bolo de Natal ou tortas de frutas.

2 ovos grandes separados
100 ml de moscatel

250 g de mascarpone
50 g de açúcar de confeiteiro peneirado

Bata as claras até ficarem firmes, mas não secas, e reserve. Bata as gemas com o moscatel, e quando estiverem bem combinados misture com o mascarpone e o açúcar de confeiteiro. Bata bem, e quando obtiver um creme voluptuoso e grosso, misture as claras. Você pode guardar esse creme, coberto, na geladeira por um dia antes de usar.

Serve 8 a 10 pessoas.

VARIAÇÃO

Se quiser servir apenas esta receita como uma sobremesa, use 3 ovos, 125 ml de moscatel, 75 g de açúcar e aumente a quantidade de mascarpone para 375 g — isso deve bastar para 4 copos. Não se esqueça de servir também biscoitos para molhar.

Serve 4 pessoas.

PÃO DE BANANA

Esta é a primeira receita que aqueles que hesitam em preparar pães, bolos e afins devem experimentar: é fabulosamente fácil e enche a cozinha com aquela atmosfera aromática que é o cenário natural para uma diva. Existem inúmeras receitas de bolo de banana: esta foi adaptada de um de meus livros favoritos, que leio deitada no sofá para me recuperar de mais um dia longo, moderno e estressante, *Old-Fashioned Baking Book: Recipes from an American Childhood*, de Jim Fobel. Se você está pensando em oferecê-lo a crianças, não se preocupe, porque o álcool não fica impregnado: no final, restam apenas frutas inchadas, pegajosas e perfumadas.

100 g de passas brancas
75 ml de bourbon ou rum escuro
175 g de farinha de trigo
2 colheres de chá de fermento em pó
½ colher de chá de bicarbonato de sódio
½ colher de chá de sal
125 g de manteiga sem sal, derretida
150 g de açúcar
2 ovos grandes

4 bananas pequenas amassadas, bem maduras (cerca de 300 g, pesadas sem a casca)
60 g de nozes picadas
1 colher de chá de extrato de baunilha
1 fôrma para bolo inglês com 23 x 13 x 7 cm, untada com manteiga e farinha e forrada com uma fôrma de papel

Coloque as passas e o rum ou bourbon em uma panela relativamente pequena e deixe ferver. Retire do fogo, cubra, reserve por 1 hora se puder, ou até as passas terem absorvido a maior parte do líquido, depois escorra.

Preaqueça o forno a 170° e comece a preparar o restante da receita. Coloque a farinha, o fermento, o bicarbonato e o sal em uma tigela média, e usando as mãos ou uma colher de pau combine bem. Em uma tigela grande, misture a manteiga derretida e o açúcar e bata até ficar homogêneo. Misture um ovo de cada vez, depois as bananas amassadas. Então, com a colher de pau, combine as nozes, as passas escorridas e o extrato de baunilha. Adicione a mistura de farinha, ⅓ de cada vez, mexendo bem após cada parte. Transfira a massa para a fôrma de bolo inglês e asse no meio do forno por 1 hora a 1 hora e 15 minutos. Quando estiver pronto, um palito de dentes ou um espeto fino deve sair praticamente limpo. Deixe na fôrma sobre uma grelha para esfriar, e coma em fatias grossas ou finas, como preferir.

Rende 8 a 10 fatias.

VARIAÇÃO

Nunca mexi muito nesta receita, mas uma vez a preparei, para amigos que gostavam mais de chocolate do que eu, substituindo 25 g de farinha por um bom pó de cacau (não achocolatado) e adicionando 100 g de chocolate amargo cortado em pedaços pequenos. E você também pode usar gotas de chocolate vendidas em supermercados.

Bolos 43

BOLO DE FRUTAS COM MARZIPÃ

Talvez este seja o único bolo de frutas verdadeiro deste capítulo, mas é meu bolo favorito no mundo. Primeiro porque contém marzipã (que eu amo), e em segundo lugar porque não tem nenhuma casca (que eu odeio, pelo menos as habituais e amargas compradas em loja). Sobretudo, as peras secas que incluí também têm uma granulosidade tenra que se mescla perfeitamente ao marzipã.

É preciso começar na noite anterior ao dia de assar, mas isso significa apenas que o marzipã deve ser picado e congelado e as frutas, deixadas de molho com antecedência.

150 g de passas brancas
100 g de cerejas cristalizadas de cor natural cortadas ao meio
150 g de peras secas picadas
100 ml de rum branco
250 g de marzipã
50 g de amêndoas moídas
Raspas de 1 limão-siciliano
175 g de farinha de trigo
100 g de açúcar refinado

100 g de manteiga
2 ovos grandes
1 colher de chá de água de flor de laranjeira
1 fôrma de fundo removível de 20 cm, untada com manteiga e forrada no fundo e nas laterais, de forma que o papel-manteiga fique com uma folga de 10 cm acima da borda

Na noite anterior, misture as passas, as cerejas cristalizadas e as peras em uma tigela grande e cubra com rum. Pique o marzipã e coloque no freezer. Deixe ambos macerar e congelar de um dia para o outro.

Quando for fazer o bolo no dia seguinte, preaqueça o forno a 140°C. Bata as amêndoas com as raspas de limão-siciliano, a farinha, o açúcar, a manteiga e os ovos. Adicione as frutas escorridas, a água de flor de laranjeira e o marzipã congelado. Transfira a massa do bolo para a fôrma, alisando a superfície e criando um leve vão no meio para obter uma superfície reta depois de pronto. Asse por 2 horas a 2 horas e 30 minutos, ou até um testador de bolos sair limpo. Não asse por tempo demais, pois o bolo continuará a cozinhar no próprio calor enquanto esfria, mas também não se preocupe com isso: há frutas e umidade do marzipã suficientes para garantir que este bolo não fique seco com facilidade.

Deixe o bolo esfriar na fôrma antes de enrolar novamente em papel-manteiga e papel-alumínio para armazenar por uma semana. Se quiser um sabor mais forte, regue com um pouco mais de rum (é só perfurar a parte superior do bolo algumas vezes e despejar lentamente algumas colheres de rum por cima). E também é bom saber que o conselho de embrulhar e guardar é um preciosismo. Na última vez que preparei esta receita, dois dias foi o tempo máximo que consegui esperar antes de desembrulhá-la avidamente e fatiá-la.

Serve 8 a 10 pessoas.

BOLO DE MAÇÃS E NOZES

A ideia de fazer este bolo veio de uma fusão de duas coisas: a primeira foi ler a receita de um bolo de maçã feito com azeite de oliva em *Secrets from an Italian Kitchen*, de Anna del Conte; a segunda foi o reprovador lembrete de um frasco de óleo de nozes comprado para fazer algum molho de nozes e depois deixado na prateleira sem nenhum propósito aparente na vida. Então, pensei em tentar fazer um bolo com o que ainda tinha, e deu certo — bem, mais que certo.

Como não posso ser a única pessoa que tem esse problema, passo a receita, com um aviso: o bolo é delicioso, mas em um sentido pouco sofisticado de *cucina rustica*; o óleo de nozes é caro — não lhe aconselho a comprá-lo só para fazer este bolo.

Só deixei as nozes como opcionais porque na primeira vez em que preparei esta receita não as usei — e queria comer este bolo o mais simples possível para saber minha opinião sobre o óleo de nozes. Se você não usá-las e substituir o óleo de nozes por azeite de oliva (que não seja extravirgem), e o rum por água, terá a deliciosa *torta di mele* de Anna.

100 g de passas brancas

75 ml de rum

150 ml de óleo de nozes

200 g de açúcar refinado

2 ovos grandes

350 g de farinha de trigo, de preferência italiana tipo "00"

1 colher de chá de canela

1 ½ colher de chá de bicarbonato de sódio

½ colher de chá de cremor tártaro

½ colher de chá de sal

450 g de maçãs descascadas e cortadas em cubos pequenos

Raspas de 1 limão-siciliano

100 g de nozes (opcional)

1 fôrma de fundo removível de 20 cm, untada com manteiga e farinha

Coloque as passas e o rum (ou água) em uma panela e deixe ferver (se o fogão for a gás, tome cuidado para manter o rum afastado da chama por causa do álcool). Em seguida, retire a panela do fogo, deixando as passas incharem aromaticamente. Preaqueça o forno a 180°.

Bata o óleo com o açúcar em uma tigela e acrescente um ovo de cada vez, batendo até ficar parecido com uma maionese. Nessa fase, eu usaria algum tipo de batedor elétrico, como um mixer. Acrescente os ingredientes secos à mistura de ovos, mexendo com uma colher de metal. Depois junte as maçãs, as raspas de limão-siciliano, as passas escorridas e as nozes, caso deseje usá-las. Assente a massa, que será bem firme, na fôrma e asse por 1 hora, perfurando-a com um testador de bolos ou palito de dentes para checar se está pronta.

Deixe o bolo descansar por 10 minutos na fôrma, sobre uma grelha de metal, depois desenforme e deixe esfriar. Anna aconselha deixar o bolo descansar um dia antes de comê-lo (embrulhe-o bem em papel-alumínio quando estiver completamente frio), mas devo admitir que adoro comê-lo enquanto ainda solta o hálito quente do forno.

Serve 6 pessoas.

BOLO DE AMEIXAS DE INVERNO

Este bolo é "de inverno" no sentido de "fora de estação" ou de "alimentos armazenados". Para ser franca, eu tinha uma lata de ameixas vermelhas no armário havia tanto tempo que achei que precisava encontrar uma forma de usá-las, ou jogá-las fora. Estou feliz por dizer que este foi o resultado.

O açúcar de confeiteiro dourado não refinado desta receita não é uma opção comedida, mas uma necessidade voluptuosa: sem ele, não se obtém um glacê com uma beleza tão viscosa, tanto em sabor quanto em aparência.

Para o bolo:

567 g de ameixas vermelhas em calda
125 g de farinha de trigo com fermento
½ colher de chá de fermento em pó
75 g de amêndoas moídas
125 g de manteiga amolecida
125 g de açúcar mascavo claro
2 ovos grandes
1 colher de chá rasa de essência de amêndoas

1 fôrma de fundo removível de 20 cm, untada com manteiga e forrada

Para o glacê:

160 g de açúcar de confeiteiro não refinado
1 a 2 colheres de sopa de água quente

Preaqueça o forno a 170°.

Escorra as ameixas, depois pique e deixe em uma peneira para escorrer mais uma vez. Misture a farinha, o fermento e as amêndoas moídas e reserve. Bata a manteiga e o açúcar até obter um creme, e em seguida acrescente os ovos sem parar de bater, adicionando 1 colher de sopa da mistura de farinha após cada um. Incorpore a essência de amêndoas, junte o restante da mistura de farinha e as ameixas picadas e escorridas. Transfira para uma fôrma preparada e asse por cerca de 1 hora e 15 minutos. Quando estiver pronto, ou seja, começando a se desprender das laterais etc., retire do forno, deixe na fôrma sobre uma grelha de metal por cerca de 10 minutos, depois desenforme sobre a grelha.

Quando estiver frio, cubra com o glacê de açúcar mascavo, que você faz simplesmente misturando o açúcar peneirado com a água até obter uma brilhante pasta cor de caramelo. Despeje por cima do bolo, cobrindo com uma camada fina, não necessariamente de um jeito uniforme, e deixe escorrer, aqui e ali, pelas laterais.

Se quiser transformar esta receita na sobremesa de um almoço de domingo, sirva-a morna e prepare uma jarra de creme de ovos para despejar por cima (veja a p. 144).

Serve 6 a 8 pessoas.

CUPCAKES

Agora sim chegamos a "O forno e a solução para o jantar com convidados".

Mais ou menos na época em que comecei a me interessar a sério por cupcakes e fairy cakes, evidentemente para crianças, notei que quem se animava com eles de verdade eram os pais. Acho que antes dos 30 anos a nostalgia não é uma opção sequer remotamente reconfortante. Desde então, cheguei à conclusão de que cupcakes e fairy cakes — que é como chamo os cupcakes retos e lindamente decorados — são perfeitos para o jantar. E quando digo jantar não estou falando de um grandioso jantar formal com uma mesa reluzente cheia de prataria, mas daquelas noites em que você recebe amigos para comer na cozinha (o único tipo de jantar que eu conheço). Sirva queijo em vez de sobremesa às pessoas (ou nada: não é obrigatório) e ofereça essas coisinhas preciosas com café e chá. Você pode preparar os bolos com um dia de antecedência, guardá-los em um recipiente hermético e decorá-los depois — mas como o glacê ajuda a mantê-los frescos, se for usar uma cobertura com base de água e não de manteiga, você também pode decorá-los no dia anterior, e, então, não terá nada para fazer no dia em si.

Em geral, não gosto de porções individuais minúsculas, porém, ao que parece, cupcakes atingem algum ponto pré-racional e eu sucumbo. Mas, enfim, sempre acontece o mesmo com todo mundo. As receitas a seguir não são todas: veja também os cupcakes de cappuccino e os cupcakes de espresso nas pp. 208-9, os cupcakes de chocolate com cereja na p. 206, os fairy cakes de dolly-mixture na p. 225, os bolos borboleta na p. 227, cupcakes de Halloween na p. 226 e os cupcakes de Natal na p. 277.

FAIRY CAKES

Estes bolinhos são tão rápidos de fazer e de assar que é realmente possível prepará-los como sobremesa quando você chega em casa do trabalho. Em geral, não recheio meus fairy cakes; é em cima, quando posso brincar com cores, flores e decorações de açúcar, que um pouco de imaginação e habilidade artística entram em cena. Não que eu mereça muito crédito, certamente não para esta última: compro rosas de papel de arroz e margaridas e amores-perfeitos de açúcar em vez de fazê-los. Mas gosto de fazer minha parte — escolher as cores, os detalhes. Meu ponto fraco é o visual branco total. (Na verdade, eu disse a Hettie, minha salvadora e braço direito, que trabalha comigo desde o início do livro, que quando ela se casar vai ter de me deixar fazer uma pirâmide desses bolinhos. Por sorte, ela aceitou.)

Meu outro favorito — e depois prometo deixá-la em paz — é a versão verde-pistache dos anos 1950 com a rosa, rosa-clara, de papel de arroz em cima.

125 g de manteiga sem sal, amolecida
125 g de açúcar refinado
2 ovos grandes
125 g de farinha de trigo com fermento
½ colher de chá de extrato de baunilha

2 a 3 colheres de sopa de leite
500 g de mistura para glacê real
1 fôrma para 12 muffins forrada com
12 forminhas de papel

Preaqueça o forno a 200°.

Não poderia ser mais simples fazer fairy cakes: basta colocar todos os ingredientes, exceto o leite, em um processador e bater até obter uma massa lisa. Aperte o botão "Pulsar" enquanto adiciona o leite pelo bocal da tampa, para criar uma consistência suave e homogênea. (Se quiser fazer à mão, siga o método do Pão de Ló Vitória.) Sei que parece que você nunca vai conseguir fazer essa pequena quantidade de massa encher 12 forminhas de muffin, mas vai; então, pegue uma colher e vá despejando e raspando toda a massa para as forminhas, tentando encher por igual cada uma. Leve ao forno e asse por 15 a 20 minutos ou até os fairy cakes estarem prontos e dourados na parte de cima. Deixe esfriar, e assim que a quentura for suportável, retire-os da fôrma, ainda nas forminhas de papel, e coloque-os sobre uma grelha de metal. Gosto que meus bolinhos com uma cereja em cima tenham uma pontinha, mas para todos os florais e outros efeitos artísticos, querida, é preciso começar com uma base reta. Para isso, assim que eles esfriarem, corte qualquer topo elevado, criando uma superfície lisa para colocar a cobertura.

Especifiquei uma quantidade considerável de mistura para glacê real, pois quanto mais cores você escolher, mais irá usar, embora na verdade 250 g devam ser suficientes. Eu preparo uma grande porção sem cor e depois transfiro algumas colheradas de cada vez para uma tigela e adiciono, com minha sonda (um termômetro quebrado, mas um espeto também serve), pequenos pontos de cores dos frascos de pasta, mexendo com uma colher de chá e depois adicionando mais corante, bem devagar, com muito cuidado, até obter a cor que desejo (cores pastel funcionam melhor neste caso, seja qual for sua estética habitual). Depois pego outra colher para espalhar a cobertura de cada bolo (é importante usar uma colher para decorar e outra para misturar, ou você acabará com migalhas na tigela de glacê). Deixo descansar por um instante para a superfície secar levemente antes de colocar a rosa, a margarida ou um buquê inteiro de cada.

Rende 12 bolinhos.

VARIAÇÃO

Para fazer cupcakes de lavanda, siga a receita básica dos fairy cakes, mas reduza a quantidade de baunilha a algumas gotas, cerca de ¼ de colher de chá se quiser medir. Meia hora antes de fazer a massa, coloque 125 ml de leite em uma panela pequena com 6 a 8 raminhos de lavanda. Deixe ferver, mas pouco antes de começar a borbulhar retire do fogo, cubra com papel-alumínio e reserve por 20 minutos. Depois coe o leite para uma caneca e reserve por mais 10 minutos. Prepare a massa normalmente usando algumas colheradas de leite de lavanda em vez de leite puro no final, para afinar a massa. Asse como de costume, e quando esfriar, prepare um glacê bem grosso misturando 250 g de açúcar de confeiteiro peneirado com mais leite de lavanda. Tinja de marfim com um corante em pasta "caramelo" e coloque um raminho de lavanda por cima.

CUPCAKES DE MANTEIGA QUEIMADA E AÇÚCAR MASCAVO

É difícil explicar o maravilhoso sabor intenso da manteiga queimada, mas imagine algo que lhe dê água na boca.

Para os cupcakes:

150 g de manteiga sem sal
125 g de farinha de trigo com fermento
60 g de açúcar refinado dourado
65 g de açúcar mascavo
2 ovos grandes
1 colher de chá de extrato de baunilha
1 colher de chá de fermento em pó
2 a 3 colheres de sopa de leite

1 fôrma para 12 muffins forrada com 12 forminhas de papel

Para o glacê:

150 g de manteiga sem sal
250 a 300 g de açúcar de confeiteiro dourado peneirado
1 colher de chá de extrato de baunilha
2 a 3 colheres de sopa de leite

Preaqueça o forno a 200ºC e prepare-se para queimar a manteiga. Coloque-a em uma panela pequena em fogo médio, mexendo sem parar até que ganhe um tom dourado-escuro. Retire a panela do fogo e passe a manteiga em um coador, transferindo-a para uma tigela ou caneca, pois ela terá criado um sedimento. Em outras palavras, será como uma manteiga clarificada, mas com um toque defumado. Deixe a manteiga endurecer outra vez, mas não a leve à geladeira; é preciso que permaneça macia para os cupcakes. Isso não deve levar muito tempo, a não ser em um clima quente. Nesse caso, deixe para preaquecer o forno depois de queimar a manteiga.

Quando a manteiga estiver sólida, mas ainda macia, coloque todos os ingredientes dos cupcakes em um processador e bata até obter uma massa lisa. Como de costume, despeje o leite pelo bocal da tampa, pulsando algumas vezes até formar uma mistura macia e homogênea. E, novamente, se quiser preparar esta receita à mão, siga o método do Pão de Ló Vitória.

Divida a massa entre as forminhas de papel e asse por 15 a 20 minutos. Enquanto os cupcakes estiverem no forno, prepare o glacê. É o mesmo procedimento da manteiga — queime, peneire e deixe solidificar —, depois misture com metade do açúcar, ou o suficiente para deixar firme. Acrescente colheradas de leite e o açúcar restante, alternadamente, até obter uma boa consistência. Por fim, adicione a baunilha.

Enquanto o glacê ainda estiver mole, espalhe-o de qualquer jeito sobre os cupcakes frios. Rende 12 cupcakes.

Bolos 51

CUPCAKES DE CENOURA COM COBERTURA DE CREAM CHEESE

Eu queria ter algum tipo de bolo de cenoura neste capítulo e achei que esta versão de cupcake era a certa. Sei que muffins de cenoura já existem há muito tempo, mas quis algo voluptuoso, doce e apetitoso: um bolo, não um flagelo de café da manhã. Por uma razão que não consigo entender muito bem, esta receita cai especialmente bem quando a sirvo depois de peixe.

Para os cupcakes:

100 g de açúcar mascavo
175 ml de óleo de girassol
2 ovos grandes
225 g de farinha de trigo
¾ de colher de chá de bicarbonato
**   de sódio**
1 colher de chá de canela
1 pitada de sal
Raspas de ½ limão-siciliano
Raspas de ½ laranja ou de 1 tangerina

150 g de cenouras raladas
**   (cerca de 2 cenouras médias)**
100 g de nozes picadas
1 fôrma para 12 muffins forrada com
**   12 forminhas de papel**

Para a cobertura:

125 g de cream cheese
250 g de açúcar de confeiteiro peneirado
1 a 2 colheres de chá de suco de
**   limão Tahiti**
12 metades de nozes

Preaqueça o forno a 200°.

Bata o açúcar com o óleo, depois adicione um ovo de cada vez. Acrescente a farinha, o bicarbonato, a canela, o sal e as raspas, depois misture a cenoura e as nozes. Com uma colher, transfira uma quantidade igual para cada forminha de muffin e asse por 20 minutos. Deixe esfriar sobre uma grelha enquanto prepara a cobertura.

Bata o cream cheese em uma tigela até ficar homogêneo e um pouco mais macio, depois misture o açúcar de confeiteiro. Esprema o suco de limão Tahiti a gosto.

Quando os cupcakes estiverem frios, é só espalhar a cobertura na parte de cima. Na minha opinião, usar uma faca comum sem ponta funciona bem, e gosto de ver as marcas que ela faz na cobertura: esses cupcakes não têm o objetivo de ser elegantes e perfeitos. Coloque uma metade de noz no centro de cada cupcake decorado.

Rende 12 cupcakes.

GOTAS DE PÃO DE LÓ

Gotas de Pão de Ló não são exatamente cupcakes, pois têm o formato de biscoitinhos. Você prepara uma massa muito leve, que é jogada às colheradas em um tabuleiro. Asse-a, deixe esfriar e faça um sanduíche com creme, geleia e algumas frutas silvestres, assim você terá pedaços do paraíso. A leveza do pão de ló, juntamente com a untuosidade gelada do creme e a doçura suculenta das frutas silvestres, tudo em quantidades tão pequenas (e nunca pensei que ficaria grata por isso), tornam essas gotas completamente sedutoras.

Para as Gotas de Pão de Ló:

2 ovos grandes

75 g de açúcar refinado

50 g de farinha de trigo com fermento

25 g de amido de milho

½ colher de chá de fermento em pó

2 tabuleiros untados ou forrados

Para o recheio:

150 ml de creme de leite fresco batido

5 a 6 colheres de sopa de geleia de amora (ou outra)

1 caixinha de amoras (ou outra fruta silvestre)

Preaqueça o forno a 200º.

Bata levemente os ovos, acrescente o açúcar e bata outra vez, até a mistura se tornar clara, cremosa e volumosa; eu usaria algum tipo de batedor elétrico, como um mixer. Peneire a farinha, o amido de milho e o fermento em pó diretamente na massa e misture tudo com uma colher de metal. Com uma colher de sobremesa, deposite pequenas gotas nos tabuleiros, deixando espaço entre elas para que possam se espalhar. Asse por 5 minutos, depois transfira-as com uma espátula de metal para esfriar sobre uma grelha (talvez você considere mais fácil usar uma espátula com degrau do que uma plana).

Quando estiverem frias, monte um sanduíche com o creme de leite batido, a geleia e as frutas silvestres levemente amassadas.

Rende 8 a 9 gotas.

Bolos 53

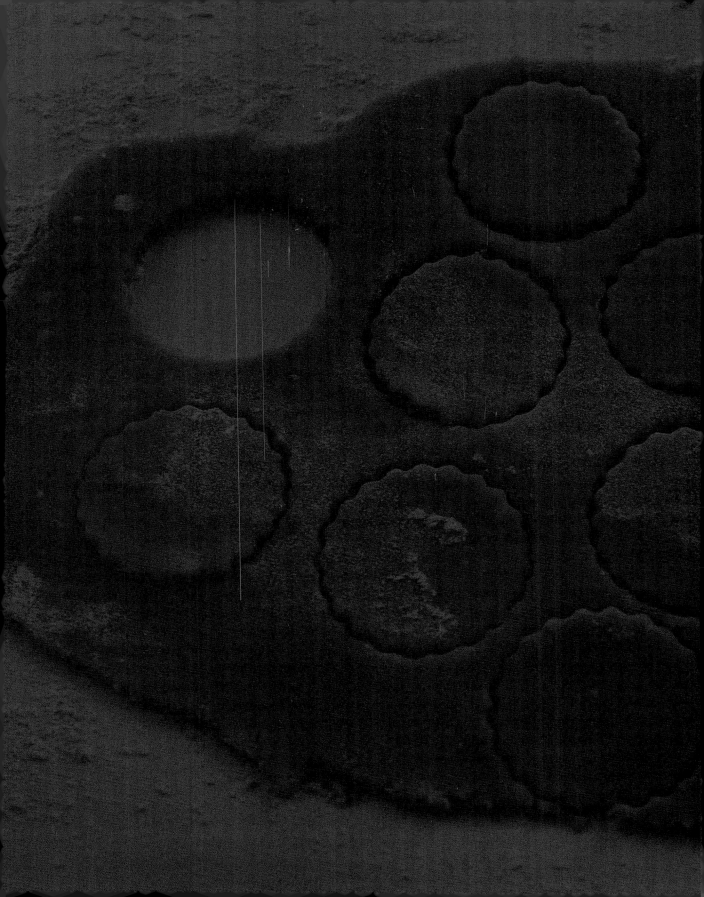

BISCOITOS

BISCOITOS

Incluindo scones, muffins, panquecas e outras coisinhas

Biscoitos são uma das primeiras coisas que aprendemos a preparar na infância — ou ao menos enrolar e cortar, sentir o clima, o que é tão importante quanto —, e parece que estamos recapturando um passado relembrado, sem dúvida idealizado, sempre que os preparamos na vida adulta; ainda parece que estamos brincando. Quando quero cozinhar, mas não tenho uma ideia determinada do que e não tenho nenhuma refeição para preparar que justifique ficar perambulando pela cozinha, me convenço de que é preciso fazer biscoitos.

Basicamente, os biscoitos deste capítulo não têm formato definido: você os coloca com uma colher em uma assadeira ou os enrola até virarem bolas entre as mãos para lhes dar forma. Existem exceções, como você verá, mas a receita básica para biscoitos cortados com cortadores está no capítulo das crianças. Achei que elas precisavam mais do que nós. (E, claro, se quiser a receita de biscoitos de chocolate, veja o capítulo Chocolate.)

Sei que hoje em dia fazer biscoitos pode parecer uma prática estranhamente arcaica, porém, pode tornar a vida moderna muito mais fácil. Muitas das receitas que se seguem podem ser preparadas para fazer render um pote de um bom sorvete comprado pronto, causando um efeito ridiculamente incrível. É muito mais fácil que preparar o sorvete e comprar os biscoitos.

MADELEINES DE BOTÃO DE ROSA

Foi a pequeneza curvada desses macios biscoitos de pão de ló, assim como o fato de serem aromatizados com água de rosas, que me fez batizá-los assim. Gosto deles com café quando a sobremesa foi apenas um prato de queijo, mas os coma com o que quiser e como quiser. Os botões de rosa secos da foto, obviamente, não são ingrediente obrigatório; para mim, é apenas algo que lembra *Cidadão Kane*.

50 g de manteiga sem sal,
 mais 1 colher de sopa para untar
1 ovo grande
40 g de açúcar refinado
1 pitada de sal

45 g de farinha de trigo, de
 preferência italiana tipo "00"
1 colher de sopa de água de rosas
Açúcar de confeiteiro para polvilhar
1 fôrma para 24 minimadeleines

Derreta a manteiga em fogo baixo e depois deixe esfriar. Bata o ovo, o açúcar e o sal em uma tigela por cerca de 5 minutos, de preferência com algum tipo de batedor elétrico, como um mixer, até ficar grosso como uma maionese. Em seguida, polvilhe a farinha por cima; eu seguro uma peneira sobre a mistura de ovos e açúcar, despejo a farinha nela e sacudo. Misture a farinha com uma colher de pau, reserve 1 colher de sopa rasa da manteiga derretida fria para untar a fôrma e misture o restante juntamente com a água de rosas. Combine bem, mas não use força demais. Deixe descansar na geladeira por 1 hora. Retire e deixe em temperatura ambiente por 30 minutos. Preaqueça o forno a 220°.

Pincele generosamente o interior das forminhas de madeleine com a manteiga reservada (derreta mais, se achar necessário) antes de preenchê-las com metade da massa (esta receita rende duas fornadas). Cerca de 1 colher de chá em cada uma é o bastante: não se preocupe em cobrir as reentrâncias das fôrmas; no calor do forno a massa vai se espalhar antes de crescer. Asse por 5 minutos, mas cheque com 3 minutos. Desenforme e deixe esfriar sobre uma grelha, depois arrume em um prato e polvilhe com açúcar de confeiteiro. Repita com a metade restante da massa.

Rende 48 madeleines.

MACAROONS DE COCO

Estes são os macaroons ingleses, do tipo que sempre se vê nas padarias ao lado das madeleines (aqueles castelos de pão de ló mergulhados em uma reluzente geleia de morango e passados em coco ralado que gruda na garganta, tão diferentes daquelas ardentes memórias de Marcel Proust). A diferença com esses macaroons é que você não precisa ser irônico nem ter vergonha de ser retrô para gostar deles.

Aqui vai um pouco de autoritarismo comercial: compre coco ralado que não seja desidratado — do contrário, a umidade doce e aromática, que é, no final das contas, o objetivo, será perdida.

2 claras de ovos grandes
¼ de colher de chá de cremor tártaro
100 g de açúcar refinado
30 g de amêndoas moídas
1 pitada de sal

1 colher de chá de extrato de baunilha
(ou essência de coco, se você tiver)
250 g de coco ralado
1 assadeira forrada

Preaqueça o forno a 170º.

Bata as claras até ficarem espumantes — não mais que isso —, acrescente o cremor tártaro e continue a bater, madame, até picos suaves se formarem. Acrescente uma colher de chá de açúcar de cada vez e bata até os picos manterem a forma e ficarem brilhantes. Misture as amêndoas, o sal, a baunilha e o coco. A massa ficará pegajosa, mas mesmo assim deve manter a forma quando moldada.

Faça domos do tamanho de um limão, com 6 a 7 cm de diâmetro. Não os deixe chatos demais; eles ficam mais bonitos se você os deixar bem redondos, só que isso é apenas uma questão de gosto, então, siga o seu.

Asse por 20 minutos ou até que estejam começando a dourar em certas partes.

Rende 8 macaroons grandes.

MACARONS DE PISTACHE

Estes são os macarons mais elegantes do mundo. Só a cor, o tom claro de verde, combina perfeitamente com a delicadeza aromática de seu sabor; e sua consistência densa e saborosa se funde à pasta aromática e suave com que são combinados. De todas as receitas deste livro, acho que é desta que mais me orgulho: o êxtase do biscoito!

Esta receita é perfeita para o final do jantar, junto com framboesas polvilhadas com açúcar de confeiteiro; ou apenas com café, graciosamente empilhados em um prato ou suporte para bolos.

Para os macarons:
75 g de pistache
125 g de açúcar de confeiteiro
2 claras de ovos grandes
15 g de açúcar refinado

Para o buttercream:
55 g de pistache
250 g de açúcar de confeiteiro
125 g de manteiga sem sal, amolecida
2 tabuleiros forrados

Preaqueça o forno a 180°.

Em um processador, moa os pistaches com o açúcar de confeiteiro (isso evita que se transformem em uma papa oleosa), até ficarem finos como pó. Bata as claras até que estejam razoavelmente firmes, mas não secas, polvilhe o açúcar refinado por cima e bata até ficarem bem firmes. Misture as claras com o pó de açúcar e pistache e incorpore-as delicadamente. Com um saco de confeiteiro, faça bolinhas no tabuleiro forrado, usando um bico simples de 1 cm. Deixe-as descansar por cerca de 10 minutos para formar uma película. Depois, leve ao forno por 10 a 12 minutos. Elas devem ficar firmes, mas não secas.

Retire do forno e deixe esfriar, ainda nos tabuleiros, enquanto prepara o recheio. É um trabalho simples: moa o pistache e o açúcar de confeiteiro no processador, como fez antes; depois bata a manteiga, até obter um creme, e continue a bater enquanto adiciona o pó de pistache. Verifique se obteve um buttercream bem misturado e macio. Depois, simplesmente faça sanduíches com os macarons.

Rende 20 macarons, ou seja, 40 biscoitos colados, formando sanduíches.

Biscoitos 63

MACAROONS ESPANHÓIS

Não sei se eu passaria muito tempo tentando persuadir um espanhol sobre a origem destes biscoitos, mas os chamo assim porque evocam, de modo instantâneo, aquele aroma de laranjas, amêndoas e o levíssimo sopro quente de canela que associo à Espanha. Na verdade, tenho uma vaga lembrança gustativa de comer macaroons como estes certa vez em Sevilha, e creio que tenham sido aqueles que tentei recriar. Sei, no fundo do coração, que eles ficariam melhores com amêndoas descascadas, que você mesmo moeria quando quisesse usá-las, mas como preparei esta receita com amêndoas compradas já moídas, e fiquei feliz com elas, me pareceu honesto deixar assim mesmo. Se você decidir comprar amêndoas sem casca para moer, compre 500 g — elas são mais oleosas que as compradas já moídas, então você irá precisar de uma quantidade maior para obter a consistência certa.

425 g de amêndoas compradas já
    moídas ou 500 g de amêndoas
    sem casca, moídas
250 g de açúcar de confeiteiro peneirado
Raspas de 2 laranjas

½ colher de chá de essência de amêndoas
½ colher de chá de canela
1 ovo grande, mais 3 claras de ovos
    grandes
2 tabuleiros forrados

Preaqueça o forno a 180°.

Misture as amêndoas, o açúcar, as raspas de laranja, a essência de amêndoas e a canela. Em uma tigela à parte ou em uma jarra medidora de boca larga, bata o ovo inteiro com as claras. Abra um buraco no centro dos ingredientes secos, depois despeje os ovos e misture. A massa ficará muito pegajosa, eu sei, mas é assim mesmo.

Enrole pedaços arrancados da massa nas palmas das mãos, formando bolas do tamanho de nozes. Coloque-as nos tabuleiros preparados. Será mais fácil se você molhar as mãos na água fria da torneira e voltar à pia para lavar e molhar novamente enquanto prossegue. Além de tornar toda a operação menos desordenada, os biscoitos ficarão mais lisos.

Asse por 20 minutos, quando os biscoitos estarão levemente dourados na superfície, sem ter perdido sua doce e macia densidade por dentro. Deixe esfriar sobre uma grelha.

Rende cerca de 30 macaroons.

BISCOITOS DOCES E SALGADOS DE AMENDOIM

Se a gula fosse o único incentivo e medida, estes seriam meus biscoitos preferidos. Há algo no contraste entre o salgado e o doce e em sua leveza quebradiça que os torna instantaneamente viciantes. Eles fazem uma sedutora parceria com sorvete de baunilha: você pode servir de modo elegante e adulto, com tigelas de sorvete e um prato de biscoitos; ou, minha fraqueza, fazer sanduíches, usando os discos irregulares para envolver o creme gelado e macio.

Dois pedidos: não use amendoins jumbo e não use apenas manteiga. Você precisa da gordura vegetal — apesar de sua má reputação, é o que deixa estes biscoitos leves.

75 g de açúcar mascavo claro,
**   e mais para cobrir os biscoitos**
100 g de manteiga sem sal
50 g de gordura vegetal
1 ovo grande

1 colher de chá de extrato de baunilha
175 g de farinha de trigo com fermento
125 g de amendoins salgados
2 tabuleiros forrados

Preaqueça o forno a 190°.

Em uma tigela grande, misture o açúcar, a manteiga, a gordura vegetal, o ovo e a baunilha. Apenas bata, sem cerimônia, para combinarem bem. Talvez você ache mais fácil fazer isso com um mixer. Acrescente a farinha, e quando estiver incorporada, os amendoins — e sua massa estará pronta. Então, com uma colher de chá como medida, coloque a massa nos tabuleiros forrados com cerca de 5 cm de distância entre cada uma. Unte a parte externa do fundo de um copo com óleo, ou pincele com manteiga derretida, e mergulhe-o em um pouco de açúcar mascavo claro, depois pressione levemente sobre os biscoitos, para achatá-los.

Asse por 8 a 10 minutos. Depois desse tempo eles devem estar totalmente cozidos (mas lembre-se de que biscoitos sempre continuam a cozinhar por algum tempo fora do forno), e transfira para uma grelha de metal.

Rende cerca de 30 biscoitos.

RICCIARELLI

Adoro estes lindos macaroons brancos de Siena. São como losangos macios e densos de amêndoas. Sei que é estranho dizer para usar 300 g de amêndoas compradas já moídas ou 500 g de amêndoas sem casca, para moer em casa, mas, assim como nos Macaroons Espanhóis, as já moídas e mais secas absorvem mais líquido, então, você precisa de uma quantidade menor. Entretanto, esta receita fica muito melhor quando moemos as amêndoas em casa — e não estou lhe pedindo para fazer isso à mão, mas em um processador, pelo amor de Deus! Então, se puder, compre-as inteiras e sem casca.

Você deve começar o preparo desta receita no dia anterior ao momento de assar estes macaroons — não por exigir muito esforço, e sim para dar tempo de a massa secar antes de ir ao forno.

2 claras de ovos grandes
1 pitada de sal
225 g de açúcar refinado
Raspas de 1 limão-siciliano
½ colher de chá de extrato de baunilha

1 colher de chá de essência de amêndoas
300 g de amêndoas compradas já moídas ou 500 g de amêndoas sem casca, moídas
Açúcar de confeiteiro para polvilhar
2 tabuleiros forrados

Bata as claras em neve e o sal até ficarem firmes e secos. Adicione, aos poucos, o açúcar, até obter uma consistência parecida com marshmallow. Então, acrescente as raspas de limão-siciliano, o extrato de baunilha, a essência de amêndoas e as amêndoas moídas; misture até obter uma pasta bem dura.

Molde em pequenos diamantes, polvilhando açúcar de confeiteiro em suas mãos para ajudar a dar forma aos losangos se a massa estiver pegajosa. Coloque os biscoitos nos tabuleiros e deixe secar por uma noite, ou pelas horas equivalentes.

Aqueça o forno a 140° e asse os ricciarelli por cerca de 30 minutos. Depois desse tempo eles devem estar claros e levemente rachados. Quando esfriarem, polvilhe açúcar de confeiteiro e sirva.

Esses biscoitos se conservam por bastante tempo em um recipiente hermético.
Rende cerca de 34 ricciarelli.

SNICKERDOODLES

É impossível não querer fazer biscoitos com esse nome. Por sorte, eles não decepcionam. São quase bolos, mas só porque não são crocantes nem achatados; porém, na verdade, seu sabor é de donuts feitos no forno — pequenos, cheios de canela, com uma massa mais seca que a do donut e muito, muito viciantes.

Adoro comê-los como parte de uma sobremesa, com uma tigela de ameixas cozidas, mornas e condimentadas (veja esta receita em *How to Eat*) e uma tigela de crème fraîche ácido e gelado.

250 g de farinha de trigo
½ colher de chá de noz-moscada
¾ de colher de chá de fermento em pó
½ colher de chá de sal
125 g de manteiga em temperatura
  ambiente

100 g de açúcar refinado
  mais 2 colheres de sopa
1 ovo grande
1 colher de chá de extrato de baunilha
1 colher de sopa de canela
2 tabuleiros untados ou forrados

Preaqueça o forno a 180º.

Combine a farinha, a noz-moscada, o fermento e o sal e reserve. Em uma tigela grande, bata a manteiga com os 100 g de açúcar até formar um creme de textura leve e de cor clara. Depois incorpore o ovo e a baunilha. Então, junte os ingredientes secos e misture até obter uma massa lisa e homogênea. Em um prato, coloque o açúcar remanescente e a canela. Então, com os dedos, retire pedaços da massa e os enrole entre as palmas das mãos, criando bolas do tamanho de nozes. Passe cada bola na mistura de açúcar com canela e transfira-as para os tabuleiros preparados.

Asse por cerca de 15 minutos. Depois desse tempo eles devem estar dourados. Retire do forno e deixe descansar nos tabuleiros por 1 minuto, antes de colocar em uma grelha de metal para esfriar.

Rende aproximadamente 32 snickerdoodles.

VARIAÇÃO

Substitua 25 g da farinha por cacau para preparar o que na minha casa chamamos — naturalmente — de chocodoodles.

68 **Biscoitos**

BISCOITOS DE BORDO COM NOZ PECAN

Preparei esta receita em um ímpeto de inspiração animada por causa do extrato de bordo que tinha comprado na superdelicatéssen Dean & DeLuca, em Nova York, mas como aromatizantes exóticos — e acho que podemos chamar este de exótico — são cada vez mais fáceis de achar, achei que devia inclui-la neste livro.

250 g de manteiga sem sal, amolecida
125 g de açúcar mascavo claro
1 colher de chá de extrato de bordo
350 g de farinha de trigo com fermento

35 metades de nozes pecans
(aproximadamente 75 g)
2 tabuleiros untados ou forrados

Preaqueça o forno a 170°.

Bata a manteiga e o açúcar até virarem um creme. Quando obtiver uma massa macia e maleável, adicione o extrato de bordo e misture a farinha peneirada. Faça bolas do tamanho de nozes e use a base de um copo levemente untada (se você tiver óleo de nozes em casa, pode usar) ou pincelada com manteiga derretida para pressioná-los delicadamente contra os tabuleiros preparados — deixando 5 cm de espaço ao redor de cada um, pois eles irão se espalhar — e decore-os com meia pecan.

Asse por 15 minutos. Eles já são dourados desde o começo, então, é difícil avaliar se estão prontos só de observar, mas erga um deles para verificar se já firmou por baixo. Retire do forno, deixe por 1 ou 2 minutos nos tabuleiros, depois transfira para uma grelha de metal para esfriar.

Rende cerca de 35 biscoitos.

VARIAÇÃO

Você pode substituir as pecans por nozes comuns, mas, se preferir não usar nenhuma das duas, estes biscoitos ficam maravilhosos com queijo. Sim, são doces, mas assim como os biscoitos de água e sal, ficam estranhamente bons tanto com queijos cremosos quanto duros, de forma que esta receita combina muito bem com um forte queijo azul.

Joias de Limão-Siciliano, Biscoitos da Vovó Boyd (p. 214) e Biscoitos Doces e Salgados de Amendoim (p. 65)

JOIAS DE LIMÃO-SICILIANO

Meus filhos as chamam de biscoitos de ovo frito, e ao ver a foto você entenderá o motivo. Mas isso não transmite a agradável intensidade ácida de seu sabor de limão. Claro que também são doces, mas usando um bom curd de limão-siciliano não vão ficar doces demais: você obterá aquele contraste necessário entre o curd ácido e gelatinoso e a massa doce e amanteigada ao redor.

125 g de gordura vegetal
125 g de manteiga sem sal, amolecida
75 g de açúcar refinado
1 gema de ovo grande
1 colher de sopa de suco de limão-siciliano
Raspas de 1 limão-siciliano

¼ de colher de chá de sal
275 g de farinha de trigo
50 g de amêndoas moídas
25 g de amido de milho
6 a 7 colheres de sopa de curd de limão-siciliano
2 tabuleiros forrados

Preaqueça o forno a 180°.

Em uma tigela grande, bata a gordura vegetal, a manteiga e o açúcar, depois acrescente a gema, o suco e as raspas de limão-siciliano e o sal. Acrescente, delicadamente, a farinha em duas etapas, depois as amêndoas moídas e o amido de milho. Cuidado para não bater com muita força, pois isso deixará a massa pegajosa demais. De qualquer maneira, ela gruda um pouco, então, quando tudo estiver misturado, leve a massa à geladeira e deixe por pelo menos 1 hora.

Forme bolas do tamanho de tomates-cereja e coloque-as nos tabuleiros, separadas por 2,5 cm de distância. Com o polegar, forme um vão em cada biscoito, e depois asse por 20 a 25 minutos. Eles devem ficar dourados e firmes.

Assim que saírem do forno, coloque ½ colher de chá rasa de curd de limão-siciliano sobre cada biscoito. Quando estiverem todos preenchidos, transfira-os para grelhas de metal para esfriar.

Rende cerca de 40 biscoitos.

Biscoitos 71

BISCOITOS DE CAFÉ E NOZES

Estes são biscoitos ao estilo norte-americano — em outras palavras, só jogo a massa sobre um tabuleiro sem formato definido. Tente usar o pó instantâneo para espresso se puder: café de verdade ou café instantâneo granulado feito com água muda a textura da massa e você obtém uma textura parecida demais com a de um bolo (ou um sabor muito fraco). Esta receita tem um quê de bolo, mas essa é, obviamente, a intenção.

250 g de farinha de trigo
1 colher de chá de fermento em pó
½ colher de chá de sal
200 g de manteiga sem sal, amolecida
75 g de açúcar refinado
60 g de açúcar mascavo claro

2 colheres de sopa de pó instantâneo para espresso
2 ovos grandes batidos
200 g de nozes em pedaços
2 tabuleiros forrados

Preaqueça o forno a 180°.

Em uma tigela, misture a farinha, o fermento e o sal. Em outra tigela, bata a manteiga e os açúcares. Adicione o pó de espresso e depois, quando estiver bem combinado, acrescente os ovos. Junte a mistura de farinha e os pedaços de nozes, sem mexer demais.

Forre dois tabuleiros com papel-manteiga ou tapetes culinários de silicone e, usando uma colher de sopa ou uma concha de sorvete relativamente pequena, coloque bocados de massa sobre eles, deixando mais ou menos 5 cm entre os biscoitos, que vão se espalhar ao assar.

Asse por 12 minutos. Depois desse tempo eles devem estar levemente dourados por cima e firmes, mas não muito, ao toque.

Deixe esfriar sobre uma grelha de metal.

Rende 30 biscoitos.

BISCOITOS ITALIANOS

Esta é uma descrição genérica daquelas espirais semelhantes a um shortbread cheias de cerejas cristalizadas que se vê em todos os cantos da Itália, geralmente vendidas por peso. Na verdade, quando as compramos, às vezes, elas tendem a uma secura e uma doçura exageradas: estes são amanteigados, leves e moderadamente doces. Não se deixe abater pelo fato de precisar usar um saco de confeiteiro: trabalhar com esse tipo de massa é extraordinariamente satisfatório.

225 g de manteiga sem sal, amolecida
150 g de açúcar refinado
1 ovo grande
Raspas de ½ limão-siciliano
350 g de farinha de trigo

½ colher de chá de fermento em pó
1 pitada de sal
20 cerejas cristalizadas de cor natural, aproximadamente
2 ou 3 tabuleiros forrados

Preaqueça o forno a 180º.

Bata a manteiga e o açúcar até ficarem bem leves, quase uma musse (para isso, uso minha batedeira). Quando estiver satisfeita com a consistência, após uns 5 minutos, adicione o ovo e as raspas do limão-siciliano. Depois, acrescente a farinha, o sal e o fermento: isso fica mais fácil na batedeira (com o batedor plano), mas não é difícil de fazer à mão. Vá em frente, pouco a pouco e com confiança: tudo deve ficar bem combinado, mas não batido em demasia. Lembre-se de que não será uma massa firme; se fosse, você não conseguiria espremê-la através do bico para confeitar.

Coloque um bico pitanga no saco de confeiteiro, encha-o com a massa e comece a formar rosetas ou, como os italianos sempre fazem, rosetas com uma cauda; isso lhe permite fazê-las como quiser e não se preocupar se a forma está perfeita. Mas não se esqueça de deixar uns bons 5 cm entre cada biscoito. Coloque ½ cereja no centro de cada roseta, ou na ponta da cauda, e asse por 12 minutos. As bordas ficarão douradas, mas o restante dos biscoitos continuará claro. Transfira para uma grelha de metal para esfriar.

Rende cerca de 40 biscoitos.

VARIAÇÃO

Use uma colher de chá de extrato de baunilha ou algumas gotas de essência de amêndoa em vez das raspas de limão-siciliano e — de um jeito muito pouco italiano — use gotas de chocolate em vez de metades de cereja.

BISCOITOS SALGADOS

BISCOITOS AZUIS IRLANDESES

Você não precisa usar queijo irlandês — embora o Cashel Blue combine muito bem com esta receita — nem se preocupar em comprar farinha de milho azul se for difícil de encontrar (embora eu tenha achado a minha no supermercado): estes biscoitos já ficam deliciosos se forem feitos com 175 g de farinha de trigo e qualquer queijo robusto, mas quebradiço e cremoso, seja azul ou não.

175 g de queijo Cashel Blue esmigalhado
100 g de manteiga sem sal, amolecida
1 gema de ovo grande
125 g de farinha de trigo
50 g de farinha de milho azul

1 pitada de sal (dependendo da
    quantidade de sal do queijo)
1 ovo batido para pincelar (opcional)
2 tabuleiros forrados

Preaqueça o forno a 200°.

Combine o queijo, a manteiga e a gema e depois junte as farinhas e o sal (caso esteja usando), misturando só até formar uma massa macia. Molde a massa em uma bola grande, enrole em filme plástico e leve à geladeira por mais ou menos 30 minutos, para descansar antes de ser aberta. Enfarinhe uma superfície lisa (e salpique com farinha de milho azul se quiser) e abra sua massa de queijo com a espessura de 0,5 cm. Corte no formato desejado — eu gosto destes biscoitos relativamente quadrados, mas semicírculos devem ficar bons, dados os ingredientes. Se você for comê-los sem outros acompanhamentos, pincele-os com o ovo batido antes de levá-los ao forno; se for servi-los com queijo (e eles combinam muito bem com o Cashel Blue do qual são parcialmente feitos), deixe-os opacos.

Asse por 10 a 15 minutos. Depois desse tempo as bordas estarão crocantes e o centro, inchado. Transfira para uma grelha de metal para esfriar.

Rende cerca de 30 biscoitos.

DISCOS PICANTES

Pense nesta receita como um cruzamento entre chips de tortilha e minipoppadoms, o tipo de biscoito perfeito para mergulhar em salsa mexicana, homus ou guacamole. Excluindo os temperos (com exceção do sal), você terá os biscoitos Mereworth do século XIX, para comer com queijos macios ou uma manteiga muito cremosa e sem sal.

Biscoitos azuis irlandeses

250 g de farinha de trigo

1 colher de chá cheia de sal

½ colher de chá de pimenta caiena

¼ de colher de chá de cominho em pó

¼ de colher de chá de coentro em pó

25 g de manteiga sem sal gelada,
cortada em cubos

Raspas bem finas de 1 limão Tahiti

100 ml de leite quente

1 cortador de biscoitos redondo com
5,5 cm

2 a 3 tabuleiros untados com manteiga

Preaqueça o forno a 200º.

Coloque a farinha, o sal, a pimenta, o cominho e o coentro em uma tigela e incorpore a manteiga, como se estivesse fazendo uma massa de torta. Adicione as raspas e depois despeje o leite aos poucos, até obter uma massa firme, mas macia. Abra a metade da massa o mais fino que conseguir: deve ficar quase transparente e dar a sensação de um tecido fino. Corte a maior quantidade de rodelas que puder, transfira-as para os tabuleiros e asse por 5 minutos, mas verifique depois de 3 minutos e meio. Quando prontos, eles terão um tom marrom e estarão maravilhosamente inchados. Transfira para uma grelha de metal e deixe esfriar. Repita com o restante da massa.

Rende cerca de 75 discos.

BISCOITOS DE AVEIA

É muito satisfatório preparar uma comida tão boa e simples quanto estes biscoitos de aveia — temos a sensação de estar fazendo algo sensato e básico, e não nos entretendo com frivolidades.

Se tiver coragem de usar banha de porco, por favor, use. Você sabia que ela é uma gordura menos saturada que manteiga?

250 g de farinha de aveia média ou
aveia em flocos

1 pitada de sal

¼ de colher de chá de bicarbonato
de sódio

1 colher de sopa de banha de porco ou
manteiga derretida

75 a 200 ml de água quente

1 tabuleiro

1 cortador de biscoitos redondo de
8 cm (opcional)

Preaqueça o forno a 200º.

Coloque a farinha de aveia em uma tigela e adicione o sal e o bicarbonato. Faça um buraco e despeje a gordura. Mexendo com uma colher de pau, acrescente água quente suficiente para criar uma massa firme. Se estiver usando farinha de aveia, deve precisar de mais ou menos 75 ml; com a aveia em flocos, pode chegar a 200 ml. Amasse um pouco, até que fique homogênea, depois abra, na espessura mais fina que puder. Corte em triângulos ou círculos e asse em um tabuleiro não untado por 15 a 20 minutos, ou até que as bordas dourem e os biscoitos de aveia estejam firmes (vão ficar crocantes ao esfriar). Transfira para uma grelha de metal para esfriar.

Rende de 15 a 20 biscoitos.

SCONES E MUFFINS

SCONES DA LILY

Estes são os melhores scones que já comi, o que não é uma surpresa, já que a receita é de uma daquelas cozinheiras à moda antiga, que começa a preparar uma porção no instante em que a campainha toca, na hora do chá. Sim, sei que eles parecem ter celulite (veja na página 81) — é o cremor tártaro, e também é por causa desse ingrediente que, apesar da aparente solidez, eles têm aquela maravilhosa leveza.

500 g de farinha de trigo
1 colher de chá de sal
2 colheres de chá de bicarbonato
de sódio
4 ½ colheres de chá de cremor tártaro
50 g de manteiga sem sal, gelada,
cortada em cubos

25 g de gordura vegetal em pedaços
(ou use mais 25 g de manteiga)
300 ml de leite
1 ovo grande batido para pincelar
1 cortador de biscoitos redondo com
bordas onduladas de 6,5 cm
1 tabuleiro levemente untado

Preaqueça o forno a 220°.

Peneire a farinha, o sal, o bicarbonato e o cremor tártaro em uma tigela grande. Misture com a ponta dos dedos essa mistura seca com as gorduras, até obter algo semelhante a uma areia úmida. Adicione o leite todo de uma vez, misture rapidamente — sendo "rapidamente" a palavra de ordem —, depois vire sobre uma superfície enfarinhada e amasse com delicadeza, até formar a massa.

Abra com cerca de 3 cm de espessura. Mergulhe o cortador em um pouco de farinha e corte ao menos dez scones. Ao todo, você obterá 12 com esta massa, mas talvez precise reabri-la para cortar os dois últimos. Coloque-os bem juntos no tabuleiro — a ideia é que eles inchem e grudem uns nos outros ao assar —, depois pincele os topos com o ovo batido. Leve ao forno e asse por 10 minutos, até estarem crescidos e dourados.

Sempre os coma recém-assados, de preferência ainda mornos, com creme talhado e geleia ou, o meu favorito, o Trovão e Raio que, como mostra a foto, é creme talhado com melado de cana.

Rende 12 scones.

VARIAÇÃO
Adicione 75 g de passas pretas ou brancas para fazer scones de frutas ou, algo que adoro, use a mesma quantidade de cerejas amarenas secas, com ou sem as raspas finas de ½ laranja. Para fazer scones de queijo adicione 75 g de Cheddar maturado ralado.

Biscoitos 77

SHORTCAKES DE MORANGO

Há muito tempo sou fascinada por esta sobremesa norte-americana, que não é bem um scone, e sim um pão de ló macio e amanteigado, com características de scone, aberto ao meio e recheado com morangos. Há muito debate, como sempre acontece com receitas tradicionais, sobre o método correto de prepará-los, servi-los, comê-los: devem ter tamanho individual ou ser um disco grande e espesso? Deve-se espalhar manteiga no miolo macio ainda quente, antes de rechear com as frutas e o creme?

Não tenho a intenção de entrar no debate — até porque não me sinto qualificada —, mas como sou uma grande fã da metódica-a-ponto-de-ser-obsessiva revista de culinária norte-americana *Cook's Illustrated*, obtive orientação em *The Perfect Recipe*, livro da editora executiva da revista, Pam Anderson. Às vezes, me desvio desta receita — usando crème fraîche em vez de chantilly, ou usando o single cream (creme de leite fresco com 18% a 23% de gordura) em vez do half-and-half (composto por ½ de leite e ½ creme de leite, que não é encontrado fora dos Estados Unidos) e gosto de colocar um pouco de vinagre balsâmico nos morangos amassados —, mas, em todos os sentidos que importam, esta é a receita dela.

É isso que você quer para atrair as pessoas pela barriga em um dia de verão depois do almoço no jardim.

Para os shortcakes:
325 g de farinha de trigo
½ colher de chá de sal
1 colher de sopa de fermento em pó
5 colheres de sopa de açúcar refinado
125 g de manteiga sem sal, congelada
1 ovo grande batido
125 ml de creme de leite comum
1 clara de ovo grande levemente batida

1 tabuleiro untado ou forrado
1 cortador de biscoitos redondo de 6,5 cm

Para o recheio:
300 g de morangos, aproximadamente
1 colher de sopa de açúcar refinado
Gotas de vinagre balsâmico (opcional)
250 ml de creme de leite fresco ou crème fraîche

Preaqueça o forno a 220°.

Misture a farinha, o sal, o fermento e 3 colheres de sopa de açúcar em uma tigela. Rale a manteiga diretamente sobre esses ingredientes secos e use as pontas dos dedos para terminar de misturar a manteiga com a farinha. Bata o ovo e o creme de leite e despeje na mistura de farinha aos poucos, usando um garfo para misturar. Talvez você não precise de todo o creme com ovo para que a massa dê liga, então, tenha cuidado.

Transfira a massa para uma superfície levemente enfarinhada e abra com delicadeza, até uma espessura de mais ou menos 2 cm. Mergulhe o cortador em farinha e corte quantos círculos puder. Forme uma bola de massa com as aparas, reabra e termine de cortar — no total, você deve obter 8 círculos. Deixe cerca de 2,5 cm de distância entre os

Biscoitos 79

shortcakes no tabuleiro, pincele a parte de cima com clara de ovo e polvilhe-os com as 2 colheres de sopa remanescentes de açúcar. Para facilitar seus demais afazeres na cozinha, ou a vida em geral, neste estágio você pode cobri-los e levar à geladeira por até 2 horas.

Asse por 10 a 15 minutos, até ficarem dourados, e deixe esfriarem um pouco sobre uma grelha de metal. Enquanto isso, amasse metade dos morangos com uma colherada de açúcar e algumas gotas de vinagre balsâmico, se quiser usá-lo, e corte ao meio ou em quatro os morangos remanescentes, dependendo do tamanho. Bata o creme de leite fresco, fazendo um chatilly, caso esteja usando.

Os shortcakes devem ser comidos enquanto ainda estiverem mornos, então, abra cada um deles ao meio e cubra com uma colherada da mistura de morangos esmagados, alguns morangos cortados ao meio ou em quatro, depois coloque um pouco de chantilly ou crème fraîche por cima, e recoloque o topo.

Rende 8 shortcakes.

VARIAÇÃO

Adoro esta receita ao estilo norte-americano, com maracujá em vez de morangos. Mas se quiser prepará-la, não use crème fraîche; você vai precisar do aveludado chantilly, se possível, não pasteurizado.

Scones da Lily (p. 77)

MUFFINS DE MIRTILO

Sempre achei muffins superestimados e decepcionantes. Porém, descobri que só os industrializados eram assim. Quando os preparar em casa — e fazer muffins é a coisa mais fácil do mundo, por isso incluí algumas receitas no capítulo para crianças —, eles não ficarão altos e inchados como os que se veem em lojas e cafés, e você também os achará interessantes. Aquela massa seca e aerada, embrulhada em celofane, não é o tipo de muffin que você deve comer no café da manhã; este é.

Para facilitar, na noite anterior é possível pesar todos os ingredientes secos e deixá-los em uma tigela coberta com filme plástico, e medir os líquidos em uma jarra que possa ir à geladeira, coberta. Assim, você deixa tudo preparado antes de ir dormir, e ao acordar basta derreter a manteiga, preaquecer o forno, misturar os ingredientes úmidos com os secos, incorporar as frutas e despejar as porções de massa nas fôrmas. Em mais ou menos 15 minutos sua cozinha será invadida pelos aromas saídos do forno e você colocará um prato cheio de muffins na mesa.

75 g de manteiga sem sal
200 g de farinha de trigo
½ colher de chá de bicarbonato de sódio
2 colheres de chá de fermento em pó
75 g de açúcar refinado
1 pitada de sal

200 ml de leitelho (ou 100 g de iogurte
com 100 ml de leite semidesnatado)
1 ovo grande
200 g de mirtilos
1 fôrma para 12 muffins forrada com
12 forminhas de papel

Derreta a manteiga e deixe esfriar um pouco. Preaqueça o forno a 200º.

Combine todos os ingredientes secos em uma tigela, e em uma jarra medidora bata o leitelho (ou o iogurte com leite), o ovo e a manteiga derretida. Despeje os ingredientes úmidos sobre os secos e, com uma colher de pau, misture delicadamente. Não se preocupe com caroços: para os muffins, o importante é que a massa não seja trabalhada demais. Incorpore os mirtilos, lembrando-se de mexer o mínimo possível. Neste ponto você também pode acrescentar raspas de laranja, se quiser. Com uma colher, despeje a massa nas forminhas de muffin — eu uso uma concha de sorvete e uma espátula de silicone pequena para isso — e asse por 20 minutos. Depois desse tempo os muffins devem ter crescido, dourado e firmado na parte de cima. Coma-os mornos ou frios, como quiser: eu gosto de comê-los mornos, despedaçados com os dedos e besuntados, pedaço por pedaço, com uma boa manteiga sem sal e geleia de mirtilos.

Rende 12 muffins.

82 **Biscoitos**

MUFFINS DE BAKLAVA

Eu sei que parece uma ideia maluca, mas encontrei esta receita em um livro que comprei na internet no meio da noite, chamado *The Joy of Muffins*. E foi mesmo uma alegria, pois quem iria imaginar que estes muffins seriam tão bons: pegajosos, crocantes, macios e satis-fatórios; rolinhos de canela para a cozinheira apressada.

Para o recheio:

100 g de nozes picadas
75 g de açúcar demerara
1 ½ colher de chá de canela
45 g de manteiga derretida

Para os muffins:
210 g de farinha de trigo
2 colheres de chá de fermento em pó
½ colher de chá de bicarbonato de sódio

75 g de açúcar refinado
1 ovo grande
45 g de manteiga sem sal, derretida
250 ml de leitelho (ou 175 g de iogurte
  com 75 g de leite semidesnatado)
1 fôrma para 12 muffins forrada com
  12 forminhas de papel

Para a cobertura:
125 ml de mel líquido

Preaqueça o forno a 200°.

Misture todos os ingredientes do recheio em uma tigela pequena, antes de começar a preparar os muffins. Em uma tigela grande, combine a farinha, o fermento, o bicarbona-to e o açúcar. Em uma jarra medidora de boca larga, bata o ovo, a manteiga derretida e o leitelho. Faça um buraco no meio dos ingredientes secos, despeje o líquido e misture leve e delicadamente, lembrando-se de deixar a massa encaroçada em vez de tentar torná-la homo-gênea: qualquer coisa além de uma manipulação delicadíssima cria muffins pesados. Encha ⅓ das forminhas com a massa, acrescente uma colher de sopa rasa de recheio, depois cubra com mais massa, até encher. Polvilhe todo o recheio que sobrar sobre os muffins.

Asse por 15 minutos. Depois desse tempo eles devem estar dourados e prontos. Coloque os muffins, ainda nas forminhas de papel, sobre uma grelha e espalhe mel por cima. Talvez você ache mais fácil aquecer o mel um pouco antes de fazer isso.

Rende 12 muffins.

Biscoitos 83

MUFFINS DE LIMÃO-SICILIANO E FRAMBOESA

Na minha opinião, estes muffins são mais adequados ao chá do que ao café da manhã, mas, por favor, não se sinta reprimida por meus preconceitos (e não é sempre que você vai me ouvir dizer isso).

60 g de manteiga
200 g de farinha de trigo
2 colheres de chá de fermento em pó
½ colher de chá de bicarbonato de sódio
150 g de açúcar refinado
¼ de colher de chá de sal

Suco e raspas de 1 limão-siciliano, bem picadas
120 ml de leite, aproximadamente
1 ovo grande
150 g de framboesas
1 fôrma para 12 muffins forrada com 12 forminhas de papel

Preaqueça o forno a 200º.

Derreta a manteiga e deixe esfriar. Em uma tigela relativamente grande misture a farinha, o fermento, o bicarbonato, o açúcar, o sal e as raspas. Em uma jarra medidora, despeje o suco de limão-siciliano, depois, leite suficiente para atingir a marca de 200 ml (o leite vai talhar, mas não tem problema). Em seguida, misture o ovo e a manteiga derretida. Despeje os líquidos na tigela com os ingredientes secos e mexa rapidamente; a massa deve ser minimamente combinada. Incorpore as framboesas. Despeje essa massa encaroçada nas forminhas e asse por cerca de 25 minutos. Quando ficarem prontos, os topos devem estar flexíveis quando tocados. Deixe na fôrma por 5 minutos, até esfriar um pouco, depois coloque-os sobre uma grelha por mais 10 a 15 minutos.

Rende 12 muffins.

PANQUECAS

Há algo em uma panqueca, uma panqueca de café da manhã, que é a cara da deusa doméstica.

JOHNNYCAKES

Johnnycakes são panquecas — ou melhor, bolinhos feitos na chapa — preparadas com a adição de farinha de milho, um dos grandes ingredientes nativos americanos. Eu adoro estas panquecas doces com xarope de bordo ou como parte de um brunch reforçado com linguiças, bacon e ovos.

150 g de farinha de milho fina ou polenta	½ colher de chá de sal
100 g de farinha de trigo	2 ovos grandes
4 colheres de chá de fermento em pó	300 ml de leite
2 colheres de chá de açúcar refinado	30 g de manteiga derretida

Misture os ingredientes secos em uma tigela; em outra tigela (grande), bata os ovos e o leite. Então, incorpore gradualmente os ingredientes secos e, quando tudo estiver combinado, junte a manteiga derretida. Aqueça uma chapa ou panela untada e despeje, uma a uma, colheradas de sopa de massa na superfície quente, criando pequenas panquecas com cerca de 6 cm de diâmetro.

Depois de 1 a 2 minutos, a parte de cima de cada poça amarela de massa começará a borbulhar. Vire-as rapidamente e deixe dourar cerca de 1 minuto do outro lado antes de transferi-las para uma estufa ou para o forno em temperatura média a baixa, para mantê-las aquecidas.

Essa quantidade de massa rende 30 a 35 panquecas. Parece muito, mas cuidado: meu filho, quando tinha apenas 2 anos de idade, comia cinco no café da manhã tranquilamente.

BOLINHOS GALESES

Esta receita fica entre panqueca e biscoito, e mesmo achando que não gosto muito de frutas secas, consigo comer várias destas panquecas. Esta receita é da avó de uma garota galesa, Heulwen, que ajudou com meus filhos depois que meu segundo bebê nasceu. E foi uma parte imensamente reconfortante daquela época.

125 g de manteiga sem sal, gelada, cortada em cubos	100 g de passas brancas
250 g de farinha de trigo com fermento	1 ovo grande batido
75 g de açúcar refinado, e um pouco mais para polvilhar	1 cortador de biscoitos redondo ondulado de 7,5 cm
¼ de colher de chá de pimenta-da-jamaica em pó	1 chapa lisa ou frigideira de ferro fundido

Misture com as pontas dos dedos a manteiga com a farinha, como se estivesse fazendo a massa de uma torta, e misture o açúcar, a pimenta-da-jamaica e as frutas secas. Adicione o ovo, criando uma massa macia, mas não pegajosa. Forme uma bola, cubra com filme plástico e leve à geladeira por no mínimo 20 minutos.

Abra a massa em uma superfície enfarinhada com a espessura de uns 0,75 cm e corte seus bolinhos; você vai precisar refazer a bola de massa e cortar outra vez, mas isso não deve ser um problema. Preaqueça sua chapa ou frigideira de ferro fundido sem untar e frite os bolos por cerca de 3 minutos de cada lado, até ficarem dourados. Transfira para um prato frio e polvilhe com açúcar refinado.

Rende cerca de 20 bolinhos.

Biscoitos 85

PANQUECAS AMERICANAS PARA O CAFÉ DA MANHÃ

Estas são aquelas panquecas americanas grossas e esponjosas, que em geral são comidas com xarope de bordo quente e bacon frito crocante. Eu as adoro apenas com o xarope, mas se você quiser bacon, acho que é melhor usar em fatias: as tiras salgadas são ideais para esta receita. Você pode preparar estas panquecas tranquilamente despejando a massa sobre a chapa quente (do lado liso, não estriado) ou em uma frigideira de ferro fundido, mas eu uso uma frigideira para blinis, um dos meus utensílios preferidos.

225 g de farinha de trigo
1 colher de sopa de fermento em pó
1 pitada de sal
1 colher de chá de açúcar

2 ovos grandes batidos
30 g de manteiga derretida fria
300 ml de leite
Manteiga para fritar

O jeito mais fácil de preparar esta receita é colocar todos os ingredientes em um liquidificador e bater. Mas se você misturar a massa à mão em uma tigela, abra um buraco na mistura de farinha, fermento, sal e açúcar. Depois, misture os ovos, a manteiga derretida e o leite e transfira a massa para uma jarra: é muito mais fácil despejá-la na frigideira do que transferi-la com uma colher. Gosto de deixar a massa descansar por 20 minutos antes de usá-la; e talvez você queira acrescentar mais leite à mistura se for usar a frigideira de blinis, para que a massa escorra até as bordas dos moldes.

Ao fritar as panquecas você só precisa se lembrar de que quando a parte de cima da massa estiver formando bolhas, é hora de virar e fritar o outro lado, que só precisa de 1 minuto, no máximo.

Com esta massa obtenho 11 panquecas do tamanho dos moldes da frigideira de blinis, talvez 16 menores, com cerca de 7 cm, na chapa.

VARIAÇÃO
Salpique mirtilos sobre o lado cru da panqueca logo depois de despejar a massa na frigideira.

TORTAS

TORTAS

Uma torta é o que todas nós sabemos que deveria sair da cozinha de uma deusa doméstica. Não só porque é o prato tradicional da rainha da cozinha, mas porque poucas coisas chegam a seus pés quando o assunto é causar aquela sensação calorosa e aconchegante de nobre satisfação.

Porém, a verdade é que, quanto menos sabemos sobre o preparo deste tipo de receita, mais passamos a acreditar que é difícil; você só precisa fazer algumas para perceber que não requerem perícia ou destreza além de sua capacidade. E digo isso mesmo sendo uma cozinheira desastrada e impaciente. Nada nos deixa tão confiantes quanto dominar uma atividade que até então era apavorante. E na culinária, como em tudo mais, confiança (e competência) gera confiança. Para aprender a fazer a massa bastou que eu a preparasse algumas vezes, e depois mais outras. Então, algum tempo depois, repetisse. De repente, descobri que eu era capaz, mais ou menos sem esforço. Eu nunca achara que tinha talento para esse tipo de receita, então, foi especialmente satisfatório me tornar uma pessoa que preparava massas e fazia tortas e lindas quiches.

Mas, assim como o primeiro beijo, é a primeira torta que conta: logo que a tirei do forno e polvilhei com açúcar, eu me senti cheia de uma inebriante satisfação. Era uma torta de verdade: do tipo que eu achava que só mulheres com mãos sensíveis, habituadas a ser enxugadas rapidamente em aventais, podiam fazer. Aquilo mudou minha autoimagem culinária de imediato. E é por isso que bato tanto nessa tecla hoje em dia.

Talvez a maior alegria de fazer a massa seja parecer uma brincadeira de comidinha; você fica suja de farinha, grudenta, totalmente envolvida. Não estou dizendo que você não pode usar equipamento algum — uso minha batedeira elétrica ou o processador. (Na verdade, para mim, é uma necessidade, porque quase sempre congelo a manteiga e a farinha juntas antes de misturar, pois isso ajuda a obter uma massa mais leve e quebradiça.) Mas, mesmo assim, você precisa usar as mãos para a última e crucial mistura, para abrir e colocar a massa na fôrma, e para a montagem de sua torta.

Simplesmente faça isso.

Torta de Amora e Maçã (p. 128)

MASSA BÁSICA

A regra básica para a massa é usar metade do peso da farinha em gordura (e quase sempre prefiro que essa gordura seja formada por partes iguais de manteiga e gordura vegetal, além de usar farinha tipo "00") e um líquido — gema, suco de laranja, seja o que for — para dar liga. Mas ao longo deste capítulo, e sempre que for necessário, forneço ingredientes precisos para cada receita, então, aqui vai apenas meu método. Acima de tudo, é à prova de tolos — eu já fui um desses tolos.

Coloque a farinha em uma tigela rasa, adicione as gorduras geladas e cortadas em cubos e mexa delicadamente para que se misturem. Leve ao freezer — não é preciso cobrir — por 10 minutos. Enquanto isso, despeje seu líquido em uma tigela ou xícara com uma pitada de sal e leve à geladeira. Em um processador ou — se preferir — em uma batedeira com um batedor plano, bata as gorduras e a farinha até obter uma mistura que se assemelhe a um mingau granulado. Depois, aos poucos, processe ou bata o líquido até a massa estar quase se formando. Neste ponto, use as mãos para moldá-la em uma bola ou duas, enrole em filme plástico e leve à geladeira para descansar por 20 minutos antes de abrir.

MASSA FOLHADA DE PROCESSADOR

Após descobrir a mais maravilhosa e histericamente fácil massa para folhado doce do mundo (veja a p. 337), ocorreu-me que o princípio certamente se aplicaria à versão sem fermento, ou seja, a massa folhada. Eu tentei, e deu certo.

250 g de farinha para pão
1 pitada de sal
250 g de manteiga sem sal, gelada,
    cortada em fatias de 0,5 cm

Suco de limão-siciliano conforme
    necessário
5 a 6 colheres de sopa de água gelada

Pulse a farinha com o sal no processador, depois adicione a manteiga gelada e pulse três ou quatro vezes; os pedaços de manteiga devem continuar visíveis. Despeje em uma tigela grande e coloque um pouco de suco de limão-siciliano e água gelada suficiente para dar liga à massa. Enrole em filme plástico e leve à geladeira para descansar por meia hora.

Enfarinhe uma superfície lisa, abra a massa em um retângulo longo e dobre em três, como uma carta de negócios. Depois vire a massa dobrada, de modo que, se fosse um livro, a lombada ficaria à sua esquerda. Repita o processo mais duas vezes, virando a cada vez.

Embrulhe novamente em filme plástico e leve novamente à geladeira por mais meia hora antes de usar.

Esta massa rende 2 bases de torta com 20 a 25 cm.

Tortas 93

TORTAS SALGADAS

TORTA DE CEBOLA PARA O JANTAR

Isto é exatamente o que quero comer no jantar quando escurece cedo e estou cansada. É uma torta, sim, mas sua massa não precisa ser aberta: basta fazer uma massa de scone de queijo e pressioná-la sobre as cebolas amolecidas e aromáticas na frigideira.

Para o recheio/cobertura:

4 cebolas roxas médias (aproximadamente 750 g)
1 colher de sopa de azeite de oliva
1 colher de sopa cheia de manteiga (aproximadamente 25 g)
Folhas de 3 a 4 raminhos de tomilho ou ½ colher de chá de tomilho seco
150 g de queijo Cheddar maturado ou Gruyère ralado

Para a massa de scone:

250 g de farinha de trigo
1 colher de chá rasa de fermento em pó
1 colher de chá de sal
100 ml de leite
40 g de manteiga derretida
1 colher de chá rasa de mostarda inglesa
1 ovo grande batido
1 frigideira de ferro fundido com 20 a 25 cm ou 1 assadeira rasa para tortas, com 24 cm, untada com manteiga

Preaqueça o forno a 200°.

Descasque as cebolas, corte-as ao meio e depois corte cada metade em quatro segmentos. Aqueça o azeite e a manteiga na frigideira, adicione as cebolas e cozinhe em fogo médio, mexendo regularmente, por cerca de 30 minutos; elas devem ficar macias e manter um pouco da cor. Tempere com sal e pimenta e acrescente o tomilho. Despeje em uma assadeira para tortas e espalhe 50 g de queijo por cima. Reserve e comece a preparar a massa para cobrir.

Em uma tigela, misture a farinha, o fermento e o sal com o queijo remanescente. Despeje o leite em uma jarra medidora, adicione a manteiga derretida, a mostarda e o ovo e mexa bem. Depois, despeje sobre a mistura de farinha. Mexa a massa com um garfo, uma colher de pau ou as mãos; ela deve ficar bastante pegajosa. Depois vire-a sobre uma superfície lisa e amasse, até formar um círculo do tamanho da assadeira de tortas. Transfira a massa para a assadeira, pressionando para selar as bordas.

Leve ao forno por 15 minutos, depois baixe a temperatura para 180° e espere mais 10 minutos. Após esse tempo, a massa deve estar dourada e crocante por cima. Retire do forno, deixe descansar por alguns minutos, cubra com um prato grande e vire, de modo que o prato fique sob a assadeira para tortas. Coloque sobre uma superfície plana e remova a assadeira.

Eu adoro esta receita com molho marrom (veja a receita na Despensa da Diva, p. 372).
Rende 6 fatias generosas.

PIZZA RÚSTICA

A pizza rústica não é uma pizza no sentido tradicional, embora qualquer um que já tenha passado algum tempo na Itália já deva tê-la visto. A palavra "pizza" simplesmente significa torta, e esse termo indica uma criação funda, cercada de massa e recheada com ingredientes relativamente simples. Para alguém que não é italiano, esses ingredientes são o topo da escala econômica, e nada rústicos, e foi por isso que eu criei minha Pizza Rústica *All'Inglese* (p. 99), ainda que qualquer delicatéssen possa lhe fornecer os ingredientes com bastante facilidade. Além disso, cada vez mais supermercados vendem o que você vai precisar. A maravilhosa Anna del Conte me deu esta receita — de sua *magnum opus*, *The Gastronomy of Italy*. Usar uma fôrma de fundo removível em vez de uma assadeira de tortas facilita a montagem da torta, e a criação terminada e desenformada parece um milagre de orgulhosa e dourada realização.

Para a massa:

250 g de farinha de trigo, de preferência italiana tipo "00"

125 g de manteiga sem sal, gelada, cortada em cubos de 1 cm

2 gemas de ovos

2 colheres de sopa de água gelada

1 colher de chá cheia de sal

1 colher de sopa de açúcar refinado

1 fôrma de fundo removível de 22 cm, untada com manteiga

Para o recheio:

50 g de Luganega ou linguiça de porco suave, sem pele

1 colher de sopa de azeite de oliva

250 g de ricota

50 g de provolone defumado em cubos

125 g de muçarela italiana esmigalhada

50 g de queijo parmesão ralado na hora

½ dente de alho picado

2 colheres de sopa de salsa lisa picada

2 pitadas de chili em pó ou pimentas vermelhas secas esmagadas

100 g de presunto de parma cortado em pedaços pequenos

100 g de mortadela cortada em pedaços pequenos

2 ovos levemente batidos

Pimenta-do-reino a gosto

1 colher de sopa cheia de farinha de rosca

Para pincelar:

1 gema de ovo

2 colheres de sopa de leite

1 pitada de sal

Coloque a farinha e a manteiga em um prato, e leve o prato ao freezer por 10 minutos. Misture as gemas, a água e o sal em uma xícara e leve à geladeira. Então, quando o tempo terminar, despeje farinha e a manteiga no processador, adicione o açúcar e aperte o botão "Pulsar" para combinar: o resultado deve ser uma massa úmida e quebradiça, algo entre areia e aveia em flocos. Dê liga com as gemas, a água e o sal. Quando parecer que a massa está prestes a se formar (você precisa parar pouco antes que isso aconteça), vire-a sobre uma superfície lisa e termine de amassá-la com as mãos. Não se preocupe se a massa ficar

um pouco úmida demais: notei que um dos milagres desta técnica de pré-congelar a massa é que a torna à prova de tolos em todos os níveis. Ela é sempre fácil de abrir.

Divida em duas bolas, uma levemente maior que a outra, e leve-as à geladeira para descansar enroladas em filme plástico.

Preaqueça o forno a 200º, coloque um tabuleiro dentro dele e comece a preparar o recheio. Frite a linguiça no azeite por cerca de 5 minutos, quebrando-a com uma colher de pau enquanto cozinha, depois transfira para uma tigela e deixe esfriar. Nesse ponto, acrescente os outros ingredientes, exceto a farinha de rosca, misture bem e reserve.

Abra a bola maior de massa para cobrir o fundo e as laterais da fôrma, deixando alguns centímetros para fora. Salpique o fundo da fôrma coberta de massa com farinha de rosca e depois encha com a mistura de presuntos e ovos que foi reservada. Abra a bola menor para fazer a tampa, coloque por cima da torta recheada, vire para cima a borda que estava para fora e pressione com os dentes de um garfo.

Pouco antes de assar, pincele a torta com o ovo misturado com leite e sal, fure aqui e ali com um garfo para abrir saídas para o vapor e coloque sobre o tabuleiro que já estava dentro do forno preaquecido. Deixe 10 minutos nessa temperatura, depois baixe para 180º e asse por mais 45 minutos.

Deixe a torta esfriar por no mínimo 10 minutos antes de servi-la, mas ela fica melhor depois de 25 minutos. Mesmo assim, ela é maravilhosa em temperatura ambiente, e eu também anseio pelas sobras, comendo-as de pé ao lado da porta aberta da geladeira no dia seguinte.

Rende 8 a 10 fatias generosas.

PIZZA RÚSTICA ALL'INGLESE

Esta receita vem em segundo lugar, mas não em termos de sabor ou sucesso. Dizer que esta é a mesma torta italiana da receita anterior anglicizada não é o bastante para descrevê-la, mas eu quis preservar a ideia da original, apenas levando em consideração ingredientes que encontrava na Inglaterra com a mesma facilidade que os italianos encontravam os do recheio da torta anterior.

Esta versão rende uma torta um pouco menos funda, mas mesmo assim é um prato robusto e reconfortante. E, assim como a torta anterior, fica maravilhosa fria e pode ser recolocada, sem problema algum, na fôrma quando esfriar, então, é muito fácil de transportar. Bem, piqueniques não existem apenas nos livros de Enid Blyton, e seria ótimo comer esta receita sobre um cobertor áspero com refrigerantes à vontade.

Como a massa e o método de preparo e cozimento continuam os mesmos, assim como todas as recomendações de preparo, vou fornecer apenas os ingredientes e o método do recheio. Se quiser, fique à vontade para usar um Cheddar maturado em vez do Cheddar e do Lancashire pedidos na lista de ingredientes; na verdade, faça sua própria mistura livremente, de acordo com seu gosto, como eu fiz.

200 g de carne de porco magra
200 g de bacon em fatias (ou seja, aproximadamente 150 g de bacon sem pele)
125 g de Cheddar suave
100 g de queijo Lancashire
250 g de queijo cottage, escorrido em uma peneira e batido no processador

2 cebolas-pérola grandes ou 4 pequenas
1 dente de alho
2 colheres de sopa de salsa picada
2 ovos ligeiramente batidos
Pimenta-do-reino moída na hora
1 colher de sopa cheia de farinha de rosca

Moa a carne de porco e o bacon sem pele no processador. Derreta a gordura da pele do bacon (ou simplesmente use óleo) e frite a carne e o bacon moídos por cerca de 5 minutos. Transfira para uma tigela e deixe esfriar um pouco, depois acrescente todos os ingredientes, com exceção da farinha de rosca. Continue como na pizza rústica.

Rende 8 a 10 fatias.

Tortas 99

TORTA DE LINGUIÇA E ESPINAFRE

Depois que comecei a fazer estes discos dourados, entusiasmada pelo formato e pela firmeza, quis experimentar com vários recheios. Esta se transformou em um de nossos almoços preferidos. Experimente: você entenderá por quê.

Para a massa:
1 receita de massa para Pizza Rústica
1 fôrma de fundo removível de 22 cm, untada e forrada

Para o recheio:
2 cebolas médias batidas em um processador até virarem purê
3 a 4 folhas frescas de sálvia picadas
2 colheres de sopa de azeite de oliva
500 g de linguiça Cumberland sem pele
2 a 3 colheres de sopa de salsa picada

650 g de espinafre lavado, cozido, picado e muito bem escorrido (ou 1 kg de espinafre congelado, descongelado)
1 colher de sopa de queijo parmesão ralado na hora
1 ovo grande batido
1 colher de sopa cheia de farinha de rosca

Para pincelar:
1 gema de ovo grande
2 colheres de sopa de leite
1 pitada de sal

Preaqueça o forno a 190° e prepare a receita da massa da pizza rústica. Frite as cebolas batidas no processador e a sálvia no azeite por 5 a 10 minutos, em fogo médio. Acrescente a carne da linguiça, amassando-a com um garfo para misturar com a cebola, e cozinhe por mais 5 minutos. Retire a panela do fogo e acrescente a salsa, o espinafre e o parmesão. Tempere com sal e pimenta e junte o ovo, misturando bem.

Abra a massa para forrar a fôrma como na receita anterior, depois salpique a farinha de rosca, adicione o recheio, cubra de massa e assim por diante. Dobre as pontas para cima, formando uma bela borda ao redor da fôrma e pressione-a com os dentes de um garfo. Faça um buraco para o vapor no centro e pincele. Asse por cerca de 40 minutos, ou até a torta estar dourada e firme.

Retire do forno e deixe descansar por no mínimo 10 minutos antes de cortar. Por causa do espinafre, que tende a soltar líquido enquanto esfria, esta torta, assim como a que se segue, não fica boa fria. Mas em uma emergência...

Serve 6 a 8 pessoas.

TORTA DE ESPINAFRE, RICOTA E TRIGO PARA QUIBE

Esta receita começou como uma versão vegetariana da torta anterior, de Linguiça e Espinafre, embora não seja uma substituta inadequada para a versão carnívora e sim uma alternativa muito sedutora por conta própria.

Para a massa:
1 receita de massa para Pizza Rústica
1 fôrma de fundo removível de 22 cm, untada e forrada

Para o recheio:
100 g de trigo para quibe
1 colher de chá de caldo granulado de legumes
500 g de espinafre lavado, cozido, picado e muito bem escorrido (ou 750 g de espinafre congelado, descongelado)

450 g de ricota
3 cebolas-pérola bem picadas
Raspas de 1 limão-siciliano
1 pitada de pimenta caiena
1 pitada de tomilho seco
2 ovos grandes
2 colheres de sopa de queijo parmesão ralado
2 colheres de sopa de farinha de rosca

Prepare a massa seguindo o método da Pizza Rústica e preaqueça o forno a 200º, colocando um tabuleiro dentro dele.

Coloque o trigo para quibe e o caldo granulado e cubra de água fervente. Tampe com papel-alumínio e deixe o trigo de molho por 10 a 15 minutos. Pressione o espinafre mais uma vez contra a peneira para espremer qualquer umidade remanescente. Amasse a ricota com um garfo e adicione as cebolas-pérola, as raspas de limão-siciliano, a pimenta caiena, o tomilho e o espinafre. Misture os ovos, o parmesão e o trigo demolhado (escorrendo antes, se for necessário), e tempere com sal e pimenta.

Abra a massa como nas receitas anteriores, adicionando a farinha de rosca, o recheio e a tampa. Sele as bordas, faça furos para o vapor e assim por diante, e asse a torta por 10 minutos antes de baixar a temperatura para 180º e assar por mais 45 minutos.

Meu jeito preferido de comer esta torta é 25 minutos depois de tirá-la do forno.

Serve 6 a 8 pessoas.

TORTA DE ABOBRINHA E GRÃO-DE-BICO COM MASSA FILO

Ainda estamos no reino da fôrma de fundo removível, mas mesmo assim este é um tipo diferente de torta. Para simplificar, é uma torta para quem não quer fazer a massa. Sei que é possível comprar a massa não só pronta, mas já aberta, mas não me parece uma boa escolha. Por outro lado, comprar massa filo pronta é simplesmente a melhor alternativa. (Ainda que, recentemente, eu tivesse muito mais medo de retirar as folhas de filo da embalagem do que de fazer minha própria massa básica.) Também uso grão-de-bico enlatado, mas, por favor, sinta-se livre para demolhar o seco e cozinhá-lo se preferir.

Não posso alegar que esta é uma criação iraniana, mas, sem dúvida, eu tinha os sabores e os aromas de certos pratos iranianos em mente.

½ colher de chá de sementes de cominho

1 cebola pequena ou ½ cebola grande bem picada

2 colheres de sopa de azeite de oliva

½ colher de chá de cúrcuma

1 colher de chá de coentro em pó

3 abobrinhas grandes

125 g de arroz basmati

500 ml de caldo de legumes, ou de frango (se você preferir)

850 g de grão-de-bico escorrido

100 g de manteiga derretida

200 g de massa filo

1 fôrma de fundo removível de 22 cm

Preaqueça o forno a 200° e coloque um tabuleiro dentro dele.

Em fogo baixo, frite as sementes de cominho e as cebolas no azeite até as cebolas ficarem macias. Adicione a cúrcuma e o coentro. Corte as abobrinhas (descascadas) em cubos, adicione-as à mistura de cebolas e cozinhe em fogo relativamente alto para evitar que as abobrinhas fiquem aguadas. Quando estiverem macias, mas ainda mantiverem a forma, acrescente o arroz e mexa bem, deixando-o ser bem coberto pelo azeite. Junte 100 ml de caldo de cada vez, mexendo. Quando todo o líquido for absorvido, o arroz deverá estar cozido, então tire-o do fogo, misture o grão-de-bico e verifique o tempero.

Pincele o interior da fôrma de fundo removível com um pouco de manteiga derretida. Forre o fundo e as laterais com ¾ da massa filo, pincelando de manteiga cada camada que for fazendo. Deixe um pouco da massa para fora das laterais e reserve 3 a 4 camadas para a tampa. Com cuidado, coloque o recheio levemente frio dentro da torta, depois vire as bordas para dentro. Pincele com manteiga as últimas camadas de filo e amasse-as sobre a torta para formar uma tampa. Pincele com a última camada de manteiga e leve ao forno por 20 minutos, ou até a massa filo estar dourada e o centro, quente. Cheque a temperatura inserindo uma faca fina e afiada (ou um testador de bolos). Se, ao ser removida, a faca estiver quente quando for pressionada contra seu pulso, a torta está pronta.

Serve 6 a 8 pessoas.

PUDIM DE CARNE E RIM

Talvez você ache que não comeria algo como um pudim de carne e rim feito com uma crosta grossa de gordura de rim de cordeiro ou de boi. Tudo o que posso dizer é: faça, e você vai mudar de ideia. Quando preparamos esta receita para o ensaio fotográfico, nós, mesmo sendo mulheres, a engolimos com o que só posso descrever como uma avidez embriagada.

Ao contrário da percepção da maioria das pessoas, a gordura dá à crosta uma leveza quase etérea. É verdade, só é o caso se for comida imediatamente — se ficar esperando, ela ganha uma densidade sólida. Mas coma logo e ainda estará delicioso quando você for repetir. A única coisa que eu acrescentaria é que, apesar de a crosta de gordura ser muito fácil de preparar, é preciso fazê-la em cima da hora.

Quanto aos equipamentos: a vida fica muito mais fácil se você comprar uma tigela plástica com tampa do que se usar a tradicional tigela de pudim, fazendo a tampa com papel-alumínio dobrado e alças de barbante. Não é preciso colocar o pudim no vapor: você pode simplesmente colocá-lo em banho-maria em uma panela grande.

Com frequência, dobro a quantidade de carne do recheio, depois congelo metade, de forma que só preciso descongelar para fazer outro pudim. Tradicionalmente, ostras eram adicionadas ao pudim de carne e rim; achei que um pouco de molho de ostra seria uma adaptação contemporânea adequada, e foi. E por acaso encontrei uma cerveja chamada Oyster Stout, que também me pareceu totalmente adequada para a receita, mas não é essencial: qualquer cerveja preta serve.

Sempre preparo o recheio de carne um ou dois dias antes: os sabores se intensificam maravilhosamente e a coisa toda fica parecendo mais fácil.

Para o recheio:

2 colheres de sopa de farinha de trigo

½ colher de chá de mostarda inglesa em pó

500 g de carne para ensopado cortada em pedaços 2 cm

250 g de rim de cordeiro cortado em pedaços

25 g de manteiga

2 colheres de sopa de azeite de oliva

1 cebola média picada

150 g de champignons frescos (ou seja, 2 de tamanho médio), descascados e cortados grosseiramente

150 ml de caldo de carne

150 ml de cerveja preta

1 colher de sopa rasa de molho de ostra

Para a crosta de gordura:

350 g de farinha de trigo com fermento

½ colher de chá de sal

175 g de gordura de rim de cordeiro ou de boi

½ colher de chá de mostarda inglesa em pó

1 tigela de plástico estilo bowl de 3 litros, com tampa, ambas bem-untadas com manteiga

As 2 horas que esta receita fica no vapor — e envolvem pouca atividade da sua parte — perdem um pouco da importância quando separadas da preparação do pudim. Então, preaqueça o forno a 140º, tempere a farinha com sal, pimenta e a mostarda em pó e coloque em um saco plástico com a carne e o rim. Sele e agite tudo para obter uma cobertura uniforme de farinha.

Aqueça a manteiga e o azeite em uma caçarola e doure a carne (incluindo o rim) em porções, transferindo-as para um prato. Frite a cebola na panela, depois acrescente os cogumelos e frite-os rapidamente, adicionando mais azeite se for preciso. Devolva toda a carne à caçarola e, em fogo médio, junte o caldo, a cerveja e o molho de ostra. Deixe ferver, raspando todos os resíduos de farinha grudados no fundo. Tampe e asse no forno preaquecido por 1 hora e 30 minutos. Quando estiver pronto, verifique o tempero e deixe esfriar. Reserve.

Mais ou menos 2 horas e 30 minutos a 3 horas antes de comer, encha uma panela grande com água e deixe ferver. Comece a fazer a massa apenas quando a água começar a borbulhar. Misture a farinha, o sal, a gordura e o pó de mostarda em uma tigela grande; depois, mexendo com uma colher de pau, adicione água fria suficiente para formar uma massa firme. Abra um círculo grande com aproximadamente 5 mm de espessura sobre uma superfície enfarinhada e corte um segmento de ¼ do círculo para usar depois como tampa. Acomode os ¾ restantes dentro da tigela; devem restar 3 cm para fora da borda. Com uma colher, transfira o recheio frio para dentro da tigela, deixando uma folga de 2 cm abaixo da borda.

Abra o segmento de ¼, formando um pequeno círculo que se encaixe na parte de cima, e a sele com as bordas pendentes. Cubra com a tampa untada de manteiga, leve a banho-maria ou coloque em uma vaporeira sobre a água e deixe ali por 2 horas, lembrando-se de verificar o nível da água fervente de vez em quando.

Desenforme o pudim em um prato com borda larga, ou em uma tigela rasa: há um momento maravilhoso em que, como um prédio sendo demolido, seu pudim começa a rachar e ceder, e depois desmorona; tome o cuidado de conter todo o líquido da cerveja e da carne.

Serve generosamente 6 pessoas.

TORTINHAS

Sei que nunca fui muito afeita das porções pequenas, mas mesmo assim estas receitas são as favoritas nos almoços na minha casa.

PASTÉIS DA CORNUALHA

Os melhores pastéis da Cornualha que já comi foram comprados em uma loja/correio em Helford e depois levados, com alguns salgadinhos, cerveja gelada e um pote de chutney de maçã condimentado para comer na beira do rio Helford. Preparamos esta receita logo depois de voltar. Acho mesmo que você precisa usar banha de porco, não manteiga: antes de mais nada, pastéis da Cornualha não são sofisticados como receitas francesas semelhantes, feitas para destacar o sabor de manteiga cara, e a banha lhe fornece a leveza de que você precisa.

Para a massa:

225 g de banha de porco
500 g de farinha de trigo com fermento
1 pitada de sal
Água gelada para dar liga à massa
1 tabuleiro forrado

Para o recheio:

1 colher de sopa de banha de porco
1 cebola pequena-média picada
1 batata grande (com cerca de 250 g)
descascada, cortada em quatro e,
depois, fatiada bem fina

100 g de couve-nabo descascada,
cortada em quatro e, depois, fatiada
bem fina
500 g de carne para ensopado em
pedaços pequenos
¼ de colher de chá de macis
¼ de colher de chá de mostarda
inglesa em pó

Para pincelar:

1 ovo grande batido

Primeiro prepare a massa seguindo o método da Massa Básica (veja p. 93).

Preaqueça o forno a 200º e comece a fazer o recheio. Cozinhe a cebola, a batata e a couve-nabo na banha de porco. Adicione a carne e cozinhe em fogo médio, mexendo para dourá-la igualmente. Baixe um pouco o fogo, tempere com o macis e a mostarda, sal e pimenta, e cozinhe por cerca de 30 minutos, até tudo estar macio.

Divida a massa em quatro pedaços e abra cada um em um círculo mais ou menos do tamanho de um prato raso (23 cm); estes pastéis vão ficar gordinhos. Faça todos os círculos antes de começar a rechear, de forma que os pastéis recheados não acabem ficando encharcados com a espera. Coloque ¼ do recheio em um dos lados do círculo, pincele a borda oposta com o ovo batido e dobre-a por cima da outra, para selar o pastel. Enrole as bordas para dentro e depois ondule-as. Repita com os outros pastéis.

Coloque os pastéis em um tabuleiro e pincele com o ovo batido. Asse por 15 minutos, depois baixe a temperatura do forno para 180º e deixe mais 15 minutos.

Coma assim que puder sem queimar a língua (embora eu os adore mornos, 15 a 20 minutos depois de saírem do forno), com chutney de maçã ou molho marrom (veja as receitas na Despensa da Diva, na p. 367 e na p. 372), ou qualquer outra coisa que você queira.

Serve generosamente 4 pessoas.

Tortas 107

TORTINHAS DE QUEIJO, CEBOLA E BATATA

Esta é a comida preferida quando pensamos em um piquenique, embora, na verdade, comamos estas tortinhas em jantares comuns na cozinha com bastante frequência. Quando digo "nós", quero dizer que as preparo para as crianças, depois também devoro algumas. Eu as adoro tanto frias quanto mornas, e é por isso que sugiro que você prepare oito.

O truque — se é que é um truque — é usar cebolas-pérola, que têm todo o sabor, mas não causam o mau hálito da cebola comum.

Eu uso fôrmas de pudim de Yorkshire, com suas reentrâncias largas e rasas, para estas tortinhas, e prefiro aquele visual inglês, e até rústico. Mas se você quiser usar fôrmas individuais para quiche, claro que pode.

Para a massa:

2 gemas de ovos grandes
1 colher de chá cheia de sal
2 colheres de sopa de água fria
250 g de farinha de trigo
35 g de gordura vegetal em pedaços
90 g de manteiga sem sal, gelada, cortada em cubos
2 fôrmas para 4 pudins de Yorkshire

Para o recheio:

500 g de batatas
100 g de cebolas-pérola (cerca de 6) bem picadas
125 g de Cheddar maturado: 75 g ralados, 50 g em cubos
2 colheres de sopa de queijo parmesão ralado
50 g de queijo Red Leicester ralado
2 colheres de sopa de salsa picada
4 colheres de sopa de crème fraîche para dar liga à massa

Prepare a massa seguindo o método da Massa Básica (p. 93), depois divida-a ao meio, forme duas bolas com cada metade, embrulhe em filme plástico e leve à geladeira por 20 minutos.

Preaqueça o forno a 200°.

Enquanto isso, descasque e corte as batatas em cubos, coloque-as em uma panela com bastante água fria e deixe ferver. Ferva em fogo brando por 5 a 10 minutos, ou até os cubos estarem cozidos, mas sem perderem a forma. Escorra e deixe esfriar.

Em uma tigela grande, misture as cebolas-pérola, os queijos, a batata levemente fria e a salsa. Dê liga com o crème fraîche e tempere com sal e pimenta. Abra uma das bolas de massa, corte oito círculos grosseiros, um pouco maiores que as reentrâncias das fôrmas, e acomode quatro na primeira fôrma para fazer as bases. Encha cada círculo com ⅛ da mistura e tampe com os quatro círculos remanescentes. Sele as bordas das tortinhas com a parte de trás de uma faca, fazendo um buraco em cada uma. Repita com a outra bola de massa e a metade restante do recheio na segunda fôrma.

Asse por 20 minutos. Depois desse tempo a massa deve estar firme, começando a dourar, mas ainda clara. Deixe as tortinhas descansarem um pouco fora do forno antes de desenformá-las.

Rende 8 tortinhas.

Tortas 109

MINIQUICHES DE TOMATE

Estas quiches, que são muito mais leves e frescas do que você poderia imaginar, são exatamente o que quero para o almoço quando está bem quente para comer ao ar livre. Também seriam ótima entrada para um jantar com convidados. Eu preparo a massa com farinha de milho para deixá-la mais crocante e evitar que fique encharcada, mas este tipo de massa é bastante quebradiço, então, eu não faria uma quiche maior para cortar em fatias — daí minha disposição em tolerar as porções individuais. Mas velhos preconceitos são difíceis de superar: eu não as serviria individualmente; arranjaria todas elas em uma grande travessa oval para as pessoas se servirem.

Para a massa:

125 g de farinha de trigo, de preferência italiana "00"

60 g de farinha de milho fina ou polenta

1 colher de sopa de açúcar refinado

½ colher de chá de sal

115 g de manteiga

25 g de gordura vegetal

40 a 50 ml de água gelada, ou o suficiente para dar liga à massa

8 forminhas individuais para quiche (12 cm x 2 cm)

Para o recheio:

495 a 500 g de tomates enlatados picados

1 pitada de açúcar

50 g de queijo pecorino cortado em lascas finas com um descascador de batatas

1 molho de 15 g ou 1 punhado pequeno de manjericão bem picado

32 tomates-cereja (aproximadamente 500 g) cortados ao meio horizontalmente

32 azeitonas pretas conservadas em azeite, cortadas ao meio

Primeiro, faça a massa: pulse os ingredientes secos no processador, depois acrescente a manteiga e a gordura vegetal picadas em pedaços pequenos. Pulse rapidamente até a mistura ficar parecida com grossas migalhas de pão, acrescente água gelada suficiente para dar liga, pulsando com o máximo de delicadeza para combinar. Forme duas bolas, enrole em filme plástico e leve à geladeira por 30 minutos.

Abra uma das bolas de massa em um quadrado grosseiro. Corte em quatro quadrados (cada pedaço deve ser grande o bastante para encher a forminha de quiche) e forre as forminhas, dobrando as bordas para dentro. Repita com a outra bola de massa e as 4 forminhas remanescentes, e leve-as à geladeira mais uma vez, por 15 minutos. Preaqueça o forno a 200°, colocando alguns tabuleiros dentro dele.

Enquanto isso, despeje os tomates enlatados em uma tigela e tempere bem com sal, pimenta e 1 pitada de açúcar. Para montar as quiches, faça uma camada fina com a mistura de tomates, depois 3 fatias de queijo pecorino por cima, e salpique o manjericão. Enfeite com as 8 metades de tomate e as 8 azeitonas em cima, e polvilhe com pimenta-do-reino moída na hora.

Asse por 20 minutos sobre os tabuleiros e deixe as quiches descansarem um pouco, sobre uma grelha fora do forno, antes de desenformá-las.

Rende 8 quiches.

MINIQUICHES DE COGUMELOS

Inebriada pelo sucesso das quiches de tomates e interessada na quiche sem creme, embora isso seja uma contradição, comecei a brincar com a ideia de uma versão de cogumelos. Quando estão dentro da massa de polenta e cobertas de creme, a semelhança dessas longas fatias de cogumelos frescos com sardinhas prateadas é magnífica, e seu sabor terroso e amadeirado é glorioso.

Para a massa:
1 receita de massa da Miniquiche de Tomate
8 forminhas individuais para quiche (12 cm x 2 cm)

Para o recheio:
10 g de cogumelos porcini secos, deixados de molho em água morna

550 g de mix de cogumelos ou de champignons frescos, se não houver outros disponíveis
75 g de manteiga
2 dentes de alho picados
8 cogumelos portobello grandes
Suco de 1 limão-siciliano
75 g de queijo parmesão cortado em lascas com um descascador de batatas
4 a 6 colheres de sopa de salsa picada
8 colheres de chá cheias de crème fraîche

Prepare a massa como indicado e preaqueça o forno a 200°, colocando dentro dele dois tabuleiros. Escorra e enxugue os cogumelos porcini antes de picá-los bem. Corte em cubos o mix de cogumelos ou os champignons frescos e frite em metade da manteiga, adicionando o alho picado e os porcini. Frite até os cogumelos ficarem macios. Em seguida, transfira-os para uma tigela.

Fatie os cogumelos portobello com 0,5 cm de espessura e frite na manteiga remanescente apenas para amaciá-los. Adicione o suco de limão-siciliano e tempere com sal e pimenta. Cozinhe até parte do líquido evaporar, depois retire do fogo.

Abra a massa e forre as fôrmas como se fosse para as quiches de tomate. Para montar as quiches, coloque algumas colheradas de sopa da mistura de cogumelos picados dentro de cada uma, seguidas por 2 lascas de parmesão. Distribua os portobellos por cima antes de salpicar um pouco de salsa e despejar 1 colher de chá de crème fraîche.

Asse por 25 minutos ou até a massa ficar dourada e o creme, derretido. Deixe descansar por alguns minutos antes de desenformar.

Rende 8 quiches.

TORTAS DOCES

Eu não tinha percebido o quanto pudins e tortas eram variados até que embarquei em tudo isto; tenho um maravilhoso livro norte-americano com estampa xadrez chamado *Pie Every Day* e às vezes me sentia seduzida. Mas para não bombardear você com sugestões, reduzi minha seleção: estas são minhas favoritas absolutas (pelo menos por enquanto). Enfim, o objetivo é que, depois de brincar um pouco com algumas das ideias deste capítulo, você ache fácil fazer suas próprias substituições e mudanças.

TORTA DE LIMÃO (GALEGO)

Aqui seguem duas versões da torta de limão-galego, que também podem ser feitas com limão Tahiti.

Uma observação sobre massas: é tradicional usar biscoitos maria, mas eu também quis fazer uma de chocolate, acho que por me lembrar dos doces de chocolate com limão da minha infância. Se usar biscoitos de chocolate, fica difícil cortar a tartelete depois de gelada, então sugiro que você utilize biscoitos maria comuns, mas com 1 colher de chá de cacau em pó adicionada ao misturar os ingredientes à manteiga. Cookies de gengibre também funcionam muito bem; e adoro usar biscoitos de coco.

Quanto ao recheio, não espere que uma torta de limão seja verde. É amarela — embora a primeira torta seja levemente verde por causa das raspas. Uma torta realmente verde é uma torta com corante.

A receita seguinte é o modelo básico de uma torta de limão-galego; e está no interessantíssimo *Fruit Book*, de Jane Grigson. Não desanime com a ideia do leite condensado. É essencial, e a acidez dos limões elimina completamente sua exagerada doçura.

Para a base:
200 g de biscoitos maria
50 g de manteiga sem sal, amolecida
1 fôrma de fundo removível de 23 cm

Para o recheio:
5 gemas de ovos grandes
1 lata (395 g) de leite condensado
Raspas de 3 limões-galegos ou Tahiti
150 ml de suco de limão galego ou Tahiti (de 4 a 5 limões)
3 claras de ovos grandes

Preaqueça o forno a 160° e ponha um tabuleiro lá dentro.

Coloque os biscoitos e a manteiga no processador e bata até que tudo fique reduzido a migalhas oleosas. Pressione-as contra a fôrma, forrando o fundo e subindo um pouco pelas laterais, e leve à geladeira enquanto prepara o resto.

Tortas 113

Você vai precisar de uma batedeira para isso. Sempre uso minha KitchenAid, mas uma batedeira de mão também serve. Bata as gemas até ficarem grossas, adicione a lata de leite condensado, as raspas e o suco de limão. Bata as claras separadamente, até que formem picos suaves, depois misture-as delicadamente com as gemas. Despeje na fôrma forrada de massa e asse por 25 minutos. Depois desse tempo o recheio deve estar firme. Talvez inche e, ao esfriar, murche, mas é assim mesmo.

Esfrie sobre uma grelha antes de desenformar, e leve à geladeira para ficar gelada. Serve 6 a 8 pessoas.

VARIAÇÃO

Esta versão é de uma amiga da Hettie (que trabalha comigo), que por sua vez trabalha para a equipe de economia doméstica da Nestlé. Nesta receita o creme de leite fresco é usado no lugar dos ovos, e a torta não é assada. Acho que, de certa forma, se parece mais como um cheesecake leve de limão — e é incrivelmente fácil de fazer.

Para a base:

1 receita de massa de Torta de Limão (Galego)

Para o recheio:

Suco e as raspas de 4 limões-galegos ou Tahiti
1 lata (395 g) de leite condensado
300 ml de creme de leite fresco

Comece preparando a base de biscoitos e leve à geladeira como na receita anterior, depois faça o recheio. Para isso, simplesmente bata todos os ingredientes na batedeira em uma tigela grande até engrossarem e ficarem cremosos. Despeje na fôrma forrada de massa e leve à geladeira para gelar por mais 30 minutos ou até firmar.

CROSTATA

Esta é outra receita de minha querida Anna. Sempre uso geleia de amoras, em geral a que faço em casa (veja p. 358), algo facílimo de fazer usando apenas uma caixinha de frutas, da qual se obtém exatamente a quantidade certa para esta torta. Porém, é claro que você pode substituir pela geleia que preferir.

Esta é uma torta esponjosa, mais um bolo que uma torta. E, por mais autenticamente italiana que seja, fica profundamente maravilhosa com uma jarra do verdadeiro creme de ovos inglês (quente, para mim). Fico feliz só de pensar.

75 g de manteiga sem sal, macia
150 g de açúcar refinado
2 ovos grandes
200 g de farinha de trigo, de
  preferência italiana tipo "00"
1 pitada de sal

1 colher de chá de fermento em pó
Raspas de 1 limão-siciliano
200 g de geleia de amora
1 fôrma para torta de 20 cm, de
  laterais altas

Preaqueça o forno a 180° e coloque um tabuleiro lá dentro.

Bata a manteiga e o açúcar até obter um creme. Acrescente um ovo de cada vez, sem parar de bater, até o volume ter aumentado e ganhado uma consistência de musse. Em outra tigela, peneire a farinha, o sal e o fermento, e combine com a mistura de ovos e manteiga. Finalmente, junte as raspas de limão-siciliano.

Despeje na fôrma, espalhando até formar uma borda mais grossa com cerca de 2,5 cm por toda a volta. Com uma colher, coloque a geleia no centro, evitando as bordas. Asse por 35 a 45 minutos. Depois desse tempo, a torta/bolo estará dourada e firme, porém flexível. Deixe esfriar antes de desenformar.

Serve 6 a 8 pessoas.

VARIAÇÃO

Obviamente, como eu disse, as geleias podem variar para se adequar ao gosto e à estação. Uma variação que eu amo é substituir geleia de frutas silvestres por geleia de laranja com casca e acrescentar raspas de uma laranja e de um limão-siciliano. Uma geleia cítrica com tiras de casca mais finas em vez de grossas funciona melhor nesta receita; se, como acontece com frequência, a geleia for mais doce do que deveria, misture primeiro com o suco de meio limão Tahiti (que é melhor que o limão-siciliano, por ter mais acidez em uma quantidade menor de líquido).

TORTA DE RUIBARBO

Esta receita é perfeita para a primavera, quando os rosados ruibarbos do começo da temporada acabaram de chegar. A receita fica ainda mais incrível por causa do contraste com a brancura de neve do recheio. E gosto de sua organização, pelo menos em termos de compras: você precisa de cream cheese para a massa, então, por que não usá-lo também para o macio e voluptuoso interior? Sei que parece ser gordura demais em relação à quantidade de farinha para a massa, mas siga em frente.

Para o recheio:
1 kg de ruibarbos (pesados sem aparar)
300 g de açúcar refinado

Para a massa:
150 g de farinha de trigo
1 colher de sopa de açúcar refinado
¼ de colher de chá de sal
85 g de manteiga sem sal, gelada e cortada em cubos
85 g de cream cheese gelado cortado em cubos

2 a 3 colheres de sopa de creme de leite fresco para dar liga à massa
1 fôrma de torta funda de 23 cm ou rasa de 25 cm

Para o recheio de cream cheese:
200 g de cream cheese
200 ml de creme de leite fresco
2 colheres de sopa de açúcar refinado
4 colheres de sopa de moscatel ou rum

Para pincelar:
6 colheres de sopa de suco de ruibarbo reservado do cozimento

Aqueça o forno a 190º.

Apare e corte os ruibarbos em pedaços de 2 cm, transfira-os para uma travessa refratária (eu uso um pirex de 20 cm x 30 cm) e despeje o açúcar sobre eles. Misture tudo para que o açúcar fique bem espalhado. Cubra com papel-alumínio e asse por cerca de 45 minutos, ou até que esteja macio. Quando tirar o ruibarbo do forno, coloque lá dentro um tabuleiro. Quando o ruibarbo estiver frio, coe e reserve o suco.

Enquanto isso, comece a preparar a massa. Com um processador, misture os ingredientes secos, adicione a manteiga e o cream cheese e pulse para formar uma farofa. Dê liga com o creme de leite, pulsando o mínimo possível. Deixe a massa descansar na geladeira por no mínimo 20 minutos antes de usá-la para forrar sua fôrma de torta. Depois de ter aberto a massa e forrado a fôrma com ela, leve novamente à geladeira, por mais 20 minutos.

Retire a fôrma da geladeira e cubra-a com papel-alumínio. Encha a cavidade da torta com feijões crus e coloque sobre o tabuleiro no forno por 15 minutos. Remova os feijões e o papel-alumínio com cuidado — tendo em mente que estão quentes — e asse por mais 5 minutos, ou até a massa começar a dourar e estar cozida. Deixe esfriar sobre uma grelha.

Tortas 117

Quando quiser montar a torta (e você pode fazer os passos acima até dias antes, mas mantenha a massa pronta e fria em um recipiente hermético), reduza cerca de 6 colheres de sopa do suco reservado do cozimento do ruibarbo até obter um xarope, fervendo em fogo alto em uma panela pequena.Não saia de perto da panela, pois o suco se transformará em um xarope grosso em questão de minutos.

Agora, ao recheio: usando um batedor de arame, amacie o cream cheese, depois adicione o creme de leite, batendo até ficar bem combinado e ter engrossado levemente. Cuidado para não bater demais — deve ficar voluptuoso e cremoso. Adicione o açúcar e o moscatel (que também é ótimo para beber como acompanhamento), ou o rum, mexa até obter uma consistência macia de mascarpone e, em seguida, recheie a cavidade da massa. Cubra com os pedaços coados de ruibarbo, espalhe o xarope rosa-arroxeado por cima. Afaste-se e admire — depois coma.

Rende cerca de 8 fatias.

VARIAÇÃO

No final do verão eu preparo uma variação de ameixas caramelizadas desta receita com cerca de 1 kg de ameixas, cortadas ao meio e assadas por cerca de 15 minutos no forno quente com 1 colher de chá de manteiga sobre cada uma e açúcar em cada cavidade. Quando esfriam, eu as espalho sobre o recheio cremoso, reduzo o suco amanteigado de ameixas que restaram e o despejo sobre a torta.

TORTA DE LARANJA-AZEDA E MIRTILOS

O ideal seria preparar esta receita com laranjas-azedas, mas como elas só estão disponíveis por um mês ao ano e as laranjas comuns podem ser encontradas o tempo todo, é razoável considerar as laranjas-pera como primeira opção, adicionando o suco de 1 limão Tahiti para reproduzir a fragrante acidez das laranjas-azedas o máximo possível.

Acho mais fácil preparar esta receita ao longo de alguns dias. Primeiro, porque o sabor fica muito melhor quando o suco, o creme de leite e os outros ingredientes são deixados apurando na geladeira por alguns dias. Segundo, porque o que seria uma empreitada e tanto é dividida em uma série de pequenas tarefas, sendo que nenhuma leva mais que alguns minutos.

Esta é uma sobremesa perfeitamente equilibrada: o creme claro, ácido e liso contrabalança com os doces pontos roxo-escuros das frutas silvestres por cima.

Para o recheio:
200 ml de suco e as raspas de 1 laranja-pera e 1 limão Tahiti, ou de 2 a 3 laranjas-azedas
250 g de açúcar refinado
300 ml de creme de leite fresco
6 ovos grandes

Para a massa:
90 g de manteiga sem sal, macia
75 g de açúcar refinado
3 gemas de ovos grandes

175 g de farinha de trigo
1 fôrma de torta ondulada de 24 x 6 cm

Para cobrir:
1 colher de sopa de araruta
50 g de açúcar refinado
2 colheres de chá rasas de suco de laranja
125 ml de água
250 g de mirtilos

Comece com o recheio, com alguns dias de antecedência se for conveniente. Em uma tigela grande ou, melhor ainda, em uma jarra medidora de boca larga, misture o suco com o açúcar, adicione as raspas, o creme de leite e os ovos, e mexa até combinar. Cubra e leve à geladeira por 2 a 3 dias, ou reserve por algumas horas em temperatura ambiente.

Você pode preparar a massa ao mesmo tempo que mistura os sucos e o creme de leite, mas também pode fazê-la um ou dois dias depois. Bata a manteiga e o açúcar até obter um creme e adicione as gemas todas de uma vez. Misture a farinha até formar uma massa macia. Forme uma bola espessa, enrole em filme plástico e leve à geladeira para descansar por 30 minutos. Preaqueça o forno a 180° e coloque um tabuleiro lá dentro. Abra a massa no tamanho da fôrma e forre-a, pressionando delicadamente para que ela fique reta no fundo, deixando pender um pouco para fora. Leve novamente à geladeira para descansar por mais 20 minutos.

Passe um rolo de massa sobre a borda da fôrma para cortar rente o excesso de massa. Cubra a fôrma com papel-alumínio ou papel-manteiga amassado e encha de fei-

Tortas 119

jões crus. Leve a massa ao forno por 15 minutos, retire, remova os feijões e o papel-alumínio e retorne ao forno por mais 5 a 10 minutos, até o fundo ter secado. Retire do forno e coloque em cima de uma grelha para esfriar um pouco e baixe a temperatura do forno para 170°.

Coe a mistura líquida diretamente dentro da cavidade da massa para remover as raspas, recoloque sobre o tabuleiro dentro do forno e asse por 45 minutos. (Talvez você ache mais fácil — embora mais trabalhoso — coar a mistura antes dentro de uma jarra e despejar na cavidade da massa já sobre o tabuleiro dentro do forno, com a grelha puxada para fora.)

Quando a torta estiver pronta — e deve estar firme por cima, mas ainda cremosa por dentro —, transfira para uma grelha de metal e deixe esfriar. Desenforme e transfira para uma travessa.

Para preparar a cobertura de mirtilos glaceados, combine a araruta e o açúcar em uma panela pequena, depois misture o suco e a água. Leve a panela ao fogo e deixe ferver sem parar de mexer: logo vai ficar transparente. Retire do fogo e adicione os mirtilos. Com uma colher, coloque os mirtilos, agora brilhantes, sobre a torta. Deixe firmar por cerca de 10 minutos.

Serve 8 pessoas.

TORTA ASSADA DE FRUTAS SILVESTRES

Coloquei a palavra "assada" no título apenas para distinguir esta receita de uma torta de frutas, que consiste de um recheio pastoso de creme de confeiteiro com frutas silvestres frescas por cima. Nesta, você prepara um creme de ovos, que é despejado na cavidade da massa parcialmente assada, arruma frutas por cima e leva ao forno por alguns minutos para compor um conjunto harmonioso. Eu usei crème fraîche para o creme de ovos pois queria um toque ácido para contrapor à doçura das frutas glaceadas.

Para a massa:
175 g de manteiga sem sal, macia
150 g de açúcar refinado
6 gemas de ovos grandes
350 g de farinha de trigo, de
    preferência italiana "00"
1 fôrma alta de torta com 25 cm

Para o creme de gemas:
8 gemas de ovos grandes

125 g de açúcar refinado
600 ml de crème fraîche
Raspas de 1 laranja

Para as frutas glaceadas:
225 g de frutas silvestres — amoras,
    framboesas, groselhas e mirtilos
4 colheres de sopa de geleia de amora
2 colheres de sopa de água

Prepare a massa alguns dias antes se você é o tipo de pessoa que fica tranquila com tal organização. Bata a manteiga com o açúcar até obter um creme, depois junte as gemas, uma a uma, batendo após cada adição. Misture a farinha delicadamente até a massa se formar. Faça uma bola, embrulhe em filme plástico e leve à geladeira por no mínimo 2 horas.

Preaqueça o forno a 190° e coloque um tabuleiro lá dentro. Abra a massa e forre a fôrma, deixando cerca de 3 cm de massa pendendo para fora. Leve novamente à geladeira para descansar por 20 minutos. Em seguida, passe o rolo de massa por cima da fôrma para cortar o excesso de massa. Asse às cegas — ou seja, coberta com papel-alumínio e preenchida com feijões crus — por 15 a 20 minutos. Depois, retire o papel-alumínio e os feijões e asse por mais alguns minutos, até a base secar. Encha a pia até a metade com água fria (para mais tarde salvar o creme de ovos se começar a talhar, na remota possibilidade de isso ser necessário). Bata as gemas com o açúcar até ficarem claras e cremosas. Aqueça o crème fraîche em uma panela, e misture-o ao creme de gemas, adicionando as raspas de laranja. Devolva a mistura para a panela e leve ao fogo baixo, mexendo constantemente até engrossar. Isso só vai acontecer aos poucos, então, tenha paciência e mantenha o fogo bem baixo. Despeje o creme de gemas engrossado dentro da cavidade da massa assada e cubra com a mistura de frutas silvestres. Recoloque a torta no forno, levemente coberta com papel-alumínio, por 10 minutos. Retire o papel-alumínio e asse por mais 5 minutos.

Coloque a geleia e a água em uma panela pequena e aqueça. Usando um pincel de cozinha, cubra levemente as frutas silvestres. Deixe esfriar um pouco. De qualquer forma que for cortada, esta torta é uma *delícia*.

Serve 8 a 10 pessoas.

Tortas 121

TORTA PRETA E BRANCA

Peço desculpas pelo leve tom de anos 1980 do título, mas não consegui evitar. Você pode usar qualquer fruta silvestre nesta receita, mas eu a inventei para aproveitar a beleza das amoras e das groselhas brancas do último verão do século passado. Esta é uma das tortas mais fáceis de se fazer: uma base de cheesecake, um recheio de creme de mascarpone e as frutas silvestres jogadas como joias cintilantes — azeviche e pedra da lua — por cima.

Para a base:
250 g de biscoitos maisena quebrados grosseiramente
75 g de manteiga sem sal, derretida
1 fôrma de torta ondulada com 25 cm de diâmetro e 3,5 cm de profundidade

Para o recheio e a cobertura:
1 ovo grande, com gema e clara separadas
75 g de açúcar refinado
500 g de mascarpone
Suco de limão-siciliano ou Tahiti (a gosto)
1 colher de sopa de tequila ou de rum branco (opcional)
400 g de amoras
100 g de groselhas brancas

Coloque os biscoitos no processador e bata até obter migalhas. Depois, com o motor ligado, adicione a manteiga derretida pelo bocal da tampa. Transfira para dentro da fôrma e, com os dedos, pressione sobre a base e nas laterais. Coloque na geladeira enquanto prepara o recheio/cobertura.

Bata a clara até ficar firme, mas não seca, e reserve. Bata a gema com o açúcar até ficar grossa e clara; talvez você ache que é açúcar demais para fazer uma pasta, mas persista: vai dar certo. Acrescente o mascarpone, batendo até ficar homogêneo, adicione uma pequena quantidade de suco de limão-siciliano ou Tahiti e o rum, se for usar. Misture a clara e despeje e alise essa mistura dentro da fôrma preparada. Arrume as amoras e as groselhas brancas por cima, livremente. Você deve, para facilitar na hora de comer, retirar os talos e os caules, mas gosto de deixar alguns para embelezar.

Serve 8 pessoas.

VARIAÇÃO
Você pode alterar as frutas como quiser, e não se sinta obrigada a usar frutas silvestres. Pêssegos bonitos e bem frescos ficam maravilhosos, assim como figos; e no inverno pode deixar figos ou damascos secos de molho, cozinhar, arranjar as frutas sobre o creme, depois espalhar por cima um pouco do líquido do cozimento reduzido.

GALETE DE AMORAS

Na verdade, esta receita é uma torta sem forma definida, parecida com uma pizza, que preparei pela primeira vez quando estávamos fazendo as fotos para este livro. Tínhamos um pouco de massa de polenta sobrando e algumas amoras extras na geladeira e eu, me rebelando, de repente, contra o planejamento e as regras necessárias para fotografar todas as receitas, improvisei. Este foi o resultado. E, de verdade, você pode usar qualquer fruta. Eu manteria a massa de polenta ou farinha de milho só porque nada absorve melhor os sucos das frutas sem ficar encharcado.

Para a massa:

60 g de farinha de trigo

30 g de polenta ou farinha de milho fina

1 colher de sopa rasa de açúcar refinado

¼ de colher de chá de sal

50 g de manteiga gelada

15 g (1 colher de sopa) de gordura vegetal

1 a 3 colheres de sopa de água gelada, ou quanto baste para dar liga à massa

1 tabuleiro forrado

Para o recheio:

150 g de amoras

3 colheres de sopa de açúcar refinado, aproximadamente

3 colheres de sopa cheias de crème fraîche, e mais para servir

Em um processador de alimentos, pulse os ingredientes secos, depois adicione a manteiga e a gordura vegetal cortadas em pedaços pequenos. Pulse rapidamente até que pareçam migalhas grossas, adicione água gelada suficiente para formar a massa, pulsando delicadamente para misturar. Faça uma bola, enrole em filme plástico e leve à geladeira por cerca de 30 minutos.

Preaqueça o forno a 190°. Abra a massa em um círculo grosseiro, transfira-a para o tabuleiro e espalhe amoras por cima, deixando uma margem de uns bons 7 cm. Polvilhe com 1 a 2 colheres de sopa de açúcar, a gosto, e cubra com crème fraîche. Polvilhe mais 1 colher de sopa de açúcar por cima, umedeça as extremidades com água e depois dobre-as sobre si mesmas para formar uma borda rústica e nodosa. Leve ao forno por cerca de 20 minutos ou até a massa estar assada.

Serve 6 pessoas.

TORTA DE DUAS MAÇÃS

Não quero indicar favoritos, mas, mesmo assim, preciso dizer que fico em êxtase com esta torta — talvez por ser muito diferente do que passei a vida preparando.

A ideia de colocar Cheddar na massa de uma torta de maçã não é nova, porém, ainda assim, fiquei contente ao ver como funcionou bem. Usei uma fôrma de fundo removível (tendo aprendido uma lição com a receita de Pizza Rústica) que torna esta receita uma torta robusta e fácil de fatiar.

A ideia das duas maçãs — Cox para manter a forma, Bramley para formar um fundo aveludado de maçã — dá um pouco de trabalho, mas não é um trabalho difícil, apenas consome algum tempo. Qualquer um que esteja pela casa dizendo querer ajudar deve receber um descascador de legumes e um descaroçador de maçãs na hora.

Para a massa:

50 g de manteiga sem sal, gelada, cortada em cubos

50 g de gordura vegetal

250 g de farinha de trigo com fermento

50 g de Cheddar ralado fino

1 ovo grande

1 pitada de sal

Água gelada para dar liga à massa

1 fôrma de fundo removível de 22 cm

Para o recheio:

750 g de maçãs Bramley (cerca de 3 grandes), descascadas e sem caroços

1 kg de maçãs Cox (cerca de 10) descascadas, sem caroços e cortadas em 8 partes

80 g de manteiga sem sal

1 pitada de cravo em pó

1 boa pitada de noz-moscada ralada na hora

2 ovos grandes batidos

100 g de açúcar refinado

Prepare a massa em um processador como de costume: pulse a manteiga e a gordura vegetal com a farinha até obter a aparência de migalhas. Deixando a mistura no recipiente, coloque a lâmina raladora e rale o queijo diretamente sobre a mistura. Recoloque a lâmina normal e adicione o ovo, o sal e a água gelada para dar liga à massa. Retire a massa do recipiente e forme duas bolas, uma levemente menor que a outra. Enrole cada uma em filme plástico e leve-as à geladeira para descansar por no mínimo 20 minutos.

Preaqueça o forno a 200º, colocando um tabuleiro lá dentro. Corte as Bramley em pedaços pequenos e frite-as em metade da manteiga até ficarem macias e começarem a perder a forma. Adicione o cravo e a noz-moscada. Despeje a papa de maçãs no processador de alimentos e bata até obter um purê, pulsando para não ficar parecido demais com comida de bebê. Adicione cerca de ¾ do ovo batido e todo o açúcar, e pulse novamente para misturar. Frite as Cox com a outra metade da manteiga e tampe a panela, para ajudá-las a cozinhar um pouco. Cozinhe por cerca de 10 minutos: elas devem ficar macias, mantendo a forma.

Tortas 127

Abra a bola maior de massa e forre a fôrma com ela, deixando-a pender pelas laterais. Despeje o purê dentro da fôrma e enfie os pedaços de Cox dentro do purê, de forma que fiquem cobertos. Abra a bola menor de massa para fazer a tampa. Coloque por cima da torta e vire as pontas para dentro, ondulando-as para selar. Se quiser, decore com qualquer sobra de massa e pincele com o ovo restante. Asse por 15 minutos, depois baixe a temperatura do forno para 180º e deixe mais 30 minutos. Polvilhe com açúcar refinado quando sair do forno.

Deixe esfriar um pouco antes de desenformar (de qualquer maneira, é mais fácil fatiá-la quando não estiver muito quente). Embora esta pareça ser o tipo de torta que fica melhor fria, não espere muito tempo, ou a maravilhosa massa começará a encharcar e murchar.

Serve 8 pessoas.

TORTA DE AMORA E MAÇÃ

Nesta tradicional torta inglesa também uso farinha de milho na massa, para absorver o líquido que as amoras soltam ao cozinhar. Adoro esta torta sem qualquer outra alteração. As maçãs vêm da árvore do meu jardim e uso as folhas como molde para a decoração.

Gosto de servir chantilly para acompanhar esta receita, mas o sorvete sempre é o preferido de todos quando a preparo. Entretanto, seguindo a tradição inglesa, ela deve ser servida com um denso creme de ovos aromatizado com baunilha.

Para a massa:
65 g de manteiga sem sal, gelada, cortada em cubos
60 g de gordura vegetal em pedaços
200 g de farinha de trigo com fermento
50 g de farinha de milho fina
2 a 4 colheres de sopa de água gelada com sal, ou o suficiente para dar liga à massa
Suco de limão-siciliano, conforme necessário
1 assadeira rasa para tortas, de 20 cm

Para o recheio:
650 g de maçãs Bramley ou outra maçã verde ácida (2 médias)
60 g de manteiga sem sal
125 g de açúcar refinado
1 colher de sopa de água de rosas
½ colher de chá de canela em pó
3 colheres de sopa rasas de amido de milho
325 g de amoras

Para pincelar:
1 a 2 colheres de sopa de leite
1 a 2 colheres de sopa de açúcar refinado

Prepare a massa seguindo o método habitual da Massa Básica (ver p. 93), depois forme duas bolas de massa, uma um pouco menor do que a outra. Enrole em filme plástico e deixe a massa descansar na geladeira.

Preaqueça o forno a 190º, lembrando-se de colocar um tabuleiro raso lá dentro. Descasque as maçãs, fatie-as e retire os caroços. Em uma panela, derreta a manteiga e acrescente o açúcar, a água de rosas e a canela. Adicione as maçãs e cozinhe-as por cerca de 3 minutos; transfira-as para um prato com a ajuda de uma espátula. Despeje os sucos caramelados em uma jarra medidora e bata com o amido de milho até formar uma pasta.

Forre o fundo e as laterais da assadeira com a bola maior de massa e preencha a torta com as maçãs e as amoras. Despeje a mistura de amido de milho e manteiga, mexendo rapidamente para cobrir todas as frutas sem furar a massa. Abra a bola de massa menor, que será a tampa da torta e umedeça as bordas da base com água e tampe. Sele as bordas das duas massas, ondulando à mão ou com um garfo. Decore o topo com quaisquer restos de massa, moldados artisticamente em forma de folhas, de minimaçãs feitas com um cortador de massa ou de outra forma que desejar.

Pincele a massa com leite e asse por 30 minutos. Depois desse tempo o topo levemente irregular já deve estar dourado. Quando tirar a torta do forno, polvilhe-a com o açúcar e deixe descansar por cerca de 15 minutos antes de cortar.

Serve 6 pessoas.

TORTA DE CREME E PÊSSEGOS

Esta é uma das primeiras tortas que fiz quando comecei a preparar este tipo de receita: é simples, mas tem cremosidade suficiente para sentirmos que, de certa forma, é pecaminosa — e é uma maneira de colocar um pouco de sol naqueles longos e frios dias de inverno, quando não encontramos frutas.

Para o recheio — perfumado e rico em ovos —, uso um pacote comum de pêssegos secos do supermercado, que deixo de molho e depois cozinho para garantir uma maciez adocicada (você pode pular a etapa de deixar os pêssegos de molho e cozinhá-los um pouco mais, se realmente não tiver tempo). Depois, eles são misturados a um creme de ovos leve e denso.

Para a massa:

1 pitada de sal
Suco de 1 laranja
250 g de farinha de trigo com fermento
125 g de manteiga sem sal, gelada e cortada em cubos
1 gema de ovo grande
Água gelada para dar liga à massa
Leite para pincelar
1 a 2 colheres de sopa de açúcar para polvilhar
1 assadeira para tortas de 22 cm

Para o recheio:

250 g de pêssegos secos, demolhados por pelo menos 6 horas em 500 ml de água
6 colheres de sopa de creme de leite light
1 colher de sopa de mel escuro
1 ovo grande batido

Gosto de usar farinha de trigo com fermento em tortas de frutas, mas a comum também funciona. Se você preparar a massa com antecedência, use a farinha de trigo comum, pois a farinha com fermento terá perdido seu poder de fermentação quando a massa for usada. Dissolva o sal no suco de laranja e reserve na geladeira. Coloque a farinha e a manteiga em cubos em uma tigela e leve ao freezer por 10 minutos. Imagino que você vá usar um processador de alimentos para preparar a massa. Nesse caso, quando terminarem os 10 minutos, coloque a farinha com a manteiga, bem geladas, no recipiente do processador, e bata até obter uma farofa com textura de aveia. Adicione a gema, bata rapidamente e depois junte o suco salgado de laranja e bata mais um pouco. Se a massa não ficar com a textura desejada, adicione água gelada às colheradas até começar a dar liga. No instante em que isso acontecer, retire do processador, divida a massa ao meio e forme duas bolas. Enrole-as em filme plástico e leve à geladeira por 10 minutos.

Ponha um tabuleiro de metal no forno e preaqueça-o a 200°. Em uma panela, coloque os pêssegos demolhados e sua água, tampe e deixe ferver. Cozinhe por 5 minutos e depois escorra os pêssegos, guardando o líquido. Reserve os pêssegos, despeje o líquido de volta na panela, reduzindo-o até obter cerca de 3 colheres de sopa de suco de pêssego viscoso. Corte cada fatia de pêssego ao meio, no sentido do comprimento.

Abra uma das bolas de massa e forre uma assadeira de 22 cm (não uma fôrma, que seria funda demais); a fôrma que uso tem o fundo furadinho, o que ajuda a impedir que a massa fique encharcada. Umedeça as bordas com água, mas não corte o excesso de massa ainda. Encha o fundo da fôrma com as fatias escorridas de pêssego, acumulando levemente no centro. Misture o creme de leite e o mel com o suco de pêssego, junte ao ovo batido e despeje a mistura sobre as frutas. Abra a outra bola de massa e cubra a torta. Corte o excesso de massa e sele a borda com o polegar e o indicador, formando pequenas ondulações. Com uma faca afiada, faça quatro cortes no centro da torta para o vapor escapar. Pincele um pouco de leite por cima da torta, para que fique brilhante, e coloque sobre o tabuleiro no forno.

Depois de 20 minutos, baixe a temperatura para 180° e asse por mais 30 a 35 minutos. Talvez seja necessário cobrir levemente com papel-alumínio, na metade do tempo, para evitar que a torta queime, mas remova-o nos últimos 5 minutos.

Retire a torta do forno, coloque sobre uma grelha e polvilhe com 1 ou 2 colheres de sopa de açúcar. Deixe descansar por mais ou menos uma hora antes de comer.

Serve 6 a 8 pessoas.

TORTA DE GROSELHA COM MERENGUE

No livro *How to Eat* ensinei uma receita de torta de ruibarbo com merengue. A acidez aromática e o merengue doce e macio de picos crocantes nos fazem compreender a existência do forno. Espero que esta torta cause o mesmo efeito. Por mais estranho que possa parecer, a groselha não é muito usada na culinária, mas sua acidez intensa, aliada àquele voluptuoso exagero de sabor, é exatamente o que você precisa para evitar que mesmo receitas muito doces fiquem enjoativas. Preparei uma crosta de avelãs porque essa noz e essa fruta nasceram uma para a outra.

Para a massa:

100 g de farinha de trigo

25 g de avelãs moídas

15 g de açúcar refinado

75 g de manteiga sem sal, amolecida

1 gema de ovo grande

1 colher de sopa de água gelada ou mais para dar liga à massa

1 fôrma de quiche de laterais altas e onduladas, de 21 cm

Para o recheio:

250 g de groselha

30 g de manteiga sem sal

100 g de açúcar refinado

3 colheres de sopa de suco de laranja

2 gemas de ovos grandes batidas

3 colheres de sopa de amido de milho

Para a cobertura:

2 claras de ovos grandes

120 g de açúcar refinado, mais 1 colher de chá para polvilhar

¼ de colher de chá de cremor tártaro

Prepare a massa no processador, como feito na Massa Básica (p. 93), depois embrulhe e leve à geladeira por 20 minutos. Em seguida, abra a massa e forre a fôrma com ela, deixando ultrapassar um pouco a borda. Deixe descansar outra vez na geladeira, até o recheio ficar pronto. Preaqueça o forno a 190º, colocando um tabuleiro lá dentro.

Em uma panela, aqueça a groselha, a manteiga, o açúcar e o suco de laranja, por 3 a 5 minutos; a mistura vai ficar semelhante a um xarope, mas as frutas devem continuar inteiras. Retire do fogo e adicione os ovos batidos e o amido de milho. Despeje a mistura de frutas na fôrma com a massa fria e crua. Leve ao forno sobre o tabuleiro já aquecido e asse por 20 minutos.

Enquanto aguarda, bata as claras até que fiquem firmes e adicione gradualmente o açúcar. Quando estiverem firmes, brilhantes e com uma aparência acetinada, junte o restante do açúcar e o cremor tártaro, misturando com uma colher de metal.

Após os 20 minutos, retire a torta do forno e coloque o merengue por cima, selando bem as bordas. Polvilhe com 1 colher de chá de açúcar refinado e retorne ao forno por mais 10 minutos, ou até o merengue ficar dourado e crocante.

Comer esta torta meia hora depois de sair do forno é ótimo, mas prefiro comê-la em temperatura ambiente, tarde da noite.

Serve 6 a 8 pessoas.

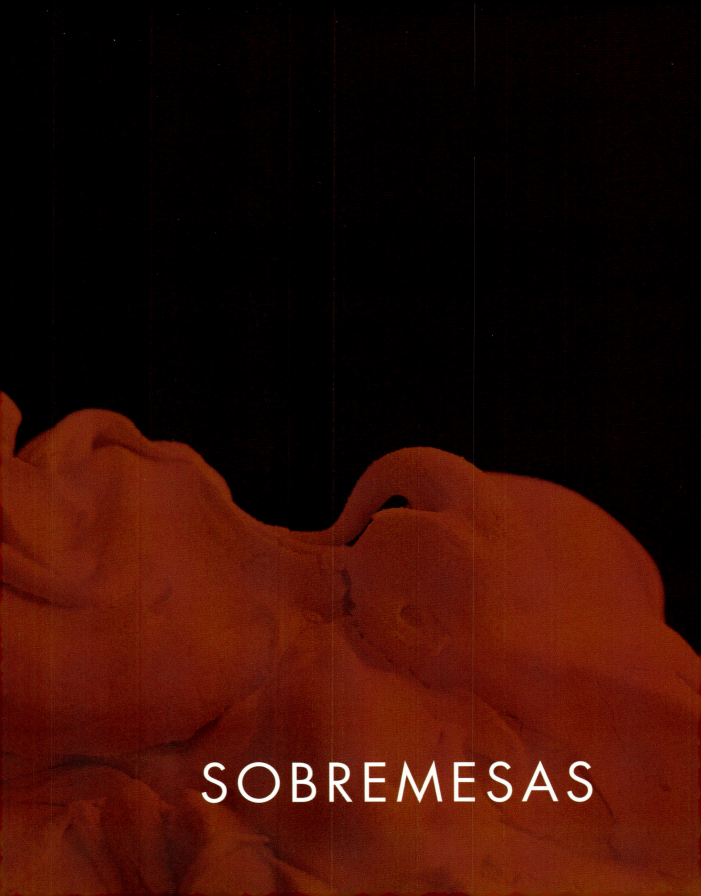

SOBREMESAS

Quando eu era crítica de restaurantes, certa vez fui ironizada por escrever sobre "a sobremesa" e depois começar a descrever uma receita francesa elaborada, leve e definitivamente inadequada para esse termo. Mas mantenho "sobremesa": não consigo nem quero evitar. Independentemente do estilo ou da consistência, se for uma receita doce para ser servida no final da refeição, para mim é sobremesa. Isso não quer dizer que várias das receitas que estão em outras páginas deste livro não possam ser preparadas e servidas como sobremesa; na verdade, como não tomamos mais o chá da tarde de forma convincente, é provável que a maioria delas tenha esse destino. (Isso sem contar o café da manhã engolido de pé e composto das sobras da noite anterior, guardadas na geladeira.)

No geral, acho que você não precisa fazer uma sobremesa: os franceses sempre compraram seus doces com quem realmente sabe prepará-los. Porém, na verdade, há um bom e preguiçoso motivo para isso: a não ser que você faça questão de algo complicado, é provável que o preparo não seja difícil, e a recompensa será gratificante. Além daquela sensação essencial de satisfação pessoal, as pessoas se impressionam muito mais com uma sobremesa feita em casa, por mais simples que seja, do que ficariam com o melhor dos pratos principais. Você sabe que não sou do tipo que cozinha para impressionar — então, meu objetivo não é apenas me deleitar com a admiração dos amigos por preparar a sobremesa, e sim reduzir como um todo o trabalho na cozinha.

Sabe como é fácil fazer um pão de ló no vapor? Basta jogar todos os ingredientes no processador, bater, transferir para um *bowl* apropriado e deixá-lo em banho-maria por algumas horas. Nesse tempo, você não precisa fazer nada, exceto, talvez, encher a panela com água quente, para que não seque. Em outras palavras, esta é a opção fácil, reconfortante — para a cozinheira e seus comensais. O que mais você quer?

AGARRA-MARIDO DE MIRTILOS

Quando vi este título, senti que precisava fazer essa receita. Eu a encontrei no maravilhoso livro *The Yellow Farmhouse Cookbook*, de Christopher Kimball, editor da revista *Cook's Illustrated*, nos Estados Unidos. A receita tem uma história ótima: foi criada por uma adolescente de Chicago para o Concurso de Receitas da Pillsbury de 1954, cujo prêmio era de 100 mil dólares. (Por falar nisso, ela ficou em segundo lugar na categoria júnior.)

Bom, a receita original não me agradou muito — confesso que não a testei tendo em mente o objetivo original de encontrar marido. Eu queria algo diferente, mais voluptuoso e, talvez, mais inglês. Então, minha versão é assim: um aromático pão de ló cremoso, frutas doces pegajosas e merengue com casquinha de açúcar — agarra-marido ao estilo britânico. Só provando para saber...

Para a base:

150 g de migalhas de pão

40 g de manteiga sem sal, e mais para untar a assadeira

575 ml de leite

2 colheres de chá de açúcar refinado

Raspas de 1 limão-siciliano

5 gemas de ovos grandes (guarde as claras para a cobertura)

1 assadeira oval ou redonda, de 1¼ de litro, untada com manteiga

Para o recheio de mirtilos:

325 g de mirtilos

100 g de açúcar refinado

2 colheres de sopa de farinha de trigo, de preferência italiana tipo "00"

2 colheres de sopa de suco de limão-siciliano

Para a cobertura de merengue:

5 claras

125 g de açúcar refinado, e mais um pouco para polvilhar

Para fazer as migalhas, basta processar um pouco de pão branco dormido de boa qualidade, até obter uma farofa. Preaqueça o forno a 160° e coloque um tabuleiro dentro dele.

Em uma panela, aqueça o leite e a manteiga, até ficarem quentes, mas sem ferver. Misture as migalhas, o açúcar e as raspas de limão, retire do fogo e deixe infundir por 10 minutos. Junte as gemas, mexendo bem, e despeje o creme de ovos com pão na assadeira. Asse por 20 a 30 minutos, até ficar firme por fora e continuar levemente macio por dentro. Deixe descansar por alguns minutos, para que a parte de cima forme uma película enquanto você prepara os mirtilos.

Coloque os mirtilos, o açúcar, a farinha e o suco em uma panela e mexa, para que se misturem. Aqueça até atingir uma fervura robusta e cozinhe até obter uma calda viscosa e grossa, mexendo de vez em quando para impedir que grude na panela. No final, vários mirtilos devem continuar inteiros. Retire do fogo e reserve, enquanto prepara a cobertura de merengue.

Bata as claras até ficarem firmes, mas não secas. Junte metade do açúcar, uma colherada de cada vez, e mexa. Misture o restante do açúcar usando uma colher de metal.

Despeje as frutas cozidas sobre a base de creme de ovos, de forma homogênea. Depois, espalhe por cima a cobertura de merengue, tomando o cuidado de selar bem as bordas para não vazar bolha alguma do xarope escuro. Faça picos com as costas de uma colher, polvilhe com um pouco de açúcar refinado e retorne ao forno, deixando por mais 20 minutos ou até o merengue estar brilhoso e crocante. Mas por baixo ficará deliciosamente macio.

Serve 6 a 8 pessoas.

GRUNT DE RUIBARBO

Esta é outra inspiração norte-americana. Um grunt é como uma torta de frutas; basicamente, são frutas assadas com uma cobertura semelhante à massa de scones. Nesta receita, uso creme de leite fresco em vez de manteiga. Eu não o conhecia e duvido que seja tradicional, mas é maravilhosamente leve e macio, e ridiculamente fácil de fazer. Esta versão vem do *The San Francisco Chronicle Cookbook*, contribuição da ilustre Marion Cunningham.

Para o recheio:

650 g de ruibarbos cortados em pedaços de 2 a 3 cm

200 a 250 g de açúcar refinado, dependendo da preferência (e da acidez da fruta)

50 g de manteiga sem sal cortada em cubos pequenos, e mais para a assadeira

1 assadeira rasa de 20 a 30 cm, untada

Para a cobertura:

150 g de farinha de trigo, de preferência italiana tipo "00"

3 colheres de sopa de açúcar refinado dourado ou comum

½ colher de chá de sal

250 ml de creme de leite fresco batido

Preaqueça o forno a 190° e, como se faz com todas as sobremesas que podem borbulhar e respingar no forno, coloque um tabuleiro dentro do forno.

Espalhe os pedaços de ruibarbo no fundo da assadeira, polvilhe o açúcar de forma homogênea e cubra com os pedaços de manteiga. Para a cobertura, peneire a farinha, o açúcar e o sal em uma tigela (não é necessário peneirar se estiver usando a farinha tipo "00"). Junte o creme de leite aos poucos, formando uma massa pegajosa. Espalhe porções dessa massa sobre as frutas, cobrindo igualmente a parte de cima. Asse por 45 minutos, ou até as frutas borbulharem — é mais fácil de verificar isso se você usar um pirex — e o topo ficar dourado.

Sirva com creme de leite fresco, sorvete ou creme de ovos: simplesmente não existe um jeito errado de comer esse doce.

Serve 6 a 8 pessoas.

Sobremesas 137

CRUMBLE DE AMEIXA E PECANS

Não existe absolutamente nada errado com um crumble simples, mas depois de dar várias sugestões em *How to Eat* cheguei à conclusão de que neste livro era melhor oferecer os dois crumbles que preparo com mais frequência quando recebo convidados para jantar. Este crumble de ameixa e pecans (que também pode ser feito com nozes, sem prejuízo algum ao sabor) tem um reconfortante toque outonal. Se quiser, você pode usar açúcar branco comum no lugar do demerara; o que eu recomendo de verdade é que use farinha de trigo com fermento, e não a comum, normalmente pedida.

Para o recheio:
1 kg de ameixas, aproximadamente
30 g de manteiga sem sal, e mais para untar
2 a 4 colheres de sopa de açúcar mascavo claro, dependendo da acidez da fruta
1 colher de sopa rasa de amido de milho
1 assadeira para tortas de 20 cm, untada com manteiga

Para a cobertura do crumble:
150 g de manteiga sem sal, gelada e cortada em cubos
250 g de farinha de trigo com fermento
150 g de açúcar demerara
200 g de pecans, algumas finamente picadas, outras em pedaços maiores ou inteiras

Preaqueça o forno a 190° e coloque um tabuleiro dentro dele.

Corte as ameixas ao meio e coloque-as na assadeira, com o lado cortado para cima. Talvez você perceba que não precisa de todas elas, mas use o maior número que conseguir encaixar. Salpique com a manteiga, polvilhe com o açúcar e leve ao forno, sem cobrir, por 20 minutos. Sei que não é habitual assar a base do crumble primeiro, mas, na minha opinião, as ameixas precisam começar a assar antes, para soltar um pouco do suco e começarem a ficar macias.

Enquanto as ameixas assam, prepare a cobertura do crumble (você também pode fazê-la com antecedência, se preferir). Misture a manteiga e a farinha, com a ponta dos dedos ou em uma batedeira com o batedor plano. Acho que o processador deixa a farofa um tanto fina demais, e nesta receita o ideal é ter textura, não uma areia caribenha. Mas, se usar o processador, você pode finalizar a massa esfregando-a entre os dedos por algum tempo — o polegar contra o indicador ou os três primeiros dedos — para aglutinar parte da cobertura. Com um garfo, misture o açúcar e as pecans na massa do crumble e reserve.

Quando o tempo de forno das ameixas terminar, despeje parte do suco delas em uma tigela pequena, onde já esteja o amido de milho. Misture até obter uma pasta, coloque na assadeira, com as ameixas, e mexa. Em seguida, adicione a cobertura do crumble, pressionando levemente nas bordas. Retorne a assadeira ao forno, colocando sobre o tabuleiro que já estava lá dentro, e asse por 25 minutos ou até estar cozido e dourado.

Se quiser, sirva com creme de ovos.

Serve 4 a 6 pessoas.

CRUMBLE DE CREME DE UVA-CRISPA

Se a receita anterior é essencialmente outonal, esta é uma iguaria para o começo do verão. A temporada das uvas-crispas é tão curta que sempre vale a pena usá-las quando estão disponíveis. Para substituir o xarope de flor de sabugueiro sugiro algumas flores de sabugueiro, se conseguir obtê-las. Coloque-as em uma panela com as uvas e o açúcar, aqueça e deixe em infusão por mais ou menos 20 minutos.

Na primeira vez que preparei esta receita, queria fazer um crumble que criasse a própria calda. Embora tenha ficado uma delícia, a primeira versão tinha muito creme de ovos aromatizado com flor de sabugueiro: ao servir, a massa afundou na calda de frutas. Não sou a rainha da apresentação, mas sei que uma gosma encaroçada não é uma imagem atraente, por mais gostosa que seja. Então, fiz alterações aqui e ali para criar uma receita que tivesse calda, mas não falhasse no estilo. Fique à vontade...

Para o crumble:

175 g de manteiga sem sal, gelada e cortada em cubos

200 g de farinha de trigo com fermento

6 colheres de sopa de açúcar mascavo claro

5 colheres de sopa de açúcar de baunilha

1 pitada de sal

Para o recheio:

750 g de uvas-crispas

125 g de açúcar refinado

1 colher de sopa mais 1 colher de chá de xarope de flor de sabugueiro

1 ovo grande

5 colheres de sopa de creme de leite fresco

1 assadeira para torta de aproximadamente 20 cm, untada com manteiga

Preaqueça o forno a 190º e coloque dentro dele um tabuleiro para aparar os respingos.

Prepare a cobertura do crumble esfarelando a manteiga e a farinha com os dedos. Depois, misture os açúcares (veja o método na receita anterior, Crumble de Ameixa e Pecans). Leve a massa do crumble à geladeira enquanto cozinha as uvas.

Se tiver paciência, corte as partes de cima e de baixo das uvas. Coloque-as em uma panela com o açúcar e a colher de sopa de xarope de flor de sabugueiro e aqueça até começar a borbulhar. O que importa é romper a pele das uvas-crispas, então, após 1 minuto de leve fervura, retire do fogo.

Em uma jarra medidora, bata o ovo, a colher de chá de xarope de flor de sabugueiro e o creme de leite, despejando na panela com as uvas e mexendo para combinar. Em seguida, despeje na assadeira untada e deixe descansar por 1 minuto, antes de colocar a massa do crumble por cima. Ponha sobre o tabuleiro no forno e asse por 30 a 40 minutos, até ficar cozido e dourado.

Você não precisa de nada para acompanhar este prato, exceto, talvez, uma garrafa de Frontignan.

Serve 4 a 6 pessoas.

Sobremesas 139

GELATINA DE GIM E TÔNICA

Eu adoro gelatina, e uma de suas características maravilhosas é ser muito simples de fazer. Esta receita tem um vigor indubitável e uma elegância indiscutível: que prato melhor para sair da cozinha de uma mulher moderna?

Volto a lembrar da necessidade, na minha opinião, de usar gelatina em folha, pois é mil vezes mais fácil de usar do que a em pó.

300 ml de água, mais 50 ml
300 g de açúcar refinado
Raspas e suco de 2 limões-sicilianos
400 ml de água tônica (que não seja diet!)
250 ml de gim
28 g de gelatina em folha

2 caixinhas de groselhas brancas ou 3 a
4 caixinhas de framboesas (opcional)
1 colher de chá de açúcar de
confeiteiro, caso vá usar framboesas
1 fôrma para gelatina, com 1,25 litro,
levemente untada com óleo de
amêndoas ou óleo vegetal

Em uma panela larga de fundo grosso, coloque 300 ml de água e o açúcar e ferva. Depois de 5 minutos, retire do fogo, acrescente as raspas de limão-siciliano e deixe infundindo por 15 minutos. Coe para uma jarra medidora, adicione o suco do limão-siciliano, a água tônica e o gim; você deve chegar à marca de 1,2 litro; se não, adicione mais água tônica, gim ou suco de limão-siciliano, a gosto.

Deixe as folhas de gelatina de molho em um prato com água fria por 5 minutos, para amolecer. Enquanto isso, coloque 250 ml da mistura de gim e tônica em uma panela e deixe esquentar, mas não ferver. Retire do fogo, deixe esfriar um pouco, esprema as folhas de gelatina e mescle-as à mistura de gim e tônica até se dissolverem. Junte esse líquido à mistura de gim e tônica restante na jarra medidora, tomando o cuidado de misturar bem. Despeje na fôrma e, quando esfriar, leve à geladeira para firmar — deve levar cerca de 6 horas.

Quando quiser desenformar, encha a pia até a metade com água quente e mergulhe a fôrma da gelatina por cerca de 30 segundos. Coloque um prato raso grande sobre a gelatina e vire, chacoalhando. Se não der certo, deixe mais meio minuto dentro da água quente e tente outra vez. Se tiver usado uma fôrma em forma de domo, coloque groselhas brancas em volta da gelatina. E se tiver usado um molde com buraco no meio, encha o orifício com elas. Framboesas também ficam ótimas, mas polvilhe açúcar de confeiteiro sobre elas — parece pomposo, mas isso faz o tom jade-claro da gelatina e o vermelho das framboesas, que sem o açúcar seria vibrante demais, se mesclarem no prato. As groselhas brancas devem ser deixadas com seu brilho de opala, sem interferência.

Serve 8 pessoas.

VARIAÇÃO
Para fazer uma gelatina de vodca com limão Tahiti, basta substituir os 2 limões-sicilianos por 6 limões Tahiti e usar vodca em vez de gim.

PÃO DE LÓ COM CALDA NO VAPOR

Embora esta sobremesa leve 2 horas para cozinhar, não é tão difícil quanto parece. Você pode preparar tudo com muita rapidez, e se for servir em um jantar com convidados em um dia de semana, basta começar no instante em que chegar em casa, antes sequer de trocar de roupa, e assim não terá problemas com o tempo.

Como não sou muito jeitosa, prefiro não fazer a complicada tampa de papel-alumínio — simplesmente uso uma tigela estilo *bowl* que já vem com tampa. (Mas não coloque nem a tigela nem a tampa na lava-louças, ou na próxima vez que usá-las não vão se encaixar.)

Não consigo explicar o quanto esta receita é gloriosa: incrivelmente leve, com uma textura fofa e reconfortante, e doce, mas sem ser enjoativa. Sei que pães de ló no vapor estão tão fora de moda que em geral nem nos lembramos mais deles, mas faça um favor a si mesma: prepare-o, coma-o e depois me conte...

Para o pão de ló:

175 g de manteiga sem sal em temperatura ambiente, e mais para untar
175 g de farinha de trigo com fermento
175 g de açúcar refinado
3 ovos grandes
Raspas de 1 limão-siciliano e suco de ½
3 colheres de sopa de leite

Para a calda:

250 g de melado de cana claro, mel ou xarope de milho
Suco de ½ limão-siciliano
1 tigela de plástico estilo bowl de 1,75 litro, com tampa

Ponha água em uma chaleira para ferver, depois coloque a manteiga, a farinha, o açúcar, os ovos, o limão-siciliano e o leite no processador e bata, adicionando um pouco mais de leite se estiver grosso demais (deve ficar denso e fácil de despejar).

Derrame a água fervente em uma panela grande com tampa (a água deve cobrir de metade a $2/3$ da tigela) ou na base de uma vaporeira. Leve ao fogo. Enquanto isso, unte a tigela com manteiga, coloque o melado de cana claro no fundo e junte o suco de limão-siciliano, mexendo. Despeje a massa do pão de ló por cima do melado e tampe, lembrando-se de antes untar a tampa com manteiga. Depois, coloque a tigela dentro da panela, tampe e pronto. A panela deve continuar fervendo tampada. O importante é que a água não seque. Mantenha um pouco de água quente na chaleira para completar quando for necessário.

Eu sei que se deve colocar a tigela sobre um prato dentro da panela, mas o chacoalhar que isso causa me deixa louca, e a sobremesa não é prejudicada pela falta de suporte. Deixe cozinhar por no mínimo 2 horas, porém, mais tempo não estragará o pão de ló. Quando estiver pronto, retire (eu não me dou o trabalho de fazer uma alça com barbante, mas uso duas espátulas para remover a tigela da água fervente) e deixe descansar por alguns minutos, não mais do que isso. Com muita firmeza, vire em um prato grande com borda alta para conter a calda.

O trio habitual de sugestões também vale aqui: creme de leite fresco, sorvete, creme de ovos. Se for servir com creme de ovos, pense em aromatizá-lo com raspas de limão-siciliano, não com baunilha.

Serve 6 a 8 pessoas.

VARIAÇÕES

A variação que mais preparo é o pão de ló com geleia de laranja. Substitua o melado de cana claro por 275 g da melhor geleia de laranja com cascas que encontrar e misture-a com 2 colheres de sopa de suco de laranja, em vez do suco de limão-siciliano, substituindo as raspas deste na massa do pão de ló pelas raspas de ½ laranja.

Qualquer outra geleia pode ser usada, mas, na maioria dos casos, eu aromatizaria o pão de ló com 1 colher de chá de extrato de baunilha em vez de raspas de qualquer fruta.

CREME DE OVOS

Nenhum capítulo sobre sobremesas deveria deixar de fora uma receita de creme de ovos. Na verdade, o único problema é o medo de talhar. Sinta o medo e prepare o creme, mesmo assim. Mas, primeiro, encha a pia até a metade com água fria, de forma que, se achar que o creme está prestes a talhar, você possa mergulhar a panela ali e bater com fúria.

1 colher de chá de extrato de baunilha   **5 gemas de ovos grandes**
    ou 1 fava de baunilha   **1 colher de sopa de açúcar refinado**
500 ml de creme de leite light

Se você tiver uma fava de baunilha, corte-a no sentido do comprimento e raspe as sementes. Coloque a fava, as sementes e o creme de leite em uma panela e aqueça até quase ferver. Retire do fogo, tampe e deixe infundir por 20 minutos. Se não for usar a fava, coloque o creme de leite e a baunilha no fogo, e bata as gemas e o açúcar em uma tigela. Quando o creme estiver quente, despeje-o sobre as gemas adoçadas sem parar de bater. Despeje o creme cru de volta à panela lavada e seca e cozinhe em fogo médio, mexendo constantemente, até engrossar. Dez minutos devem ser o bastante, a não ser que você seja muito medrosa e deixe o fogo baixo demais. Quando o creme tiver engrossado, mergulhe a panela na água fria na pia e bata por mais ou menos 1 minuto. Você poderá comê-lo imediatamente ou, se quiser prepará-lo com antecedência, reaqueça mais tarde, em banho-maria.

Serve 4 pessoas.

TORTA INVERTIDA DE MAÇÃ COM CALDA

Incluí esta receita neste capítulo, e não no de tortas, principalmente porque deve ser comida quente e porque a considero um jeito muito fácil de transformar um jantar com sobras em algo um pouco mais animador. A massa é a mesma dos scones, o que requer um envolvimento mínimo da sua parte.

Para as frutas:

30 g de manteiga sem sal

4 maçãs Granny Smith, ou de outro tipo, descascadas, cortadas em quatro e sem sementes

100 g de metades de nozes (ou pecans)

8 colheres de sopa de melado de cana claro ou xarope de bordo (maple syrup), e mais para servir

1 assadeira rasa para tortas de 20 cm, untada com manteiga

Para a massa de scone:

250 g de farinha de trigo

15 g de açúcar refinado

1 pitada de sal

1 colher de chá rasa de fermento em pó

40 g de manteiga sem sal

1 ovo grande batido

100 ml de leite integral

Preaqueça o forno a 220º, colocando um tabuleiro lá dentro.

Derreta a manteiga em uma panela e frite lentamente as maçãs, com o lado curvo para baixo, por cerca de 10 minutos. Coloque as nozes na assadeira para tortas com o lado reto para cima. Despeje por cima o melado e arrume as maçãs fritas com o lado curvo para baixo. Deixe descansar um pouco, enquanto faz a massa.

Em uma tigela, coloque todos os ingredientes secos. Corte a manteiga em cubos e misture com a ponta dos dedos com os ingredientes secos até obter uma farofa grossa. Abra um buraco no centro, despeje o leite e o ovo de uma só vez e misture até obter uma massa macia. Com as mãos, faça um círculo de massa mais ou menos do tamanho da assadeira e coloque-o sobre as maçãs, tomando o cuidado de selar bem com as bordas nas laterais da assadeira. Asse por 15 minutos, baixe a temperatura do forno para 180º e deixe por 10 minutos. Depois desse tempo, o topo deve estar crocante e dourado.

Deixe descansar fora do forno por cerca de 1 minuto, e coloque um prato grande, de borda alta, sobre a assadeira da torta. Com um giro rápido (usando luvas de cozinha, pois a assadeira estará muito quente, é claro), vire-a sobre o prato. É melhor fazer isso sobre a pia, pois a calda vai estar muito quente e bem líquida. Despeje 3 colheres de sopa da calda sobre a torta e ajeite qualquer pedaço solto de maçã ou nozes. Se quiser, e eu sempre quero, sirva acompanhada por uma jarra de calda aquecida para que as pessoas acrescentem ao comer, assim como um pouco de creme de leite em outra jarra.

Este tipo de massa fica pesado ao esfriar, então, calcule o tempo para que a torta não fique pronta mais de 10 minutos antes da hora de comer.

Serve 6 a 8 pessoas.

Sobremesas 145

CLAFOUTIS DE UVA-CRISPA VERMELHA

Um verdadeiro clafoutis, aquela sobremesa de massa densa, aromatizada com baunilha e pontilhada de frutas, é feito com cerejas. Mas isso gera problemas, e o primeiro é que as cerejas amarenas que deveriam rechear a doce massa fofa não existem por aqui (a não ser que você mesma tenha uma árvore). Segundo que, tradicionalmente, mesmo que você consiga obter as cerejas certas, não deve retirar suas sementes. Mas a maioria das pessoas acharia difícil comer uma sobremesa cheia de cerejas com sementes. Se retirá-las, perde parte do delicioso sabor amargo (embora um pouco de Kirsch sobre as frutas sem sementes possa ajudar). Já preparei esta receita com as cerejas amarenas em conserva, mas depois de ficarem imersas no xarope elas também perdem a acidez. Porém, eu não as dispensaria, sobretudo porque esta versão, feita com uvas-crispas vermelhas, só é possível durante a temporada destas. Essas uvas, que só conheci recentemente, agora são mais fáceis de encontrar que as verdes, amargas e de casca grossa, e mesmo assim têm acidez suficiente para fornecer o suculento contraste de que você precisa nesta receita.

1 colher de sopa de manteiga
350 g de uvas-crispas vermelhas
6 ovos grandes
100 g de farinha de trigo, de
    preferência italiana tipo "00"
75 g de açúcar refinado
½ colher de chá de água de flor de
    laranjeira

1 colher de chá de extrato de baunilha
300 ml de creme de leite fresco
300 ml de leite integral
Açúcar de confeiteiro para polvilhar
1 assadeira para tortas de 20 cm de
    diâmetro (uso uma de aço inoxidável)

Preaqueça o forno a 190º, colocando um tabuleiro dentro dele. Quando tiver atingido a temperatura, unte a assadeira com 1 colher de sopa de manteiga e despeje as uvas-crispas. Deixe no forno por 10 minutos.

Prepare a massa facilmente: bata todos os ingredientes restantes no processador até ficarem homogêneos e bem combinados. Depois que as uvas-crispas tiverem ficado 10 minutos no forno, despeje a massa sobre elas, retorne a assadeira sobre o tabuleiro ao forno e asse por 35 minutos. Após esse tempo, a sobremesa estará firme no meio e dourada e inchada nas bordas. Na verdade, estará toda inchada de modo glorioso ao ser retirada do forno, mas vai afundar — e é assim mesmo — quando chegar à temperatura ideal para comer, 20 minutos depois. Polvilhe com açúcar de confeiteiro antes de servir.

E, nossa, como fica boa como café da manhã no dia seguinte.

Serve 4 a 6 pessoas.

PUDIM DE ARROZ COM MOSCATEL

Ao dar a receita de um pudim de arroz levemente incrementado não estou sugerindo que a versão básica e simples seja deficiente em qualquer sentido, mas esta sobremesa perfumada e deliciosa é um paraíso doce. E também fica maravilhosa com um pouco de geleia de moscatel — com infusão de sementes de coentro e tudo (p. 362). A comida reconfortante perfeita para um jantar com convidados.

500 ml de leite integral
500 ml de creme de leite fresco
50 g de açúcar refinado
1 pitada de sal
3 colheres de sopa de manteiga sem sal
150 g de arroz arbório

250 ml de vinho moscatel
Noz-moscada ralada na hora para pôr em cima
1 caçarola de 1,5 litro que possa ir ao forno

Preaqueça o forno a 150°.

Misture o leite, o creme de leite, o açúcar e o sal em uma jarra medidora. Em uma caçarola — uso uma antiga caçarola com o esmalte lascado da minha mãe —, derreta a manteiga em fogo médio para baixo, junte o arroz e misture bem, até ele ficar completamente coberto de manteiga. Adicione o moscatel (como faria com o vinho em um risoto). Mexa bem e deixe o líquido viscoso ferver por alguns minutos. Depois, mexa, enquanto acrescenta a mistura de leite. Deixe voltar a uma fervura leve, mexa bem outra vez, e rale por cima um pouco de noz-moscada fresca.

Leve ao forno e asse por 2 horas, mas cheque depois de 1 hora e 30 minutos porque a profundidade da sua caçarola e a natureza do forno podem fazer uma grande diferença. O arroz deve ter absorvido todo o líquido, mas mantendo uma voluptuosa cremosidade. Retire do forno e deixe esfriar por no mínimo 30 minutos antes de comer.

Serve 6 a 8 pessoas.

SYLLABUB DE CALVADOS

Syllabub é uma daquelas receitas maravilhosas e etéreas que não parecem adequadas à descrição "sobremesa". Mas este creme batido e aromatizado que transborda de seu recipiente como uma nuvem é uma maneira perfeita de terminar um jantar, e é gloriosamente fácil de fazer.

8 colheres de sopa de sidra seca
2 colheres de sopa de Calvados
¼ de colher de chá de canela em pó
4 colheres de sopa de açúcar refinado

Suco de 1 limão-siciliano
300 ml de creme de leite fresco
4 paus de canela (opcional)
4 copos de 150 ml

Coloque a sidra, o Calvados, a canela em pó, o açúcar e o suco de limão-siciliano em uma tigela e mexa até dissolver o açúcar. Continue mexendo enquanto despeja o creme de leite, aos poucos. Depois, usando um batedor de arame ou elétrico, em velocidade baixa, bata o *syllabub*, até estar quase formando picos suaves. Ele deve ocupar aquele território imaginário entre o sólido e o líquido — sua meta é obter o que Jane Grigson chama de "brancura volumosa" —, então, cuidado para não deixar o creme de leite engrossar demais ou, até, passar do ponto e talhar.

Com uma colher, transfira o *syllabub* para os copos (os da foto foram comprados por meus avós maternos em sua lua de mel em Veneza) e perfure cada monte semissólido com um pau de canela, exatamente como um canudo de biscoito é enfiado em uma bola de sorvete. Se for muita frescura para você (e eu entendo perfeitamente), limite-se a polvilhar os topos irregulares com uma levíssima névoa de canela em pó.

Serve 4 pessoas.

Sobremesas 149

OM ALI

A primeira vez que comi este prato foi no Ali Baba, um restaurante egípcio em Londres onde Claudia Roden me levou, há cerca de dez anos. Quando fui prepará-lo por conta própria, eu me lembrava da sobremesa como uma espécie de pudim egípcio de pão e manteiga — sem dúvida, é essa a ideia. A massa filo é untada com manteiga e assada, depois entremeada com nozes e frutas secas em um prato no qual se despeja leite adoçado e enriquecido com creme de leite, antes de assar outra vez.

É lindo — com as cores branca, dourada, âmbar e verde —, e o sabor é exatamente o que você imagina: leve, reconfortante, aromático. E como a maioria das sobremesas deste capítulo, é extremamente fácil de fazer. Eu a preparo em uma assadeira da Calphalon chamada Everyday Pan, basicamente, porque é bonita, simples e adequada, mas qualquer assadeira para tortas de aproximadamente 20 cm serve.

200 g de massa filo
100 g de manteiga derretida, e mais
    para untar
60 g de uvas-passas brancas
75 g de damascos secos em pedaços
    pequenos
75 g de amêndoas em lascas
50 g de pistache picado

50 g de pinhões
1 litro de leite integral
300 ml de creme de leite fresco
100 g de açúcar refinado
Noz-moscada fresca

2 tabuleiros
1 assadeira para tortas de 20 cm

Preaqueça o forno a 150°.

Pincele as folhas de filo com manteiga derretida e amasse levemente como se fossem panos molhados, dividindo-as entre os tabuleiros. Asse por cerca de 20 minutos, até ficarem douradas e crocantes.

Depois, aumente a temperatura do forno para 240°. Unte a assadeira e despedace a massa filo de modo a cobrir o fundo da assadeira, salpique as uvas-passas, o damasco, as amêndoas e o pistache por cima, e continue formando camadas até os ingredientes terminarem. Em uma panela, ferva o leite, o creme de leite e o açúcar. Assim que começar a borbulhar, despeje sobre a massa filo e as camadas de frutas, rale por cima um pouco de noz-moscada fresca e leve ao forno por 10 a 15 minutos. A parte de cima deve ficar levemente dourada, crocante e inchada com o calor. Deixe descansar por alguns minutos antes de transferir para tigelas pequenas.

Serve 6 a 8 pessoas.

PROFITEROLES, DO MEU JEITO

Eu não podia escrever um livro com este título sem incluir uma receita de profiteroles. Mas estes não são profiteroles comuns: são recheados com um creme de açúcar queimado e têm uma calda de caramelo por cima. Não fiz isso para ser sofisticada, mas só porque eles ficam muito melhores assim.

Não vou fingir que fazer profiteroles é um exercício que não demanda nenhum esforço — a preparação é trabalhosa —, porém, você pode tornar tudo mais fácil assando os pequenos pãezinhos no dia anterior e guardando-os, assim que esfriarem, em um recipiente hermético ou um Tupperware. E pode preparar o creme de açúcar queimado mais cedo no dia que for usar, e mantê-lo coberto com papel-manteiga molhado (e, a não ser que seja verão, não o coloque na geladeira).

Para os profiteroles:

**200 g de farinha de trigo, de
preferência italiana tipo "00"
350 ml de água**

**150 g de manteiga sem sal em cubos
1 pitada de sal
4 ovos grandes batidos
2 tabuleiros untados**

Preaqueça o forno a 200°.

Peneire a farinha. Em uma panela relativamente grande, coloque a água, a manteiga e o sal e aqueça até a manteiga derreter e a água ferver. Retire a panela do fogo logo que a fervura começar (a água não pode evaporar de jeito nenhum) e junte a farinha, batendo. Use uma colher de pau e não se preocupe se a massa ficar encaroçada ou dura, apenas continue batendo até estar homogênea. Retorne a panela ao fogo apenas por tempo suficiente para terminar esse processo, por cerca de 1 minuto, ou até menos, até que a massa comece a se desgrudar das laterais da panela e forme uma bola lisa.

Então, adicione os ovos, batendo: pode fazer isso tanto à mão (não é difícil, mas você vai precisar usar mais músculos) ou com uma máquina. Então, transfira a massa para uma tigela e adicione colheradas de ovo, enquanto bate com a colher de pau, ou a ponha no recipiente do processador com a lâmina dupla e acrescente os ovos aos poucos, pelo bocal da tampa, enquanto bate até obter uma massa lisa e brilhante, macia o suficiente para moldar com um saco de confeiteiro, mas firme o bastante para manter a forma. Talvez você não precise de todos os ovos, então, proceda com cautela. Usando um bico perlê de 2 cm, ou apenas uma colher, faça pequenas bolas sobre o tabuleiro untado e asse por 15 minutos, até ficarem douradas e crocantes. Coloque sobre uma grelha de metal para esfriar e perfure cada profiterole com um alfinete, para deixar o vapor sair e evitar que fiquem moles.

Para o recheio do creme:

**250 ml de leite
250 ml de creme de leite fresco
6 gemas de ovos grandes
100 g de açúcar refinado**

**30 g de farinha de trigo, de
preferência italiana tipo "00"
1 colher de chá de extrato de baunilha
2 colheres de sopa de açúcar refinado
2 colheres de chá de água**

152 **Sobremesas**

Em uma panela, aqueça o leite e o creme de leite. Enquanto espera, bata as gemas e o açúcar, até obter uma mistura cremosa, depois misture a farinha. Junte o leite aquecido à mistura de ovos e bata até ficar homogêneo. Retorne a mistura para a panela e mexa ou bata delicadamente em fogo baixo até o creme engrossar. Adicione a baunilha e reserve. Em uma panela pequena, em fogo alto, coloque o açúcar e a água e queime o açúcar, transformando a mistura em um caramelo marrom-escuro. Usando um batedor de arame, de preferência batedores planos de arame em espiral (às vezes, vendidos como fouet plano) — embora um garfo sirva —, bata o creme enquanto despeja o líquido derretido. Quando estiver combinado, passe para uma tigela e deixe esfriar, colocando um pedaço molhado de papel antiaderente em cima para evitar que uma película se forme.

Para a calda de caramelo:

6 colheres de sopa de açúcar mascavo claro

4 colheres de sopa de açúcar refinado

100 g de manteiga sem sal

300 g de melado de cana claro, mel ou xarope de milho

4 colheres de sopa (60 ml) de creme de leite fresco

Coloque todos os ingredientes, com exceção do creme de leite, em uma panela e ferva por 5 minutos. Deixe esfriar um pouco enquanto monta os profiteroles.

Pegue uma tigela grande e rasa. Coloque um bico perlê pequeno em um saco de confeiteiro e encha-o com o creme de açúcar queimado já frio. Recheie os profiteroles abrindo-os com uma faca pequena, inserindo o bico dentro de cada um e apertando. Conforme for recheando, arrume-os como uma pirâmide na tigela. Quando chegar à metade, despeje por cima um pouco da calda, para cobrir levemente, depois repita o processo, quando sua pirâmide inteira estiver montada. Você deve usar metade da calda. O caramelo vai endurecer um pouco, brilhando sobre os profiteroles amarelados. Logo antes de comer, adicione o creme de leite à calda restante e reaqueça, deixando ferver por alguns minutos. Transfira para uma jarra aquecida e coloque uma concha dentro para que as pessoas se sirvam. Por falar nisso, é fácil reaquecer essa calda.

Serve 8 a 10 pessoas.

VARIAÇÕES

A variação mais fácil é a esperada: recheie os profiteroles com um pouco de creme batido e despeje por cima ganache de chocolate, que se faz fervendo 350 ml de creme de leite fresco e 350 g de chocolate amargo de boa qualidade picado. Bata até ficar grosso e liso, deixe esfriar um pouco, depois despeje sobre a pirâmide de profiteroles.

SUFLÊS DE PISTACHE

Em geral, odeio as porções individuais, os enganosos ramequins da cozinha profissional. Mas tenho minhas exceções. Já preparei um suflê de pistache em uma tigela grande e adorei, mas só é possível obter aquela proporção perfeita de exterior chamuscado e interior macio usando recipientes com um diâmetro pequeno.

Tenho um amor especial por pistache, seu aroma, seu sabor delicado e perfumado, sua elegante cor verde-amarelada, por aquelas românticas associações com as *Mil e Uma Noites*. O escuro quadrado de chocolate amargo derretido escondido nos suflês é um segredo genial. Não o revele de antemão.

O Lindt Excellence é um bom chocolate para usar nesta receita, porque já vem em barras marcadas no tamanho exato para os ramequins (e, geralmente, é vendido em supermercados e boas lojas). Esta foto foi tirada em um estúdio enorme e frio, no auge do inverno. Juro que eles crescem mais, assim como os seus vão crescer.

30 g de manteiga sem sal, amolecida, e mais um pouco para untar os ramequins

60 g de açúcar refinado, e mais um pouco para polvilhar o interior dos ramequins, mais 1 colher de sopa para as claras

20 g de farinha de trigo

150 ml de leite integral

4 ovos grandes, com gemas e claras separadas

100 g de pistaches descascados e moídos

2 gotas de extrato de amêndoa

½ colher de chá de extrato de baunilha

½ colher de chá de água de flor de laranjeira

5 claras de ovos grandes

1 pitada de sal

6 quadrados de 10 g, ou formato semelhante, de chocolate amargo de boa qualidade

Açúcar de confeiteiro para polvilhar por cima

6 ramequins ou forminhas de suflê de 250 ml

Preaqueça o forno a 200° e coloque um tabuleiro lá dentro. Use parte da manteiga para untar o interior dos ramequins, depois despeje um pouco de açúcar refinado, gire para cobrir e descarte o excesso.

Em uma panela, coloque a farinha e um pouco de leite, apenas para misturar. Depois, mexendo — costumo usar um daqueles pequenos batedores planos de arame em espiral (às vezes, vendidos como fouet plano) para isso, mas uma colher de pau serve muito bem, desde que você tenha paciência —, junte o resto do leite e 60 g de açúcar. Bata em fogo médio, até ferver. Quando isso acontecer, bata por mais 30 segundos e retire do fogo, quando já deve estar bem grosso. Deixe esfriar um pouco para então acrescentar as gemas, misturando uma de cada vez.

Se você for preparar os suflês com antecedência, combine metade da manteiga e espalhe o restante por cima, para evitar que se forme uma película; do contrário, misture toda a manteiga de uma vez.

Sobremesas 155

Junte os pistaches, os extratos de amêndoa e de baunilha e a água de flor de laranjeira e misture bem. Depois, bata as 5 claras com sal até formarem picos suaves. Polvilhe por cima a colher de sopa de açúcar e continue a bater as claras, até ficarem firmes e brilhantes.

Afine a massa com parte das claras em neve — até ¼. Não tenha medo: basta despejar essa quantidade na panela e bater com vigor. Quando estiverem combinadas, misture o restante das claras com delicadeza, mas resolutamente.

Despeje 1 cm da massa em cada ramequim, depois coloque os pedaços de chocolate por cima e complete com o restante da massa. Abra o forno o mais rápido que puder, mas sem pressa, e arrume os ramequins sobre o tabuleiro aquecido. Na mesma hora, baixe a temperatura do forno para 180° e asse por 12 a 15 minutos, quando os topos estarão dourados e mais altos que a borda dos ramequins. Retire do forno, polvilhe com o açúcar de confeiteiro e sirva imediatamente. Uma observação para tranquilizá-la: você pode abrir a porta do forno para ver se os suflês estão cozidos e cresceram; eles não vão murchar só porque você teve a audácia de checar como estavam.

BOLO DE MERENGUE COM SORVETE DE CASTANHA PORTUGUESA

Três camadas de merengue entremeadas e cobertas com sorvete de castanha portuguesa, polvilhadas com chocolate ralado e congeladas: parece sofisticado, não é? Deixe-me dizer que é uma das receitas mais fáceis deste livro. O contraste de texturas é maravilhoso porque, por alguma razão que não consigo entender muito bem, o merengue não congela. Ou seja, mesmo recém-tirado do freezer, seu sabor e sua consistência são os de um merengue em temperatura ambiente. Portanto, esta receita é um modelo útil para qualquer tipo de bolo de sorvete que você queira fazer. Merengues de chocolate (veja a Pilha Pegajosa de Chocolate na p. 195), entremeados com sorvete de chocolate, ficariam fabulosos: mas fazer sorvete de chocolate é um processo mais longo do que o deste sorvete de castanha, que não precisa ser batido, e foi tirado do livro *Iced Delights*, de Shona Crawford-Poole. E é óbvio que você pode usar sorvete comprado pronto.

Mas, todavia, esta receita é perfeita assim, então, nenhum de nós precisa procurar como louco por substitutos.

Para as camadas de merengue:
6 claras
300 g de açúcar refinado
2 colheres de chá de amido de milho
1 colher de chá de vinagre de vinho
½ colher de chá de puro extrato de baunilha
3 tabuleiros forrados com papel-manteiga

Para o sorvete:
3 colheres de sopa de rum
500 g de purê de castanha portuguesa adoçado, em lata ou feito em casa
600 ml de chantilly
100 g de açúcar de confeiteiro
20 g de chocolate amargo de boa qualidade para ralar por cima

156 **Sobremesas**

Preaqueça o forno a 150°.

Prepare primeiro as camadas de merengue: bata as claras até formarem picos suaves, depois adicione o açúcar, às colheradas, sem parar de bater. Quando só restar ¼ do açúcar, pare de bater, acrescente-o e misture com uma colher de metal. Por fim, junte o amido de milho, o vinagre e o extrato de baunilha.

Forme 3 círculos de 21 cm (use uma fôrma redonda e contorne-a com a massa do merengue) sobre pedaços separados de papel-manteiga e coloque-os nos tabuleiros. Divida o merengue igualmente entre os três, formando discos chatos. Não fique nervosa demais ao transferi-los: eu sou desastrada de uma forma bruta com eles e nada de mais acontece. Asse por 1 hora, depois desligue o forno, deixando os discos de merengue esfriar dentro dele.

Quando os merengues estiverem frios — nada impede que você os prepare com dias de antecedência —, comece a fazer o sorvete. Você não vai acreditar no quão pateticamente fácil é isto. Primeiro, misture o rum e o purê de castanhas portuguesas até obter uma pasta homogênea. Depois, bata o chantilly com o açúcar até formar picos suaves, e, então, misture com as castanhas e o rum. Essa suave mistura é o seu sorvete de castanha portuguesa (ainda não congelado).

Para montar o bolo, coloque uma camada de merengue sobre um prato raso e cubra com ⅓ da massa do sorvete. Repita com as camadas restantes do merengue e do sorvete. Depois, sobre o ⅓ final de sorvete, rale o chocolate. Sugiro um ralador da Microplane para isso.

Leve o bolo ao freezer sem cobrir até ficar firme, depois cubra com filme plástico e mantenha congelado até a hora de comer. Esta é uma sobremesa fabulosamente densa: nem mesmo pessoas gulosas como eu conseguem comer mais que uma modesta fatia.

Serve 12 a 14 pessoas.

PAVÊS

Conheci os pavês relativamente tarde na vida, e, provavelmente, foi melhor assim. As próximas três receitas têm muito pouco em comum umas com as outras, mas acho que merecem sua atenção de modo igual.

A primeira, embora não seja o tradicional pavê inglês, ao menos é baseada em um — e é divina. A segunda é, de certa forma, uma derivação de um tiramisu — se você já experimentou o tiramisu branco de *How To Eat*, sabe do que estou falando. Porém, posso dizer que é o terceiro pavê que mais me anima. Eu o inventei há alguns verões: estava quente, eu estava com calor, e queria fazer algo semelhante a um pavê, só que mais leve, mais ácido e menos formal. A versão que criei é um pavê moderno e desconstruído; a ideia reduzida ao essencial. Na verdade, não tenho favoritos quando o assunto é comer, mas não consigo evitar um carinho materno especial por esta receita, meu bebê.

Pavês precisam de certa atenção, mas você pode dividi-la ao longo dos dias, se isso facilitar sua vida. A melhor coisa sobre pavês é que eles ficam melhores quando são o feliz resultado de uma inovação inspirada em sobras. Use qualquer bolo dormido para criar algo harmonioso.

PAVÊ DE CEREJA

Assim como acontece com todos os pavês, é difícil especificar quantidades: você deve pensar em camadas, não em porções, mas sei que isso não ajuda muito com a lista de compras. As quantidades que se seguem foram o suficiente para preencher — sem sobras — uma tigela de vidro de pavê (veja na foto). Do contrário, costumo usar uma travessa de cerâmica pouco adequada com a capacidade de uns 2,5 litros.

Para o pavê:

135 ml de conhaque

1 fava de baunilha cortada no sentido do comprimento

300 ml de leite integral

300 ml de chantilly ou de creme de leite fresco

8 gemas de ovos grandes

75 g de açúcar refinado

180 g de pão de ló dormido

100 g de geleia de cereja de boa qualidade, aproximadamente

750 g de cerejas

Para a cobertura:

3 colheres de sopa de amêndoas em lascas

500 ml de creme de leite fresco

1 colher de sopa de geleia de cereja peneirada

Suco de ½ limão-siciliano

1 colher de sopa de água

Primeiro, prepare a infusão de conhaque com baunilha para aromatizar o creme de ovos mais tarde. Para isso, em uma panela pequena, ferva, por 2 minutos, 60 ml — cerca de 4 colheres de sopa — de conhaque e a fava de baunilha picada. Retire do fogo e deixe esfriar.

Encha a pia de água fria e comece a preparar o creme de ovos: em uma panela, aqueça o leite e o creme de leite. Em uma tigela, bata as gemas e o açúcar, adicione a mistura de leite quente e bata. Retorne todos os ingredientes para a panela lavada e, mexendo ou batendo sem parar, mantenha em fogo baixo até engrossar. Com essa quantidade de gemas, não vai demorar muito. Mas se você achar que está a ponto de talhar, leve a panela à pia cheia d'água fria e bata como uma louca com um batedor plano de arame em espiral (às vezes, vendido como fouet plano) até o perigo passar.

Quando o creme de ovos estiver grosso, retire do fogo, misture com a infusão de conhaque e baunilha e reserve, coberto com papel antiaderente molhado, até esfriar.

Corte o pão de ló em fatias de 0,5 cm de espessura e faça sanduíches com a geleia de cereja, forrando uma tigela (preferencialmente de vidro) com eles. Por cima, despeje os 75 ml de conhaque remanescentes e, depois, sobre o pão de ló na tigela, para aproveitar o líquido, retire os caroços das cerejas. Sem dúvida, é um trabalho chato e lento, mas não é difícil. Quando todas as cerejas estiverem descaroçadas e dentro da tigela, junte o creme de ovos frio, cubra com filme plástico e leve à geladeira por 24 horas, ou, no mínimo, 12 horas, para descansar.

Na hora de comer, ou quase, torre as amêndoas em uma panela seca por alguns minutos, até ficarem douradas e cheirosas, depois, transfira-as para um prato para esfriarem. Bata o creme de leite fresco até engrossar, mas sem perder a maciez, e despeje-o sobre o creme de ovos na tigela. Ponha a geleia peneirada, o suco de limão-siciliano e 1 colher de sopa de água em uma panela pequena e deixe ferver até obter um xarope líquido e vermelho. Retire a panela do fogo e deixe esfriar um pouco, depois espalhe as amêndoas sobre o pavê e salpique por cima o xarope de geleia.

Serve 10 a 12 pessoas.

PAVÊ DE MARACUJÁ, MASCARPONE E MERENGUE

Tenho um fraco por qualquer coisa com maracujá, porém, ao menos esta receita usa essa minha fraqueza de forma bem-sucedida. Você também pode usar uma obsessão a seu favor. Eu não espero que todas corram para comprar uma garrafa de Passoã, embora seja o licor mais divino do mundo. Sugiro o Cointreau, se você não tiver a mesma inclinação ao kitsch que eu tenho, nem minha preocupante extravagância. (Mas como meu Passoã foi um presente, não faço ideia de quanto custa. Acredite em mim quando digo que, pelo sabor, não parece ser caro.) Não vou sugerir uma fruta alternativa, mas substitua como quiser. E se não tiver biscoitos champanhe em casa, pode usar 360 g de pão de ló dormido.

Para embeber:

15 maracujás

Suco de 2 limões Tahiti

1 colher de sopa de açúcar de confeiteiro dourado

400 ml de licor Cointreau ou Passoã, aproximadamente

Para o pavê:

1 limão Tahiti

2 claras de ovos grandes

2 gemas de ovos grandes

125 g de açúcar refinado

750 g de mascarpone

12 ninhos de merengue, comprados prontos ou feitos em casa

16 biscoitos champanhe ou 360 g de pão de ló dormido

12 maracujás

1 pirex de vidro ou similar com 32 x 25 x 6 cm

Coloque a polpa dos maracujás, com sementes e tudo, no processador ou no liquidificador com o suco de limão Tahiti e o açúcar de confeiteiro, pulse algumas vezes e depois coe o líquido em uma jarra medidora. Você deve obter cerca de 200 ml: complete com o Cointreau até obter 600 ml.

Corte o limão restante ao meio, esfregue uma das metades em uma tigela e bata as claras em neve nela, até ficarem firmes. Esprema o limão e reserve o suco e as claras. Bata as gemas com o açúcar, de preferência na batedeira. A princípio, ficará uma pasta grossa, mas adicione o suco de limão e continue batendo até obter algo semelhante a uma maionese. Incorpore delicadamente o mascarpone e, em seguida, as claras em neve. Despedace metade dos ninhos de merengue e acrescente-os à mistura de mascarpone, guardando o restante para despedaçar por cima depois.

Mergulhe um biscoito de cada vez no líquido de maracujá e arrume-os em um pirex grande e raso. Despeje por cima todo o suco remanescente. Espalhe a mistura de mascarpone sobre os biscoitos, cobrindo-os por completo. Cubra com filme plástico e leve à geladeira por 1 dia, no mínimo.

Pouco antes de iniciar a refeição que terá este pavê como sobremesa, despedace os merengues restantes por cima e decore com a polpa dos 12 maracujás, com as sementes.

Serve 14 a 16 pessoas.

PAVÊ DE TRAVESSA DE LIMÃO-SICILIANO E FRAMBOESAS

Esta receita, como você já está cansada de me ouvir falar, é uma versão desconstruída e simplificada da original: Bolo Inglês com Xarope de Limão-Siciliano fatiado e salpicado de framboesas, coberto com *syllabub* e decorado com amêndoas. É simples, e perfeito.

Para fazer o Bolo Inglês com Xarope de Limão-Siciliano veja a receita na p. 23, mas dobre a quantidade de xarope estipulada: o bolo deve ficar encharcado, não apenas úmido. Na verdade, você só precisa de metade do bolo, mas como não pode fazer metade de um bolo, vai ter sobras — o que não chega a ser um problema. Se quiser fazer o suficiente para 10 ou 12 pessoas, basta usar o bolo inteiro e duplicar a quantidade dos ingredientes da cobertura descritos a seguir.

2 colheres de sopa de amêndoas em lascas

8 colheres de sopa de xerez seco

4 colheres de sopa de açúcar refinado

¼ de colher de chá de água de rosas (opcional)

Suco e raspas de 1 limão-siciliano

300 ml de creme de leite fresco

1 Bolo Inglês com Xarope de Limão--Siciliano com o dobro de xarope

2 caixinhas de framboesas

Coloque as amêndoas em lascas em uma frigideira seca sobre fogo médio para tostá-las. Quando estiverem douradas e aromáticas, despeje em um prato e reserve para esfriar.

Misture o xerez, o açúcar, a água de rosas e o suco e as raspas do limão-siciliano em uma tigela grande o bastante para receber o creme quando estiver batido. Para mim, o melhor jeito de ralar a casca do limão é usando um ralador fino da Microplane: assim as raspas ficam delicadas e finas o bastante para não precisarem ser peneiradas mais tarde. Deixe por 1 hora, se tiver esse tempo; se não, misture bem até que o açúcar se dissolva completamente. Adicione o creme de leite, aos poucos, enquanto bate à mão. Depois — para facilitar —, troque para uma batedeira e bata até ficar volumoso, aerado e macio.

Fatie metade do bolo, coloque os pedaços em uma travessa oval, ou de qualquer forma e tamanho que preferir, e despeje as caixinhas de framboesa por cima. Cubra com o *syllabub* e decore com as amêndoas tostadas. É perfeito para uma sobremesa ao ar livre em uma noite de verão.

Serve 4 a 6 pessoas.

VARIAÇÃO

Faça o Bolo Inglês com Xarope de limão Tahiti em vez do siciliano e substitua as framboesas por mamão papaia descascado, sem sementes, fatiado e regado com limão Tahiti. Prepare o *syllabub* com rum branco em vez de xerez e 2 maracujás em vez do limão-siciliano, e em vez de decorar com amêndoas em lascas, basta despejar por cima a polpa pontilhada de 2 ou 3 maracujás.

Sobremesas 163

BLINTZES DE QUEIJO

O *blintz* de queijo é uma coisa maravilhosa: uma panqueca cozida apenas de um lado, recheada com uma mistura de queijo cottage, raspas de limão-siciliano, baunilha e gemas, dobrada em forma de pacote e frita na manteiga antes de ser coberta com um pouco de creme azedo gelado e, talvez, uma calda amarga de frutas. Essa é a forma tradicional, comida por gerações de habitantes da Europa Central; acho que sua origem é húngara, mas, como acontece com todos os pratos que fazem parte da cultura culinária judaica, é difícil saber a procedência exata.

Esta versão foi levemente alterada. Adicionei um pouco de cream cheese ao cottage para tornar o recheio menos granulado, e assei as panquecas em vez de fritá-las. Eu poderia fingir que foi para tornar a sobremesa mais compatível com os saudáveis hábitos alimentares modernos, mas não seria verdade. Fiz assim só porque é muito mais fácil.

Adoro estas panquecas apenas com creme azedo, mas a calda de mirtilos eleva o nível da sobremesa. O preparo não é difícil, e o fato de que agora se encontram mirtilos durante quase o ano todo (ou você pode recorrer aos congelados) facilita ainda mais as coisas. Se for usar mirtilos congelados, não os descongele antes de cozinhar. E essa calda tem outros usos: pode ser jogada sobre sorvete, adicionada fria a merengues com cobertura de creme, comida com pães de ló simples ou despejada sobre pudins de leite.

Para os *blintzes*:
2 ovos grandes
150 ml de leite
75 ml de água
1 pitada de sal
6 a 7 colheres de sopa cheias de farinha de trigo
100 g de manteiga sem sal

Para o recheio:
350 g de queijo cottage
200 g de cream cheese
1 ovo grande
50 g de açúcar refinado

Raspas de ½ limão-siciliano
Algumas gotas de extrato de baunilha

Para a calda de mirtilos:
200 g de mirtilos
45 g de açúcar refinado
Suco de 1 limão-siciliano
1 colher de chá de araruta

Para servir:
2 colheres de chá cheias (10 g) de açúcar de confeiteiro
½ colher de chá de canela em pó
285 ml de creme azedo

Primeiro faça os *blintzes*. Bata os ovos no liquidificador ou à mão, acrescente o leite, a água e o sal e volte a bater. Adicione uma colher de sopa de farinha de cada vez, batendo bem após cada adição. Pare quando a massa adquirir a consistência de creme de leite fresco, depois peneire dentro de uma jarra para se livrar de qualquer caroço. Reserve por 30 minutos.

164 **Sobremesas**

Enquanto a massa descansa, derreta a manteiga e deixe esfriar um pouco. Quando terminar os 30 minutos da massa, junte a ela 1 colher de sopa de manteiga. Aqueça uma panquequeira ou uma frigideira pequena com cerca de 20 cm de diâmetro e adicione um pouco da manteiga derretida, só para criar uma leve camada. Quando estiver quente, despeje massa suficiente para cobrir o fundo da panela. Gire-a rapidamente e jogue o excesso de massa de volta na jarra. (Isso formará uma pequena ponta do lado da panqueca onde a massa foi despejada. É o que queremos, então, não se preocupe.)

Frite apenas de um dos lados, até as bordas se enrolarem um pouco e a parte de baixo secar. Transfira para um prato, com o lado cozido para cima, e cubra com um pano de prato. Faça o mesmo com o restante da massa, empilhando as panquecas sob o pano de prato até terminar. Você deve obter 12 *blintzes*.

Se quiser, pode preparar o recheio nesse momento, rechear os *blintzes* e congelálos (embrulhados de três em três em papel-alumínio), e assar direto do freezer como indicado a seguir, acrescentando apenas uns 10 minutos ao tempo de cozimento. Se não, preaqueça o forno a 200°. Usando parte da manteiga derretida, pincele o fundo da assadeira em que irá prepará-los; algo com a proporção de uma travessa de lasanha deve servir. Misture os ingredientes do recheio até ficarem homogêneos. Pegue um *blintz* e coloque-o em uma superfície lisa, com o lado cozido para baixo e a ponta virada para você. Com uma colher de sopa bem cheia da mistura de queijos, recheie-o, dobre a ponta por cima e depois vire os lados para dentro. Você pode dobrá-lo como um pequeno crepe ou enrolá-lo para formar um retângulo. Coloque na assadeira untada. Continue até terminar todas as panquecas.

Pincele generosamente com a manteiga derretida que tiver sobrado e asse por 20 a 30 minutos. Depois desse tempo os *blintzes* vão estar dourados e inchados. Enquanto estiverem no forno, prepare a calda. Em uma panela, coloque os mirtilos, o açúcar e o suco de limão e deixe levantar fervura em fogo médio a alto. Espere 3 minutos, até os mirtilos terem soltado bastante suco e cozinhado levemente. Misture a araruta e cozinhe por mais 30 segundos, até a calda ficar grossa e brilhante.

Retire os *blintzes* do forno e peneire o açúcar de confeiteiro e a canela sobre eles, cobrindo bem. Ponha na mesa com uma jarra de creme azedo gelado e outra de calda quente de mirtilos. Aproveite.

Rende 12 *blintzes*, servindo 6 pessoas.

CHEESECAKES

De *blintzes* para cheesecakes: é uma progressão natural. Bom, não considero cheesecakes uma sobremesa, e claro que, tradicionalmente, não são. Mas reconheço que, na prática, a hora da sobremesa é exatamente quando são comidos; basta espalhar um punhado de frutas silvestres no prato do cheesecake para torná-lo convincente nesse papel.

CHEESECAKE NOVA-IORQUINO

Certa vez comi um cheesecake exatamente como este em Nova York. Não consegui entender bem o que lhe proporcionava aquela leveza aerada até perceber que, ao contrário dos cheesecakes cremosos, macios e densos que sempre conhecera, as claras deviam ter sido batidas em neve.

Sei que as instruções de preparo são estranhas (e se você quiser, pode optar pelo banho-maria e pela abordagem mais direta dos dois cheesecakes seguintes), mas, para mim, este modo de preparo faz parte da tradição do cheesecake judaico.

Para a base:
250 g de biscoitos maisena em migalhas finas
150 g de manteiga sem sal, derretida
225 g de açúcar refinado, mais 3 colheres de sopa
1 fôrma de fundo removível de 24 cm

Para o recheio:
2 colheres de sopa de amido de milho
750 g de cream cheese

6 ovos grandes, com gemas e claras separadas
2 colheres de chá de extrato de baunilha
150 ml de creme de leite fresco
150 ml de creme azedo
½ colher de chá de sal
Raspas de 1 limão-siciliano
Açúcar de confeiteiro para polvilhar
Framboesas ou amoras para servir

Misture as migalhas de biscoito, a manteiga derretida e 3 colheres de sopa de açúcar e pressione na fôrma de fundo removível. Deixe na geladeira por 30 minutos para firmar.

Preaqueça o forno a 170°. Em uma tigela grande, misture o açúcar remanescente e o amido de milho. Junte o cream cheese, as gemas e a baunilha, batendo à mão ou na batedeira. Acrescente o creme de leite e o creme azedo lentamente, sem parar de bater. Adicione o sal e as raspas de limão. Bata as claras em neve até obter picos firmes, depois misture com o recheio de cream cheese. Transfira para a base gelada. Asse por 1 hora a 1 hora e 30 minutos sem abrir a porta do forno, até a parte de cima do cheesecake dourar. Desligue o forno e deixe o cheesecake dentro dele por mais 2 horas. Depois, abra a porta do forno e deixe-o ali por mais 1 hora. Sirva gelado, polvilhado com açúcar de confeiteiro.

Serve 12 a 14 pessoas.

Sobremesas 167

CHEESECAKE LONDRINO

Se incluí um cheesecake nova-iorquino, também precisava incluir um londrino, e este, sem dúvida, é londrino. Minha avó paterna me ensinou a arte de acrescentar a camada final de creme azedo, açúcar e baunilha; e, é verdade, ela realmente o completa.

É inexplicável o quanto a maciez aveludada é aprimorada pelo cozimento do cheesecake em banho-maria. Não é difícil, embora seja preciso enrolar a fôrma duas vezes em um papel-alumínio extraforte. Depois de experimentar esse tipo de cheesecake, você não vai nem pensar em prepará-lo de outra forma.

Para a base:
150 g de biscoitos maisena
75 g de manteiga sem sal, derretida ou bem amolecida
600 g de cream cheese
150 g de açúcar refinado
3 ovos grandes
3 gemas de ovos grandes
1½ colher de sopa de extrato de baunilha

1½ colher de sopa de suco de limão-siciliano
1 fôrma de fundo removível de 20 cm
Papel-alumínio extraforte

Para a cobertura:
145 ml de creme azedo
1 colher de sopa de açúcar refinado
½ colher de chá de extrato de baunilha

Processe os biscoitos até obter migalhas, adicione a manteiga e pulse. Forre o fundo da fôrma com a farofa que obter, pressionando os biscoitos com as mãos ou as costas de uma colher. Leve a fôrma à geladeira para firmar e preaqueça o forno a 180°.

Bata o cream cheese delicadamente, até ficar macio, e em seguida adicione o açúcar. Misture os ovos e as gemas primeiro, e depois junte a baunilha e o suco de limão. Em uma chaleira, coloque água para ferver.

Forre o exterior da fôrma gelada com papel-alumínio extraforte, cobrindo o fundo e as laterais com um pedaço grande. Repita a operação e coloque a fôrma sobre uma assadeira. Isso protegerá o cheesecake da água enquanto cozinha em banho-maria.

Despeje o recheio de cream cheese na base gelada de biscoitos. Em seguida, coloque a água quente dentro da assadeira, ao redor da fôrma com o cheesecake. A água deve chegar até a metade da fôrma; não encha demais, pois vai ser difícil erguer a assadeira. Leve ao forno e asse por 50 minutos. É o bastante para firmar, mas não muito: você só precisa ter certeza de que, ao ser despejado por cima, o creme azedo vai ficar na superfície e não afundar. Bata o creme azedo, o açúcar e a baunilha para a cobertura e espalhe sobre o cheesecake. Retorne ao forno por mais 10 minutos.

Retire a assadeira do forno e remova com cuidado a fôrma. Desembrulhe-a e deixe-a sobre uma grelha de metal para esfriar. Quando estiver completamente frio, leve à geladeira, retirando 20 minutos antes de comer para degelar um pouco. Desenforme e, antes de cortar, mergulhe a faca em água quente.

Serve 8 pessoas.

Sobremesas

CHEESECAKE DE MARACUJÁ

Normalmente, sou tão purista quando o assunto é cheesecake, detestando aqueles que parecem ter sido cobertos com um recheio de torta, que não sei o que me deu nesta receita. Eu estava no que defino como "uma fase de maracujá" quando a preparei pela primeira vez, e, de repente, soube que um cheesecake aromatizado com o suco dessa perfumada fruta, e talvez com um limão Tahiti, para acrescentar acidez, ficaria maravilhoso. E ficou.

Você decide se coloca a polpa com ou sem sementes sobre o cheesecake pronto, mas o preto brilhante das sementes (que sobraram do suco coado) faz um lindo contraste com o denso off-white do cheesecake, e também o deixa com mais sabor de sobremesa, e não de algo que você poderia comer no meio da manhã com uma xícara de café.

Para a base:
150 g de biscoitos maisena
50 g de manteiga sem sal, derretida ou macia
1 fôrma de fundo removível de 20 cm
Papel-alumínio extraforte

Para o recheio:
600 g de cream cheese

125 g de açúcar refinado
3 ovos grandes
3 gemas de ovos grandes
200 ml de creme de leite fresco
100 ml de suco de maracujá (feito com as polpas de 7 maracujás batidas no processador e peneiradas)
4 a 5 maracujás para decorar
Suco de ½ limão Tahiti

Preaqueça o forno a 170°. Faça a base e prepare a fôrma como na receita do Cheesecake Londrino. Bata o cream cheese até ficar macio e adicione o açúcar. Junte os ovos e as gemas, um de cada vez. Misture o creme de leite e os sucos de limão e maracujá, mexendo bem. Um aviso: lembre-se de que bater um cheesecake com muito vigor pode introduzir uma quantidade exagerada de ar no recheio, o que depois o fará crescer e rachar. Considerando isso, um dos benefícios de um processador é não aerar demais o recheio.

Coloque uma chaleira com água para ferver e forre a fôrma com papel-alumínio, como na receita anterior. Coloque a fôrma dentro de uma assadeira, depois ponha o recheio sobre a base de biscoito. Despeje a água quente da chaleira na assadeira até a metade da altura da fôrma, mas com o cuidado de conseguir carregá-la com segurança até o forno. Asse por 1 hora. Depois desse tempo o cheesecake vai estar com as bordas douradas e o meio firme, embora continue macio por dentro.

Deixe esfriar sobre uma grelha, já sem o papel-alumínio, depois, leve à geladeira antes de desenformar. Se conseguir ser paciente, deixe gelar de um dia para o outro: vai ficar ainda mais gostoso.

Antes de comer você pode decorar com as sementes reservadas ou colocar a polpa de mais alguns maracujás por cima. Você decide.

Serve 8 pessoas.

CHEESECAKE ITALIANO DO JOE DOLCE

Eu virei uma chata. Não consigo ouvir ninguém falar de alguma deliciosa receita de família sem pedi-la. Este é o cheesecake que meu amigo Joe Dolce disse que sua avó, Edith Guerino, sempre fazia. Ele me passou a receita por e-mail, com a mensagem: "Coma e chore." Você vai ver.

12 ovos grandes
1,5 kg de ricota
275 g de açúcar refinado, e mais para polvilhar

1 colher de chá de extrato de baunilha ou Amaretto
1 fôrma de fundo removível de 25 cm
Panos de prato

Preaqueça o forno a 180°.

Em uma tigela, bata os ovos até ficarem bem misturados. Em outra tigela, bata a ricota até ficar cremosa; adicione aos poucos o açúcar, os ovos e a baunilha. Despeje na fôrma e asse por 1 hora e 15 minutos. NÃO abra o forno antes disso. Pode ser que seja o bastante, mas talvez você precise deixar mais 15 minutos. Estará pronto quando as laterais tiverem crescido, formando uma coroa dourada, e o meio exibir uma cor clara de pergaminho e estiver macio, mas resistente ao toque. Nesse momento, desligue o forno e abra a porta, mantendo o cheesecake dentro do forno por mais 1 hora. Depois, retire do forno e deixe descansar em temperatura ambiente sobre uma grelha até esfriar.

Agora, a parte difícil. Forre dois pratos rasos com panos de prato. Com muito cuidado, solte as laterais do cheesecake com uma espátula. Abra a fôrma e vire o cheesecake, com o lado de cima virado para baixo, sobre um dos pratos. Retire a base da fôrma, cubra o fundo do cheesecake com o outro prato e vire o lado certo para cima. Retire o prato de cima, feche os panos de prato o quanto puder e leve à geladeira. Os panos de prato vão absorver qualquer excesso de umidade — e haverá muita. São necessárias pelo menos 12 horas na geladeira para que o cheesecake seque adequadamente.

Uma hora antes de comer retire os panos de prato e vire o cheesecake novamente sobre um prato forrado com um pano de prato limpo, adicionando mais uma camada de panos limpos por cima. Finalmente, depois de 1 hora, vire o cheesecake com o lado certo para cima sobre uma travessa rasa e deixe em temperatura ambiente.

Ficar virando para lá e para cá é complicado. Se serve de consolo, uma vez eu o quebrei um pouco, mas depois de montá-lo no prato nem deu para notar.

Para mim, esta receita é maravilhosa do jeito que é, mas, para uma sobremesa de verão, corte ao meio 500 g de morangos, polvilhe com açúcar refinado e cerca de 1 colher de chá de vinagre balsâmico, cubra com filme plástico e deixe macerando por 1 hora. Quando for comer, sirva o cheesecake e os morangos brilhantes como joias, separadamente.

Serve 14 pessoas.

Sobremesas 171

CHOCOLATE

CHOCOLATE

Se você pedisse a minha opinião, eu diria que, ao contrário da maioria das pessoas que conheço, não gosto tanto de chocolate. Então, por que este capítulo cresceu mais rápido que todos os outros capítulos do livro? Bem, a verdade é que, em certos momentos, só chocolate resolve. Porém, para mim, o chocolate precisa ser bom, não apenas marrom e doce. Na verdade, eu iria mais longe: para a culinária, quanto menos doce e mais sutil for o chocolate, melhor.

Embora eu não queira ser descritiva demais, é óbvio que o chocolate que você escolhe é crucial na preparação dos brownies e dos bolos que faz. Tenho preferência pelas gotas de chocolate da Montgomery Moore — amargas, ao leite ou brancas (é o único chocolate branco que quero comer na vida); o chocolate é extraordinária e sedutoramente saboroso, e derrete rápido, de uma maneira muito linda —, mas, às vezes, elas são difíceis de encontrar. Por sorte, outras marcas também fabricam gotas de chocolate, que talvez sejam mais fáceis de encontrar no supermercado. Comprar o chocolate já picado economiza tempo, mas não é obrigatório. Basta ter em casa as melhores barras de chocolate que conseguir, como o Valrhona, e cacau em pó de verdade, com cor de terra. Procure marcas que tenham um mínimo de 70% de cacau.

Uma última coisa: o derretimento. O método tradicional é o banho-maria, tomando o cuidado para que a base da tigela nunca encoste na água (é o vapor que derrete o chocolate). No entanto, sou completamente adepta do micro-ondas para derretê-lo. Não sou bem uma rainha do micro-ondas a ponto de lhe dar as instruções precisas. O que faço é deixar 100 g de pedaços de chocolate por cerca de 1 minuto na potência média, depois, olhar, para ver se mais 1 minuto é necessário. Não só é mais fácil derreter chocolate no micro-ondas do que em banho-maria, como é muito mais difícil, na minha desastrada experiência, queimá-lo, tornando-o uma massa cara e inútil. Se isso acontecer com você, talvez seja possível salvá-lo batendo-o, fora do fogo, com um pouco de manteiga ou algumas gotas de óleo vegetal. Porém, é mais seguro usar o micro-ondas e proceder lentamente — um conselho difícil para as cozinheiras impacientes, eu sei. Só que, se eu consigo, você também consegue.

BOLO DE CHOCOLATE DENSO

Começo com esta receita porque a considero a essência de tudo o que é desejável no chocolate: sua escura intensidade não é alterada nem ofuscada por qualquer elaboração culinária. Este é o mais simples dos bolos ingleses simples — só que isso não transmite sua úmida e inebriante densidade. Para entendê-la, você precisa prepará-lo. E, como vai ver, não é nem um pouco difícil.

Também acho que este bolo fica maravilhoso como sobremesa, seja acompanhado por sorvete ou por uma tigela de morangos e uma jarra de creme de chocolate branco com rum. A segunda opção é mais complicada, mas, às vezes, é isso o que teimamos em querer.

Mas simplesmente fatiado, com uma xícara de chá ou café, este bolo é absolutamente incrível: úmido e pegajoso como um bolo de gengibre, e tão aromático quanto. E confesso que adoro comê-lo com cream cheese gelado.

225 g de manteiga sem sal, macia
375 g de açúcar mascavo escuro
2 ovos grandes batidos
1 colher de chá de extrato de baunilha
100 g de chocolate amargo de boa
qualidade, derretido

200 g de farinha de trigo
1 colher de chá de bicarbonato de sódio
250 ml de água fervente
1 fôrma para bolo inglês com
23 x 13 x 7 cm

Preaqueça o forno a 190°, coloque um tabuleiro lá dentro para evitar respingos pegajosos depois, e unte e forre a fôrma. É importante forrar porque este é um bolo muito úmido: use papel-manteiga, tapetes culinários de silicone ou uma daquelas forminhas de papel no formato da fôrma para bolo inglês.

Com uma colher de pau ou uma batedeira de mão, bata a manteiga e o açúcar até obter um creme, depois adicione os ovos e a baunilha, misturando bem. Junte o chocolate derretido e já um pouco frio, tomando o cuidado de bater bem, mas não demais. Os ingredientes precisam ser combinados, mas a massa não deve ficar leve e aerada. Então, alterne colheradas de farinha, já com o bicarbonato acrescido, com a água fervente, até obter uma massa lisa e bastante líquida. Despeje-a na fôrma para bolo inglês e asse por 30 minutos. Baixe a temperatura do forno para 170° e asse por mais 15 minutos. O bolo ainda estará um pouco mole no interior, então, um testador de bolos ou espeto não sairá completamente limpo.

Coloque o bolo sobre uma grelha de metal e deixe ficar completamente frio antes de desenformar. (Em geral, deixo descansar por mais ou menos um dia: assim como o bolo de gengibre, ele fica melhor.) Não se preocupe se afundar no meio: na verdade, isso acontece, por ser um bolo muito denso e úmido.

Rende 8 a 10 fatias.

CREME DE CHOCOLATE BRANCO COM RUM

E aqui está uma maneira de transformar seu bolo na sobremesa perfeita de um almoço de domingo. Simplesmente siga as instruções do Creme de Ovos (p. 144), omitindo a baunilha, usando apenas 1 colher de sopa rasa de açúcar e acrescentando 1 a 2 colheres de sopa de rum escuro. Depois, quando o creme de ovos estiver grosso, retire do fogo e misture 100 g de chocolate branco derretido. Deixe esfriar em uma jarra ou uma tigela, mas lembre-se de cobrir o topo com um pedaço de papel-manteiga molhado, para evitar que forme uma película. Jogue algumas metades de morango levemente açucaradas em uma tigela para servir junto, se a ideia parecer interessante.

VARIAÇÃO

Às vezes, preparo estes aromáticos cupcakes de chocolate para levar como presente se formos passar o final de semana fora: eles ficam lindos decorados com confeitos dourados, embora gotas de chocolate simples e marrons tenham certa sofisticação.

Para os cupcakes:

110 g de manteiga sem sal

200 g de açúcar mascavo escuro

1 ovo grande batido

½ colher de chá de extrato de baunilha

50 g de chocolate amargo derretido e levemente frio

100 g de farinha de trigo

½ colher de chá de bicarbonato de sódio

125 ml de água fervente

1 fôrma para 12 muffins forrada com 12 forminhas de papel

Para a cobertura:

175 g de chocolate amargo

75 g de chocolate ao leite

200 ml de creme de leite fresco

½ colher de chá de extrato de baunilha

Confeitos dourados, folha de ouro ou outras decorações de sua escolha

Preaqueça o forno a 180°.

Usando o método da receita original, prepare a massa e encha as 12 forminhas de papel para muffins já na fôrma. Asse por 30 minutos, retire da fôrma e deixe esfriar sobre uma grelha de metal.

Para fazer a cobertura, quebre todo o chocolate em pedaços (se os cupcakes não forem para crianças, você pode usar apenas chocolate amargo) e, em uma panela, derreta com o creme de leite e a baunilha. Bata até obter uma boa consistência para a cobertura e despeje um pouco sobre cada cupcake frio. Espalhe com as costas de uma colher e decore cada um com um confeito dourado, ou como preferir. Deixe firmar em algum lugar frio, mas, de preferência, não na geladeira.

BOLO DE CHOCOLATE COM CREME AZEDO E COBERTURA DE CREME AZEDO

Por algum motivo, este é o único bolo de chocolate de que a minha filha gosta. Obviamente, ela tem um paladar mais sofisticado que o da mãe.

A receita vem, embora não inteiramente, da grande boleira norte-americana Rose Levy Beranbaum, e o creme azedo fornece uma maravilhosa suavidade de dar água na boca.

Para o bolo:

200 g de farinha de trigo

200 g de açúcar refinado

¾ de colher de chá de fermento em pó

¼ de colher de chá de bicarbonato de sódio

½ colher de chá de sal

200 g de manteiga sem sal, amolecida

40 g de cacau em pó de boa qualidade

150 ml de creme azedo

2 ovos grandes

1½ colher de chá de extrato de baunilha

2 fôrmas redondas de 20 cm, untadas com manteiga e forradas

Para a cobertura:

80 g de chocolate ao leite

80 g de chocolate amargo

75 g de manteiga sem sal

125 ml de creme azedo

1 colher de chá de extrato de baunilha

1 colher de sopa de melado de cana claro, mel ou xarope de milho

300 g de açúcar de confeiteiro dourado peneirado (e mais, se necessário)

½ colher de chá de água quente

Preaqueça o forno a 180º.

Combine a farinha, o açúcar, o fermento, o bicarbonato e o sal em uma tigela grande. Depois, com uma batedeira, junte a manteiga. Em uma jarra medidora de boca larga, bata o cacau em pó, os ovos e a baunilha. Adicione lentamente essa mistura de cacau aos ingredientes da tigela, batendo até ficar homogêneo.

Despeje a massa na fôrma preparada e asse por 30 minutos; quando prontos, os bolos devem estar se descolando das laterais das fôrmas. Deixe por 10 minutos sobre grelhas e depois desenforme para esfriar.

Para preparar a cobertura, derreta o chocolate e a manteiga no micro-ondas, ou em banho-maria. Deixe esfriar um pouco e depois misture o creme azedo, a baunilha e o melado de cana claro. Adicione o açúcar de confeiteiro peneirado e um pouco de água quente, misturando até ficar homogêneo. Quando obtiver a textura certa — grossa o bastante para cobrir, mas líquida o suficiente para espalhar, adicionando mais açúcar ou água, conforme necessário —, pode decorar os bolos.

Corte quatro tiras de papel-manteiga e forme um contorno quadrado com elas sobre um prato raso. Coloque um bolo sobre os pedaços de papel e espalhe a cobertura. Ponha o segundo bolo por cima e use o restante da cobertura para cobrir o topo e as laterais. Alise com a espátula ou faça espirais com uma faca, se quiser.

Serve 6 a 8 pessoas.

Chocolate 179

BOLO IMPROVISADO DE CHOCOLATE COM LARANJA

Este é um tipo diferente de bolo: o tipo que fazemos em poucos minutos, ao chegar do trabalho. Não é complicado, e você obtém um bolo maravilhosamente perfumado para a sobremesa ou apenas para comer inteiro, como jantar, na frente da televisão. Considero este um bolo improvisado porque, em geral, sempre tenho todos os ingredientes em casa e, se não os tiver, o mercadinho local tem.

Mesmo que você não goste de geleia de laranja com cascas, deve experimentar esta receita: o único sabor é o de laranja.

125 g de manteiga sem sal
100 g de chocolate amargo em pedaços
300 g de geleia de laranja com casca,
de boa qualidade
150 g de açúcar refinado

1 pitada de sal
2 ovos grandes batidos
150 g de farinha de trigo com fermento
1 fôrma com fundo removível, de 20 cm,
untada com manteiga e farinha

Preaqueça o forno a 180°.

Em uma panela de fundo grosso, coloque a manteiga e derreta-a em fogo médio. Quando estiver quase derretida por completo, misture o chocolate. Deixe por um instante, até começar a amolecer, depois, retire a panela do fogo e mexa com uma colher de pau, até a manteiga e o chocolate estarem homogêneos e derretidos. Adicione a geleia, o açúcar, o sal e os ovos. Mexa com a colher de pau, e quando estiver bem combinado, acrescente a farinha aos poucos. Despeje na fôrma untada e asse por 50 minutos ou até um testador de bolos ou espeto sair limpo. Deixe esfriar sobre uma grelha por 10 minutos antes de desenformar.

Você pode comer este bolo morno (com crème fraîche, talvez) ou frio. E para constar: nunca o preparei sem que alguém me pedisse a receita. É um bolo de aparência simples e, embora eu não faça objeção a isso, se você quiser algo um pouco mais elaborado pode polvilhá-lo com açúcar de confeiteiro passado por um coador de chá (e, obviamente, isso vale para todos os bolos); e se preferir ir um pouco mais longe, pegue um estêncil para bolos (você pode comprar embalagens que vêm com alguns desenhos, decorativos ou sazonais), faça alças de fita crepe nele (obrigatórias, se você quiser retirar o estêncil sem borrar o desenho), coloque sobre o bolo e polvilhe o açúcar de confeiteiro por cima. Gosto, especialmente, de desenhos de estrelas e folhas — e não tenho vergonha de dizer isso.

Serve 6 pessoas.

VARIAÇÕES

Você pode substituir a geleia por outra que preferir. Acima de tudo, eu sugeriria framboesa ou damasco, mas você também deveria pensar em fazer esta receita substituindo a geleia de laranja pela mesma quantidade do aromático e aveludado purê de ameixas secas — que, às vezes, se encontra nos supermercados. Se escolher este bolo de chocolate e ameixas secas, sirva com crème fraîche misturado com algumas gotas de Armanhaque; na verdade, você poderia adicionar também um pouco ao bolo, ou simplesmente despejar por cima, assim que desenformar.

BOLO DE CHOCOLATE E CASTANHAS PORTUGUESAS

Este é um bolo extremamente atraente: sem dúvida, mais adequado para uma sobremesa — e uma sobremesa elegante — do que para o chá da tarde, embora eu imagine que posso me forçar a comer uma fatia com uma xícara de café em momentos aleatórios do dia. Na verdade, você não precisa servir nada com esta receita: ela não é doce demais para precisar ser mascarada por creme de leite fresco.

435 g de purê de castanha portuguesa sem açúcar
125 g de manteiga sem sal, amolecida
1 colher de chá de extrato de baunilha
1 colher de sopa de rum escuro
6 ovos grandes, com gemas e claras separadas

250 g de chocolate derretido
1 pitada de sal
50 g de açúcar refinado
25 g de açúcar mascavo claro
1 fôrma com fundo removível, de 22 cm, untada e forrada

Preaqueça o forno a 180°.

Bata o purê de castanha portuguesa com a manteiga, adicione a baunilha, o rum, as gemas e o chocolate derretido, misturando bem. Eu uso minha KitchenAid para isso, mas uma batedeira de mão comum serve muito bem — ou até mesmo uma tigela e uma colher de pau. Em outra tigela grande, bata as claras com o sal, até começarem a espumar. Adicione o açúcar refinado aos poucos, para formar picos firmes e brilhantes, e depois polvilhe o açúcar mascavo por cima, misturando à mão ou batendo lentamente. Acrescente as claras de maneira delicada, mas confiante, à massa de castanha portuguesa, ⅓ de cada vez.

Despeje na fôrma e asse por 45 minutos, até o bolo crescer e o topo ficar firme; a aparência será seca e rachada, mas não entre em pânico: ao ser comido, não estará seco, e as rachaduras não importam nem um pouco.

Deixe esfriar na fôrma por 20 minutos, depois, vire sobre uma grelha.

Quando quiser comer, polvilhe com açúcar de confeiteiro e sirva com um modesto orgulho.

Serve 8 a 10 pessoas.

Chocolate 181

TORTA ALLA GIANDUIA

Ou, com um nome menos sofisticado, Bolo de Nutella. Este é um bolo fabulosamente fácil, outro que uso para aniversários: as avelãs que vão por cima lhe dão uma linda aparência cerimonial.

Por favor, não se sinta obrigada a sair correndo para comprar uma garrafa de Frangelico, o licor de avelã mais divinamente vulgar do mundo, cuja origem monástica é indicada pela corda amarrada na garrafa em forma de frade.

Eu uso avelãs compradas já moídas, mas se você moê-las no processador vai obter mais umidade.

Para o bolo:

6 ovos grandes, com gemas e claras separadas

1 pitada de sal

125 g de manteiga sem sal, amolecida

400 g de Nutella

1 colher de sopa de Frangelico, rum ou água

100 g de avelãs moídas

100 g de chocolate amargo derretido

1 fôrma com fundo removível, de 23 cm, untada e forrada

Para a cobertura:

100 g de avelãs sem casca

125 ml de creme de leite fresco

1 colher de sopa de Frangelico, rum ou água

125 g de chocolate amargo

Preaqueça o forno a 180°.

Em uma tigela grande, bata as claras e o sal, até ficarem firmes, mas não secas. Em outra tigela, bata a manteiga com Nutella, e depois adicione o Frangelico (ou o que for usar), as gemas e as avelãs moídas. Misture o chocolate derretido e frio. Adicione uma colherada grande de claras em neve, para afinar a massa — você pode bater com toda a força que quiser antes de misturar com delicadeza o restante, ⅓ de cada vez. Despeje na fôrma preparada e asse por 40 minutos ou até o bolo começar a se desprender das laterais, e deixe esfriar sobre uma grelha.

Toste as avelãs em uma frigideira seca até começarem a soltar seu aroma e ficarem douradas em algumas partes: não pare de agitar a panela ou elas queimarão de um lado e ficarão claras demais nos outros. Transfira-as para um prato e deixe-as esfriar. Isso é obrigatório, pois, se elas tocarem o ganache enquanto estiverem quentes, vão deixá-lo oleoso. (Pode acreditar em mim, falo por experiência própria.)

Em uma panela de fundo grosso, adicione o creme de leite, a bebida ou a água e o chocolate picado, e aqueça lentamente. Quando o chocolate estiver derretido, retire a panela do fogo e bata, até obter a consistência certa para cobrir a parte de cima do bolo. Desenforme o bolo frio com cuidado, deixando-o sobre a base, pois seria difícil demais retirar um bolo tão úmido sem quebrá-lo. Decore o topo com a cobertura de chocolate e muitas avelãs tostadas inteiras.

Se tiver usado Frangelico, coloque copos de shot na mesa e sirva-o com o bolo.

Serve 8 pessoas.

BOLO DE CHOCOLATE COM PISTACHE

Este é um bolo simples de fazer, embora seja caro. Mesmo sabendo que pistaches custam mais que outras nozes, eu lhes dou preferência, sobretudo nesta receita. Não é preciso decorar este bolo, mas, se o fizer, ele fica espetacular e gratificante, de um jeito sutil. É um bolo muito útil para um elegante jantar de aniversário. Eu o adoro com framboesas: o brilho escuro do chocolate e o jade pálido das nozes, que são parceiros perfeitos, ganham vida nova com o rubi fosco dessas frutas silvestres.

Para o bolo:

150 g de chocolate amargo
150 g de açúcar refinado
150 g de pistache
150 g de manteiga sem sal, amolecida
6 ovos grandes, com gemas e claras
separadas
½ limão-siciliano
1 pitada de sal

1 fôrma com fundo removível, de 23 cm, untada com manteiga e forrada

Para a cobertura:

150 g de chocolate amargo
150 ml de creme de leite fresco
Gotas de água de flor de laranjeira (opcional)
2 a 4 colheres de sopa de pistaches picados grosseiramente ou em lascas

Preaqueça o forno a 190º.

Derreta o chocolate no micro-ondas ou em banho-maria. Processe 50 g de açúcar com o pistache até obter uma farofa fina. Adicione a manteiga e mais 50 g de açúcar e processe até ficar homogêneo. Junte uma gema de cada vez, pulsando após cada adição. Depois, com o processador ligado, despeje lentamente o chocolate derretido e frio.

Esfregue a metade do limão-siciliano no interior de uma tigela, e nela bata as claras com o sal. Quando picos começarem a se formar, adicione aos poucos os 50 g restantes de açúcar, e bata até ficar brilhante e firme. Acrescente uma colherada grande de claras em neve à massa de bolo no processador e pulse algumas vezes para afinar a mistura. Depois, adicione a massa do bolo sobre as claras, ⅓ de cada vez, e misture delicada, mas firmemente.

Transfira a massa para a fôrma preparada e asse por 20 minutos, depois, baixe a temperatura do forno para 180º e deixe por mais 20 a 25 minutos, ou até estar cozido. Quando o bolo estiver pronto, irá se desprender das laterais da fôrma. Deixe esfriar por 15 minutos sobre uma grelha de metal antes de desenformar. Não decore até estar completamente frio.

Mais uma vez, a cobertura é um ganache simples; ainda que a água de flor de laranjeira (se você a tiver) acrescente uma nota que remete às *Mil e Uma Noites* — o que combina bem com a fragrância exótica do pistache em si. Quebre o chocolate e coloque-o em uma panela de fundo grosso com o creme de leite fresco e a água de flor de laranjeira, caso vá usar. Quando o chocolate estiver derretido, comece a bater, e ao obter uma mistura grossa o bastante para decorar, mas não grossa demais, despeje sobre o bolo no prato. Eu gosto de alguns respingos, então, basta despejar por cima e deixar escorrer pelas laterais. Entretanto, se você quiser que o ganache cubra todo o bolo, bata-o um pouco mais, até ficar mais firme, e cubra as laterais usando uma espátula mergulhada em óleo. E quanto menos você o tocar, mais brilhante ficará ao secar. Salpique os pistaches por cima: quantos quiser, embora nesta receita eu ache que menos é mais.

Sirva com crème fraîche, puro ou misturado com algumas gotas de água de flor de laranjeira.

Serve 10 a 12 pessoas.

CHEESECAKE DE CHOCOLATE

Se um dia você me dissesse que eu escreveria uma receita de cheesecake de chocolate, eu negaria, horrorizada. Em teoria, a purista do cheesecake em mim estremece diante da ideia de algo não ortodoxo, mas, por alguma razão, eu preparei um e descobri que só me arrepiava de prazer.

125 g de biscoitos maisena
50 g de manteiga sem sal, muito amolecida ou derretida
500 g de cream cheese
150 g de açúcar refinado dourado
3 ovos grandes

3 gemas de ovos grandes
175 ml de creme azedo
½ a 1 colher de chá de suco de limão--siciliano (a gosto)
150 g de chocolate derretido
1 fôrma com fundo removível, de 20 cm

Preaqueça o forno a 180º e coloque água para ferver em uma chaleira.

Bata os biscoitos e a manteiga no processador, forre a fôrma com a farofa que obtiver e leve-a à geladeira, até o recheio ficar pronto.

Bata o cream cheese até ficar macio, depois, junte o açúcar. Adicione os ovos e as gemas, um a um, batendo após cada adição. Então, despeje o creme azedo e o suco de limão-siciliano e bata até ficar homogêneo e cremoso. Prove para ver se quer uma nota de base mais ácida, e, se for o caso, acrescente mais suco de limão. Misture o chocolate derretido com delicadeza; este cheesecake deve ficar marmorizado com o chocolate escuro, então não o combine completamente.

Forre o exterior da fôrma com papel-alumínio e depois repita a operação com outro pedaço de papel-alumínio. Coloque a fôrma dentro de uma assadeira e preencha-a com o recheio. Despeje a água quente na assadeira até chegar a 2 ou 3 cm da lateral da fôrma e leve ao forno para assar por cerca de 1 hora.

Quando o cheesecake estiver pronto, estará um pouco dourado nas bordas e com o centro firme por cima, mas ainda macio por dentro. Retire a fôrma do forno e elimine o papel-alumínio. Coloque sobre uma grelha para esfriar, e leve à geladeira antes de desenformar. Depois de gelado, retire da geladeira e deixe voltar à temperatura ambiente.

Serve 8 pessoas.

BOLO-MUSSE DE CHOCOLATE

Esta receita é exatamente o que o nome diz — como você pode ver na foto. Então, se quiser comer musse pura, e não bolo, refrigere a massa em uma tigela em vez de assá-la em uma fôrma.

Por algum motivo, as pessoas ficam desanimadas com a palavra "banho-maria". Se você pensar bem, não é tão difícil forrar uma fôrma com papel-alumínio, colocá-la em uma assadeira e, depois de despejar a massa do bolo na fôrma, encher a assadeira com água quente. E esse pequeno esforço a mais proporciona um bolo com uma textura leve e maravilhosa.

300 g de chocolate amargo de boa qualidade
50 g de chocolate ao leite de boa qualidade
175 g de manteiga sem sal
8 ovos grandes, com gemas e claras separadas

100 g de açúcar mascavo claro
100 g de açúcar refinado
1 colher de sopa de extrato de baunilha
1 pitada de sal
1 fôrma com fundo removível, de 23 cm
Papel-alumínio extraforte

Preaqueça o forno a 180° e coloque água para ferver em uma chaleira.

Forre o interior da fôrma com papel-alumínio, tomando o cuidado de pressioná-lo bem contra as laterais e o fundo, para que forme uma superfície lisa. Isso vai evitar que a água entre em contato direto com a fôrma do bolo durante o banho-maria.

Em uma tigela, derreta o chocolate e a manteiga no micro-ondas, ou em banho-maria, e deixe esfriar. Em outra tigela, bata as gemas e os açúcares, até ficar bem grosso, claro e cremoso: a mistura deve cair como maionese quando você levantar o batedor. Adicione a baunilha e o sal; depois, a mistura fria de chocolate. Bata as claras em uma tigela grande até se formarem picos suaves, depois, afine a massa de chocolate misturando com vigor uma colherada grande de claras antes de misturar o restante com delicadeza.

Transfira a massa do bolo para a fôrma forrada com papel-alumínio, já dentro de uma assadeira grande. Adicione a água quente até chegar a cerca de 2,5 cm das laterais da fôrma e, com cuidado, leve a assadeira com seu conteúdo ao forno.

Asse de 50 minutos a 1 hora. O interior do bolo ficará úmido e com a consistência de uma musse, mas o topo deve estar com uma aparência cozida e seca. Deixe esfriar por completo sobre uma grelha antes de retirar da fôrma. Isso exige um pouco de paciência, porque você precisará descolar o papel-alumínio das laterais com cuidado. Basta ir aos poucos e se lembrar de que este é um bolo muito úmido. Você não conseguirá retirá-lo da base forrada de papel-alumínio — embora seja fácil arrancá-lo depois de colocar o bolo no prato. Polvilhe com açúcar de confeiteiro, se quiser, e sirva com crème fraîche e, talvez, algumas framboesas.

Serve 6 a 8 pessoas.

BOLINHOS DE CHOCOLATE DERRETIDO

Estes bolinhos são o lado aceitável da fofura culinária: sua intensidade garante o triunfo da sofisticação sobre a beleza. E, além de tudo, são fáceis de fazer. Você pode preparar a massa com algumas horas de antecedência e colocá-la já nas fôrmas untadas dentro da geladeira até a hora de assar, que deve ser na hora que for comê-los. Talvez você ache que preparar as fôrmas é complicado; na verdade, só nos faz sentir estranhamente competentes, de um jeito meio infantil, mas não a ponto de exigir habilidade demais.

Esta receita é do grande James McNair, o compêndio vivo da gastronomia norte-americana.

50 g de manteiga sem sal, macia, e mais para untar

350 g de chocolate amargo de boa qualidade

150 g de açúcar refinado

4 ovos grandes batidos com uma pitada de sal

1 colher de chá de extrato de baunilha

50 g de farinha de trigo italiana tipo "00"

6 forminhas individuais, untadas com manteiga

Papel-manteiga

A não ser que você esteja preparando esta receita com antecedência, preaqueça o forno a 200º e coloque um tabuleiro dentro dele. Coloque três das forminhas sobre um pedaço dobrado de papel-manteiga. Desenhe seu contorno, retire e depois corte os círculos marcados. Pressione-os contra a base das forminhas.

Derreta o chocolate e deixe esfriar um pouco. Bata a manteiga com o açúcar até obter um creme, misture os ovos e o sal, aos poucos, e, depois, a baunilha. Adicione a farinha e, quando tudo estiver bem combinado, despeje o chocolate derretido, mexendo até obter uma massa homogênea.

Divida entre as seis forminhas, tire rapidamente o tabuleiro do forno, arranje as forminhas sobre ele e retorne-o ao forno. Asse por 10 a 12 minutos (os 2 minutos extras serão necessários se os bolinhos estiverem gelados quando você começar) e, assim que os tirar do forno, vire esses bolinhos suntuosos sobre pratos pequenos ou tigelas rasas. Sirva com creme de leite fresco batido ou sem bater, em uma jarra, com crème fraîche, creme inglês ou sorvete.

Serve 6 pessoas.

Chocolate 189

VULCÃO DE CHOCOLATE COM CAFÉ

Apesar de haver uma tendência à simplificação chique, às vezes precisamos de um toque de vulgaridade na vida. Esta sobremesa, sem dúvida, o fornece. A ideia veio de uma sobremesa que comi no Spago, um restaurante de Los Angeles, feita com um bolo com buraco no meio cheio de framboesas e coberto de crème brûlée. Esta é minha versão: um leve bolo de chocolate, assado em uma fôrma decorada, com buraco no meio, preenchido com nozes, depois de ser desenformado e umedecido com bebida, e coberto com creme de café; por fim, imagine açúcar polvilhado por cima e queimado para formar um topo duro e crocante. O mais engraçado é que, embora a composição e a aparência sejam um estonteante *pièce de résistance*, é uma receita fácil de fazer. Basta isolar as três tarefas diferentes: a preparação do bolo, que é fácil até para uma criança pequena; o preparo do creme, que tem tantos ovos que mal leva 5 minutos; e a queima final, que transforma o creme de café em crème brulée de café. E pronto!

Para o bolo:

300 g de açúcar refinado

140 g de farinha de trigo, de preferência italiana tipo "00"

80 g de cacau em pó

2 colheres de chá de fermento em pó

1 colher de chá de bicarbonato de sódio

¼ de colher de chá de sal

4 ovos grandes, com gemas e claras separadas, mais 2 claras (você irá usar as gemas para o creme de café)

125 ml de óleo vegetal

125 ml de água

1 colher de chá de extrato de baunilha

1 fôrma com buraco no meio, de 25 cm, untada com óleo

Para o creme de café:

225 ml de creme de leite fresco

6 gemas de ovos grandes

3 colheres de sopa de açúcar mascavo claro

1 colher de sopa de pó instantâneo para espresso

Para a cobertura:

12 colheres de chá (ou seja, 4 colheres de sopa) de Tia Maria ou rum, aproximadamente

125 g de nozes picadas

4 colheres de sopa de açúcar demerara

1 maçarico de cozinha

Faz sentido preparar o creme primeiro. Então, aqueça lentamente o creme de leite em uma panela. Em uma tigela, misture as gemas, o açúcar e o pó para espresso e transfira o creme quente para essa mistura, batendo para combinar. Devolva a mistura à panela lavada e cozinhe em fogo médio, sem parar de mexer, até engrossar; com essa proporção entre gemas e líquido, não vai demorar nada. Coloque em uma tigela, cubra com papel-manteiga molhado e deixe esfriar.

Comece a preparar o bolo assim que terminar o creme. Ele também deve estar frio antes da montagem. (Na verdade, talvez você ache mais fácil fazer o bolo e o creme com

Chocolate 191

um dia de antecedência.) Preaqueça o forno a 180º, colocando lá dentro um tabuleiro. Em uma tigela grande, misture 200 g de açúcar refinado, a farinha, o cacau em pó, o fermento, o bicarbonato e o sal. Eu não me dou o trabalho de peneirar quando uso farinha tipo "00"; caso contrário, peneire. Em uma jarra medidora, bata as gemas, o óleo, a água e a baunilha. Despeje, aos poucos, sobre os ingredientes secos, batendo para misturar.

Em outra tigela, bata as 6 claras até espumarem e formarem picos suaves. Adicione às colheradas os 100 g de açúcar restantes, sem parar de bater, até que as claras fiquem firmes e brilhantes e mantenham a forma. Misture vigorosamente uma grande colherada de claras em neve à massa do bolo para afiná-la. Em seguida, adicione ⅓ de cada vez e combine as claras restantes.

Transfira a mistura para a fôrma untada e coloque-a sobre o tabuleiro no forno preaquecido. Asse por 40 minutos. Depois desse tempo, o bolo deve estar macio e irá se desgrudar das laterais da fôrma. Deixe o bolo esfriar sobre a grelha por 25 minutos antes de desenformar.

Regue o bolo com o Tia Maria — ou o rum —, deixando-o absorver cada colher de chá. Bem, você pode usar colheres de chá ou simplesmente despejar direto da garrafa, mas tome cuidado para o bolo não ficar encharcado, e sim úmido.

Na hora de servir, coloque o bolo em um prato de borda alta — ou uma tigela larga e rasa — e encha o centro com as nozes. Despeje o creme frio sobre o espaço restante no centro, deixando-o transbordar um pouco pelas bordas, sobre as laterais. Por cima, polvilhe o açúcar demerara aos poucos, para que não afunde, e caramelize o topo com o maçarico.

Serve 8 pessoas.

BOLO DE CHOCOLATE COM MARSALA

Como *How To Eat* foi inundado de Marsala, tentei limitar a inclusão deste ingrediente neste livro. Mesmo assim, já que o que temos de mais verdadeiro é nosso paladar, então, você o verá aqui e ali para acrescentar notas resinosas de frutas secas e especiarias a cremes batidos ou a um recheio de mascarpone, assim como sempre uso a intensidade defumada de um pouco de moscatel. Pensando bem, este bolo se beneficiaria de ambos — e se você for prepará-lo como sobremesa, faria sentido usar o moscatel e servir o restante da garrafa como bebida para acompanhar. Nesse caso, reduza a quantidade de açúcar do bolo para 150 g, mas não altere a cobertura.

Para o bolo:

100 g de manteiga sem sal

100 g de chocolate amargo quebrado

4 ovos grandes

175 g de açúcar refinado

50 g de farinha de trigo com fermento, peneirada três vezes

3 colheres de sopa de Marsala

1 fôrma com fundo removível de 22 cm, untada e forrada

Para a cobertura:

100 g de chocolate amargo

1 colher de sopa de Marsala

100 ml de creme de leite fresco

Preaqueça o forno a 180°.

Derreta a manteiga e o chocolate juntos no micro-ondas, ou em banho-maria, e reserve para esfriar um pouco. Bata os ovos e o açúcar até obter uma mistura grossa e clara, ganhando uma consistência de musse, com o volume dobrando ou até triplicando. Adicione a farinha peneirada à mistura de ovos, incorporando delicadamente para não eliminar todo o ar. Combine a manteiga e o chocolate com muito cuidado à massa do bolo. (Neste ponto, devo dizer que de todas as massas cruas deste livro, esta sem dúvida é minha preferida — deixe uma quantidade decente na tigela para poder raspar depois.) Despeje na fôrma e asse por 35 minutos. Depois desse tempo o topo deve estar firme, com o interior denso e agradavelmente úmido.

Deixe esfriar sobre uma grelha por 5 minutos, depois, despeje o Marsala por cima. Acho mais fácil fazer isso com colheres de chá, para que o líquido seja distribuído por igual. Deixe o bolo esfriar completamente antes de desenformar.

Em seguida, faça a cobertura: derreta o chocolate, com o Marsala e o creme de leite, em uma panela de fundo grosso, em fogo baixo. Retire do fogo e bata, até atingir uma boa consistência para decorar: lisa e grossa, mas não sólida. Gosto de espalhá-la apenas no topo do bolo, que sempre afunda ao esfriar, preenchendo a reentrância e deixando um contorno da borda assada sem cobertura. Depois de firmar, você obtém um disco de ganache brilhante como o de uma torta Sacher suspenso sobre o bolo marrom e fosco.

Serve 8 a 10 pessoas

PILHA PEGAJOSA DE CHOCOLATE

Esta receita é para aqueles momentos em que você quer cozinhar algo que a deixe animada com o simples prazer que criou. Não se trata de exibicionismo, e sim de intensidade: merengue macio por dentro e crocante por fora, achocolatado e levíssimo, unido por um liso e brilhante creme de confeiteiro, no qual você misturou o mais amargo dos chocolates amargos. Eu achava que não acreditava nessas coisas, mas este é o paraíso do chocolate.

Não entre em pânico ao pensar no creme de confeiteiro; fazê-lo não poderia ser mais fácil: lembre-se de que a farinha o estabiliza, então, não precisa ficar com os nervos à flor da pele com medo de talhá-lo. Além disso, é feito com antecedência, assim como as camadas da pavlova, então, no final, tudo se resume a um simples empilhamento.

Você não precisa usar os pistaches picados que sugiro espalhar sobre o topo: avelãs, amêndoas ou qualquer outra noz ficariam ótimas; ou pode ser divinamente retrô e usar violetas cristalizadas.

Para os discos de merengue:

6 claras de ovos grandes

300 g de açúcar refinado dourado

3 colheres de sopa de cacau em pó

1 colher de chá de vinagre de vinho tinto

3 tabuleiros

Para o creme de confeiteiro:

6 gemas de ovos grandes

100 g de açúcar refinado dourado

2 colheres de sopa de cacau em pó

2 colheres de sopa de farinha de trigo

300 ml de leite integral

300 ml de creme de leite fresco

100 g de chocolate amargo de boa qualidade, derretido

1 colher de chá de extrato de baunilha

20 g de pistaches picados

Preaqueça o forno a 140°.

Forre os tabuleiros com papel-manteiga e desenhe um círculo de 20 cm em cada um. O jeito mais fácil de fazer isso é encontrar uma tigela ou fôrma com a dimensão desejada e riscar o seu contorno.

Bata as claras até ficarem firmes, adicione o açúcar, às colheradas, batendo bem após cada adição. Acredite em mim (e lembre-se que, em geral, sou criminosamente impaciente): ir com calma neste ponto facilita a vida. Salpique o pó de cacau e o vinagre por cima e misture com cuidado e firmeza.

Divida o merengue escuro entre os três círculos rabiscados no papel-manteiga, espalhando igualmente. Não precisa se preocupar se irá bater demais, eliminando o ar, enquanto espalha — já percebi que esses merengues toleram uma módica brutalidade.

Asse por 1 hora, desligue o forno e deixe os merengues dentro dele até esfriarem. Eu quase sempre os asso antes de dormir, deixando-os no forno desligado de um dia para o outro. Assim, gasto menos tempo com o preparo. E, ao guardá-los em um recipiente hermético, separando-os com folhas de papel-manteiga, posso fazê-los com até uma semana de antecedência.

Chocolate 195

Para preparar o creme de confeiteiro: bata as gemas com o açúcar, adicione o cacau e a farinha, misturando bem. Em uma panela, aqueça o leite e o creme de leite e, sem parar de bater, adicione-os sobre os ovos e o açúcar e retorne toda a mistura à panela, leve ao fogo e deixe ferver, mexendo sempre. Quando o creme tiver engrossado, retire do fogo e misture o chocolate derretido e a baunilha.

Deixe esfriar sem levar à geladeira, pois ficaria sólido demais. Você pode impedir que o creme forme uma película ao cobri-lo com papel-manteiga untado com manteiga, papel antiaderente ou, ainda, peneirando por cima uma camada de açúcar de confeiteiro. Porém, em geral, prefiro mergulhar a panela na pia cheia de água gelada e continuar mexendo: não demora muito a esfriar.

Para montar o bolo, coloque um dos discos de merengue sobre um prato raso (gosto muito daqueles suportes para bolo de casas de chá, e prefiro os de vidro), cubra com do creme de chocolate e continue fazendo mais duas camadas. Salpique por cima os pistaches picados, que irão se destacar com seu suave verde-grama contra o chocolate escuro. Depois, é só cortar — e você vai perceber que este bolo parece wafers empilhados e recheados de creme. Isso porque cada merengue, com seu interior macio e carapaça crocante, tem a aparência e o sabor de três camadas em cada um.

Esta receita serve tranquilamente 10 a 12 pessoas. Mas, se eu fosse você, não deixaria o fato de ter menos convidados me impedir de prepará-la.

MACARONS DE CHOCOLATE

Olhe a foto dos Macarons de Pistache (ver p. 62), imagine-os de chocolate — é disso que estamos falando. Presumo que você também possa descrevê-los como versões pequenas e rechonchudas da receita anterior, Pilha Pegajosa de Chocolate. Mas a descrição é irrelevante: a absoluta delícia de uma mordida nesses macarons — pelos quais agradeço à irmã de Kate Mellor, Lucy — revela a inadequação da linguagem. Coma-os — é o suficiente.

Para os macarons:
250 g de açúcar de confeiteiro
125 g de amêndoas moídas
25 g de cacau em pó
4 claras de ovos grandes
25 g de açúcar refinado
2 tabuleiros
1 saco de confeiteiro com bico perlê de 1 cm

Para o recheio de ganache:
90 ml (6 colheres de sopa) de creme de leite fresco
150 g de chocolate amargo picado
45 g (3 colheres de sopa) de manteiga sem sal

Preaqueça o forno a 180° e forre os tabuleiros com papel-manteiga ou com um tapete culinário de silicone.

196 **Chocolate**

Peneire junto o açúcar de confeiteiro, as amêndoas moídas e o cacau em pó. Bata as claras até começarem a ficar firmes, polvilhe o açúcar refinado e continue a bater, até ficarem bem firmes, mas não secas. Adicione, aos poucos, os ingredientes peneirados, e misture.

Coloque o bico no saco de confeiteiro, apoie-o dentro de um copo alto, abra a parte de trás do saco e encha com a massa do macaron. Forme bolinhas de 5 cm nos tabuleiros forrados e deixe descansar por 15 minutos, para formar uma película.

Asse por 12 a 15 minutos: eles devem ficar secos por cima, mas continuar densos e pegajosos por dentro. Transfira para uma grelha de metal e, quando estiverem frios, recheie com o ganache e faça como sanduíche — espalhe pela base de uma bolinha, depois feche com outra bolinha — até acabar com todas as bolinhas. O ganache é preparado aquecendo todos os ingredientes em uma panela só até o chocolate derreter. Fora do fogo, bata até engrossar e espere esfriar.

Rende 36 bolinhas, ou seja, 18 macarons.

TARTELETES DE CHOCOLATE COM FRAMBOESAS

Com sua base de chocolate amargo e o recheio de chocolate branco e mascarpone, estes tarteletes têm uma aparência bastante sofisticada, mas ao comê-los o que vem à mente é sua equilibrada simplicidade. O amargor quase seco da massa escurecida pelo chocolate equilibra a cremosidade densa e gordurosa do recheio que, por sua vez, é perfeitamente compensada pelas frutas silvestres ácidas e lindamente pontilhadas.

Não vou fingir que é fácil lidar com a massa de chocolate. Sim, ela se quebra com facilidade, mas isso não importa, porque também fica perfeita ao ser emendada. Talvez, ao fazer esta receita pela primeira vez, você obtenha apenas 4 tarteletes com a massa; mais tarde, quando estiver mais confiante, deve fazer 6 sem dificuldades.

Como em qualquer receita cuja montagem é a parte mais importante, esta é muito mais fácil do que você pode imaginar.

Para os tarteletes:
175 g de farinha de trigo, de preferência italiana tipo "00"
30 g de cacau em pó
50 g de açúcar refinado
¼ de colher de chá de sal
125 g de manteiga sem sal
1 gema de ovo grande
1 colher de sopa de água gelada

Para o recheio:
50 g de chocolate branco
250 g de mascarpone
100 ml de creme de leite fresco
500 g de framboesas, aproximadamente
6 forminhas para tartelete, de 12 cm, com fundo solto

A melhor maneira de preparar esta massa é no processador. Então, coloque a farinha, o cacau em pó, o açúcar e o sal no recipiente e pulse, para combinar. Corte a manteiga em pedaços pequenos e pulse com a mistura de farinha até ficar semelhante a uma farofa. Bata a gema com a água gelada e adicione pelo bocal da tampa, para dar liga. Quando a massa começar a se aglutinar, retire-a do processador e forme duas bolas com as mãos. Embrulhe-as com filme plástico e leve a massa à geladeira para descansar por, no mínimo, 30 minutos.

Abra uma das bolas: a massa estará bem seca por causa do cacau, então, não enfarinhe demais a superfície. Depois, usando uma fôrma de tartelete como guia, corte ao menos 3 quadrados ou círculos um pouco maiores que a fôrma. Encaixe os quadrados de massa nas fôrmas — não se preocupe se quebrarem, basta emendá-los da melhor forma que conseguir — e corte o excesso. Faça isso com as 6 forminhas e leve-as ao freezer por 30 minutos, ou até congelarem. Enquanto a massa estiver no freezer, ligue o forno a 180º e coloque um tabuleiro para esquentar lá dentro.

Coloque os tarteletes direto no forno sobre o tabuleiro e asse por 10 a 15 minutos, ou até a massa estar cozida e seca. Retire-os e reserve. O congelamento e o fato de que a área individual é pequena não os deixam inchar, o que significa que não precisamos colocar feijões crus sobre a massa nem assar às cegas. Enquanto a massa estiver no forno, derreta o chocolate para o recheio, no micro-ondas ou em banho-maria.

Quando as bases de massa estiverem frias, retire-as das forminhas e termine o recheio, que é simples: basta bater o mascarpone com o creme de leite e misturar o chocolate branco derretido e levemente frio. Bata com delicadeza: o recheio não deve ficar grosso demais; entretanto, um pouco de creme de leite fresco extra, misturado no final, pode afiná-lo, se for necessário. Encha as bases com o creme e arrume as framboesas por cima.

Rende 6 tarteletes.

PUDIM DE PAIN AU CHOCOLAT

Claro que você pode fazer um pudim de pão todo de chocolate, adicionando chocolate derretido ou cacau em pó ao creme de ovos, ou simplesmente usando um bolo inglês de chocolate fatiado. Mas, se quiser a minha opinião, esta interpretação mais delicada e sutil é melhor que um pudim de pão todo de chocolate; bastou que eu fatiasse alguns *pains au chocolat* dormidos. Fica lindo e tem um sabor divino.

Se quiser, fique à vontade para substituir os 500 ml de creme de leite fresco e de leite por 1 litro de creme de leite comum.

3 a 4 *pains au chocolat* dormidos
500 ml de leite
500 ml de creme de leite fresco
3 colheres de sopa de açúcar refinado
1 ovo grande

4 gemas de ovos grandes
½ colher de chá de extrato de baunilha
1 assadeira com capacidade de aproximadamente 1,5 litro

Preaqueça o forno a 160°.

Unte sua assadeira com manteiga (sempre uso uma assadeira oval antiga), corte os *pains au chocolat* — faço fatias de mais ou menos 1 cm — e arranje-os na assadeira. Em uma panela, coloque o leite e o creme de leite e deixe até quase ferver. Bata o ovo, as gemas e o açúcar em uma jarra medidora grande, de boca larga. Quando o leite e o creme de leite estiverem quase fervendo, despeje-os sobre os ovos e o açúcar, batendo sem parar. Adicione a baunilha. Regue as fatias de *pain au chocolat*, deixando-as absorver o líquido por 10 minutos.

Transfira para o forno preaquecido e asse por 45 minutos, ou até o pudim firmar levemente. É impossível explicar o quão reconfortante é esta receita.

Serve 6 pessoas.

BROWNIES

Não entendo por que as pessoas não preparam brownies toda hora — são muito fáceis e maravilhosos. Minha amiga Justine Picardie me deu a ideia de apresentar esta receita de maneira gloriosa quando pediu que eu os preparasse para o aniversário de seu marido. Desde então, a copio: brownies são muito mais rápidos de fazer do que um bolo, e ficam lindos empilhados em uma pirâmide bagunçada e espetados com velas de aniversário. E prefiro mil vezes comer um pedaço de brownie que de bolo de aniversário; acho que a maioria das pessoas também.

375 g de manteiga sem sal, amolecida
375 g de chocolate amargo de boa
   qualidade
6 ovos grandes
1 colher de sopa de extrato de baunilha
500 g de açúcar refinado
225 g de farinha de trigo

1 colher de chá de sal
300 g de nozes picadas
1 fôrma com mais ou menos
   33 x 23 x 5,5 cm
Velas de aniversário e suportes, se a
   ocasião pedir

Preaqueça o forno a 180°.

Forre a fôrma de brownies — acho que vale a pena forrar tanto as laterais quanto a base — com papel-alumínio, papel-manteiga ou um tapete culinário de silicone.

Em uma panela grande, de fundo grosso, derreta a manteiga e o chocolate, juntos. Em uma tigela ou uma jarra medidora grande de boca larga, bata os ovos com o açúcar e a baunilha. Coloque a farinha em outra tigela e adicione o sal.

Quando a mistura de chocolate estiver derretida, deixe esfriar um pouco, antes de juntar os ovos e o açúcar, e depois as nozes e a farinha. Bata para combinar até ficar homogêneo e depois transfira da panela para a fôrma forrada.

Asse por 25 minutos. Quando estiver pronto, o topo deve estar seco e salpicado de um marrom mais claro, porém, o interior vai continuar escuro, denso e pegajoso. Mesmo com uma fornada tão grande, você precisa ficar alerta. Cheque sempre: a diferença entre brownies macios e brownies secos é apenas alguns minutos — lembre-se de que eles continuarão a cozinhar enquanto esfriam.

Rende um máximo de 48 brownies.

VARIAÇÕES
Você pode variar os brownies como quiser: elimine as nozes, ou use apenas metade e complete a quantidade com cerejas secas; substitua-as por outras nozes — amendoins, castanhas-do-pará, avelãs —, coco ralado ou gotas de chocolate branco; tente misturar um pouco de granola. Eu tinha grandes expectativas com brownies sofisticados com pistaches para depois do jantar, mas percebi que eles ficam moles e cerosos demais, quando o ideal é um contraste crocante.

Chocolate 203

BROWNIES COM CREAM CHEESE

Esta versão adiciona cream cheese, gelado e fatiado, para formar uma camada interna de acidez quase salgada. Pense em um cheesecake: denso, doce, ácido, grudando no céu da boca. Como não gostar?

125 g de chocolate amargo

125 g de manteiga sem sal

2 ovos grandes

200 g de açúcar refinado

1 colher de chá de extrato de baunilha

75 g de farinha de trigo

1 pitada de sal

200 g de cream cheese

1 fôrma quadrada, de 23 cm, com 4 cm de profundidade, untada e forrada

Preaqueça o forno a 180°.

Leve uma panela de fundo grosso ao fogo médio a baixo e derreta o chocolate e a manteiga. Enquanto estiverem derretendo, bata os ovos levemente em uma tigela com o açúcar e a baunilha. Coloque a farinha em outra tigela e junte o sal. Quando a mistura de chocolate estiver praticamente derretida, retire a panela do fogo. Os pedaços sólidos de chocolate ou manteiga continuarão a derreter. Reserve por algum tempo para esfriar um pouco antes de bater com os ovos e o açúcar. Então, adicione a farinha e bata, até ficar homogêneo. Despeje metade da massa na fôrma, fatie o cream cheese o mais fino que puder e cubra a massa com essas fatias finas. Despeje o restante da massa por cima, usando uma espátula de silicone ou o utensílio que preferir para cobrir cada pedacinho de cream cheese. Leve ao forno e asse por 20 minutos: o topo deve ficar levemente claro e seco, mas ao espetar um testador de bolo deve encontrar o centro ainda pegajoso. Deixe esfriar por 10 minutos antes de cortar em quadrados pequenos, e coma morno ou frio, ainda que, quanto mais frios estiverem, mais fácil de retirá-los da fôrma. Conte com uma primeira fatia meio sem forma: a recompensa da cozinheira.

Rende 8 a 10 brownies.

BROWNIES DE CHOCOLATE BRANCO E MACADÂMIA

Os brownies claros nunca terão a profundidade ou a intensidade de seus irmãos mais escuros, mas isso não significa que estejam em desvantagem. O importante é maximizar a cremosidade, tentar criar um sabor de caramelo amanteigado, sem causar uma enxaqueca provocada por tanto açúcar. Esta receita cumpre o prometido.

125 g de manteiga sem sal

250 g de gotas ou pedaços de chocolate branco

4 ovos grandes

1 colher de chá de sal

350 g de açúcar refinado

2 colheres de chá de extrato de baunilha

300 g de farinha de trigo

250 g de macadâmias grosseiramente picadas

1 fôrma para brownie, de 25 x 20 x 5 cm, untada com manteiga

Preaqueça o forno a 170°.

Derreta a manteiga e o chocolate no micro-ondas ou em banho-maria. Em uma tigela grande, bata os ovos com o sal, até ficarem leves e começarem a aumentar de volume. Junte o açúcar e a baunilha e continue batendo, até obter um creme grosso.

Combine a mistura de chocolate levemente fria e depois junte a farinha e as nozes, mexendo delicadamente. Transfira para a fôrma untada e asse por 35 minutos ou até o topo ficar firme, mas o interior continuar pegajoso. Deixe descansar por 3 a 5 minutos antes de cortar em quadrados pequenos. Tenha esta receita em mente para servir com café quando o jantar tiver acabado com queijo. Não que você precise de nada doce, mas a questão é complementar compras inteligentes e prazerosas com as satisfações de um pouco de culinária caseira.

Rende 16 brownies.

COBERTURA DE CHOCOLATE MULTIUSO

A cobertura de chocolate que mais uso, como você deve ter notado, é o Ganache (p. 32), que tem a virtude de ser tão fácil e rápido de fazer quanto é gostoso de comer. Um bom chocolate misturado a um bom creme de leite só poderia ficar bom. Entretanto, acho útil ter outra receita, talvez menos elegante, para transformar um pão de ló simples em um bolo em camadas com cobertura. Também é uma boa maneira de tornar um bolo de chocolate, que do contrário seria amargo e adulto demais, em algo adequado para outras gerações.

É apenas um modelo; então, altere como quiser: adicione óleo de laranja ou essência de amêndoas no lugar da baunilha; use conhaque em vez de rum.

125 g de chocolate amargo

75 g de manteiga sem sal

2 ovos grandes batidos

500 g de açúcar de confeiteiro peneirado

1 colher de chá de extrato de baunilha

1 colher de sopa de rum escuro

Derreta o chocolate e a manteiga no micro-ondas. Bata os ovos e misture o açúcar. Adicione o extrato e o rum e deixe esfriar um pouco antes de usar. Esta quantidade de cobertura dá para cobrir a parte de cima, as laterais e rechear um bolo de 20 cm.

CUPCAKES DE CHOCOLATE COM CEREJA

Esta receita é muito fácil e muito gostosa — leve e densa ao mesmo tempo —, e adoro sua elegância escura e brilhante. Quando preparei estes cupcakes para a barraquinha de bolos do festival da escola da minha filha, eles venderam mais rápido do que qualquer coisa, mesmo a 1 libra cada. Eu os teria incluído na seção Festivais escolares (p. 245), mas talvez sejam caros demais para virarem um hábito. Mesmo assim, se as considerações de custo incluírem o tempo, então, talvez esta conte como uma receita barata.

A geleia que uso para estes cupcakes é a geleia de cereja morello; se for usar outra, menos elegante, e, provavelmente, mais doce, reduza um pouco a quantidade de açúcar dos cupcakes. E se tiver Kirsch em casa, adicione um pouco à massa e à cobertura.

Para os cupcakes:

125 g de manteiga sem sal, amolecida

100 g de chocolate amargo em pedaços

300 g de geleia de cereja morello

150 g de açúcar refinado

1 pitada de sal

2 ovos grandes batidos

150 g de farinha de trigo com fermento

1 fôrma para 12 muffins forrada com 12 forminhas de papel

Para a cobertura:

100 g de chocolate amargo

100 ml de creme de leite fresco

12 cerejas cristalizadas de cor natural

Preaqueça o forno a 180°.

Em uma panela de fundo grosso, derreta a manteiga. Quando estiver quase derretida, misture o chocolate. Deixe por um momento, para começar a amolecer, depois, retire a panela do fogo e mexa com uma colher de pau até derreter todo chocolate e a mistura ficar homogênea. Depois, adicione a geleia, o açúcar, o sal e os ovos. Misture com uma colher de pau e quando tudo estiver bem combinado, junte a farinha.

Transfira para as forminhas e asse por 25 minutos. Deixe esfriar sobre uma grelha por 10 minutos antes de desenformar.

Quando os cupcakes estiverem frios, prepare a cobertura: quebre o chocolate em pedaços pequenos e junte-os ao creme de leite na panela. Deixe ferver, retire do fogo, então, bata — à mão ou com um batedor elétrico —, até ficar grossa e homogênea. Use essa cobertura para decorar os cupcakes, alisando-a com as costas de uma colher, e coloque uma cereja sobre cada um.

Rende 12 cupcakes.

CUPCAKES DE ESPRESSO

Você não precisa fazer os cupcakes de cappuccino para comer com esta receita, mas o sabor e a aparência dos dois juntos são maravilhosos. Eles são quase o que meu avô paterno, e depois minha mãe, condenava, chamando de paisagismo culinário, mas eu simplesmente não consegui me conter.

Para os cupcakes:

125 g de manteiga sem sal, amolecida

125 g de açúcar mascavo escuro

2 ovos grandes

125 g de farinha de trigo com fermento

1 colher de sopa de cacau em pó

1 colher de sopa de pó para café espresso

50 g de chocolate amargo derretido

1 a 2 colheres de sopa de leite

1 fôrma para 12 muffins forrada com 12 forminhas de papel

Para a cobertura:

300 g de chocolate amargo

50 g de manteiga sem sal

2 colheres de chá de pó instantâneo para café espresso

Preaqueça o forno a 200º.

Pulse a manteiga com o açúcar em um processador, adicione os ovos, pulsando mais uma vez. Junte a farinha, o cacau e o pó para café, e processe, até obter uma massa lisa. Finalmente, adicione o chocolate e afine a massa com o leite. Transfira para as forminhas de muffin e asse por 15 a 20 minutos. Para saber se estão prontos, basta introduzir rapidamente um testador de bolos (ou um pedaço cru de espaguete). Deixe-os esfriar por alguns minutos fora do forno, depois, desenforme-os para esfriar completamente sobre uma grelha.

Enquanto estiverem esfriando, prepare a cobertura. É só colocar o chocolate, a manteiga e o pó instantâneo para espresso em uma tigela grande e deixar no micro-ondas até o chocolate derreter (para mim, 2 minutos em potência média são suficientes). Corte uma fatia do topo de cada cupcake para obter uma superfície plana. Espalhe a cobertura sobre essa superfície até ter 12 cupcakes de chocolate amargo fazendo o melhor que podem para parecer espressos. Se quiser, decore o topo de cada um com um grão de café coberto com chocolate.

Rende 12 cupcakes.

CUPCAKES DE CAPPUCCINO

A única coisa achocolatada desta receita é o chocolate branco da cobertura: por baixo é apenas um dourado pão de ló de café. Penso nessa combinação como um mocha branco.

Para os cupcakes:

125 g de farinha de trigo com fermento

125 g de manteiga sem sal, amolecida

125 g de açúcar refinado dourado

2 ovos grandes

1 colher de chá de extrato de baunilha

1 colher de chá de fermento em pó

1 colher de sopa cheia de pó instantâneo para café espresso

2 a 3 colheres de sopa de leite

1 fôrma para 12 muffins forrada com 12 forminhas de papel

Para a cobertura:

160 g de chocolate branco

60 g de manteiga

120 g de creme azedo

260 g de açúcar de confeiteiro peneirado

1 colher de chá rasa de cacau em pó

Preaqueça o forno a 200°.

Junte todos os ingredientes dos cupcakes, menos o leite, no processador e bata para misturar. Pulse, adicionando o leite pelo bocal da tampa até formar uma massa de consistência macia e um tanto líquida. Com uma colher, transfira-a para as forminhas e deixe assar por 20 minutos. Quando estiverem prontos, retire do forno para esfriar por 5 minutos antes de desenformar e colocar sobre uma grelha de metal.

Assim que esfriarem completamente, comece a preparar a cobertura. Derreta o chocolate e a manteiga no micro-ondas ou em banho-maria, e quando a mistura tiver esfriado um pouco, adicione o creme azedo. Acrescente o açúcar de confeiteiro aos poucos e bata. Se a consistência não estiver adequada para decorar, adicione água quente para afinar ou mais açúcar de confeiteiro peneirado para engrossar. Espalhe irregular e generosamente sobre cada cupcake e, em seguida, polvilhe uma pequena quantidade de cacau em pó peneirado. Eles ficarão parecidos com pequenas xícaras de cappuccino polvilhado com chocolate.

Rende 12 cupcakes.

Chocolate 209

CUPCAKES DE CHOCOLATE BRANCO, BANANA E CEREJA

O nome não é o suficiente? Se não for, note que estes cupcakes são ridiculamente fáceis de fazer. A receita vem de um livro americano que adoro, *One-Pot Cakes*, de Andrew Schloss — que também é a inspiração por trás das receitas anteriores dos Cupcakes de Chocolate com Cereja e do Bolo Improvisado de Chocolate com Laranja. E, sim, é verdade: para prepará-la você só precisa de um recipiente e de um mínimo de força para misturar com um garfo velho. Perfeita para uma lancheira ou uma cesta de piquenique. Do que estou falando? É perfeita para qualquer coisa.

125 g de manteiga sem sal
200 g de açúcar refinado
1 colher de chá de extrato de baunilha
3 bananas maduras
60 ml (4 colheres de sopa) de creme azedo
2 ovos grandes
1 colher de chá de bicarbonato de sódio

½ colher de chá de fermento em pó
300 g de farinha de trigo
40 g de cerejas secas picadas
50 g de gotas ou pedaços de chocolate branco
1 fôrma para 12 muffins forrada com 12 forminhas de papel

Preaqueça o forno a 180°.

Em uma panela, derreta a manteiga e, fora do fogo, adicione o açúcar, a baunilha e as bananas amassadas com um garfo. Adicione o creme azedo e os ovos e — ainda usando seu garfo ou uma colher de pau, se preferir — bata para misturar. Acrescente o bicarbonato e o fermento, mexendo. Por fim, junte a farinha, as cerejas e o chocolate.

Quando a massa ficar homogênea, divida-a entre as 12 forminhas de muffin e asse, por 20 minutos ou até os cupcakes ficarem dourados e macios por cima. Transfira as forminhas de papel para uma grelha de metal e deixe esfriar.

Rende 12 cupcakes.

CUPCAKES DIA E NOITE

Estes cupcakes, assim como os Brownies com Cream Cheese, usam minha combinação preferida de doce denso e acidez leve. Adoro a aparência dos grãos de café cobertos de chocolate por cima, que lembram botõezinhos sobre a brancura cremosa da cobertura, mas use chocolate amargo ralado grosso se preferir.

Para os cupcakes:

2 colheres de sopa rasas de cacau em pó
2 colheres de sopa de água fervente
75 g de açúcar refinado dourado
50 g de açúcar mascavo escuro
125 g de farinha de trigo com fermento
2 ovos grandes
125 g de manteiga sem sal, bem amolecida
1 colher de chá de extrato de baunilha
1 colher de sopa de leite

1 fôrma para 12 muffins forrada com 12 forminhas de papel

Para a cobertura:

200 g de açúcar de confeiteiro peneirado
100 g de cream cheese
Suco de ½ limão Tahiti (ou 1 colher de sopa de suco de limão-siciliano)
12 grãos de café cobertos de chocolate, ou chocolate amargo

Preaqueça o forno a 200°.

Misture o cacau com a água fervente até obter uma pasta e reserve, enquanto prepara a massa dos cupcakes.

Esta receita não poderia ser mais fácil: basta colocar os açúcares, a farinha, os ovos e a manteiga no processador e bater, para combinar bem. Raspe a massa das laterais e depois pulse, enquanto adiciona a pasta de cacau e o leite pelo bocal da tampa. Você deve obter uma massa de consistência cremosa e um tanto líquida; se não, adicione mais um pouco de leite. Despeje nas forminhas e asse por 20 minutos, até um testador de bolos sair limpo ao ser inserido.

Deixe na fôrma por 5 minutos. Depois, transfira, ainda nas forminhas de papel, para uma grelha de metal. Quando estiverem frios, prepare a cobertura batendo o cream cheese com o açúcar de confeiteiro peneirado até ficar macio. Adicione o suco de limão a gosto e espalhe de modo irregular sobre os cupcakes. Decore cada um com um grão de café coberto de chocolate ou rale por cima um pouco de chocolate amargo.

Rende 12 cupcakes.

Chocolate 211

FLORENTINOS

Esta é a única receita com cerejas cristalizadas na qual não vou implorar que você use cerejas de cor natural; o ideal aqui é aquele vermelho químico e berrante. Não vou dizer que esta não é uma receita trabalhosa; é preciso paciência, e não destreza ou habilidade, e os biscoitos são tão bons que seria uma pena se você nunca encontrasse tranquilidade para fazê-los. Hettie, que trabalhou comigo neste livro, costuma me chamar de Frank Spencer,* e se eu consigo fazer estes biscoitos, você também consegue. Eles são muito melhores que quaisquer florentinos que você já comprou.

100 g de amêndoas inteiras sem pele

90 g de cascas cristalizadas mistas inteiras, e não compradas já picadas

40 g de cerejas cristalizadas

25 g de manteiga sem sal

90 g de açúcar refinado

15 g de farinha de trigo

150 ml de creme de leite fresco

100 g de chocolate amargo

100 g de chocolate branco

2 tabuleiros untados

Preaqueça o forno a 190°.

Pique as amêndoas até obter alguns pedaços pequenos e outros grandes. Pique as cascas cristalizadas e as cerejas em pedaços bem pequenos e regulares. Em uma panela de fundo grosso, derreta a manteiga e acrescente o açúcar, e não deixe grudar. Adicione a farinha como se estivesse fazendo um *roux* para um molho branco, formando uma bola de pasta. Retire do fogo e junte o creme de leite, batendo. A mistura deve ficar homogênea. Retorne-a ao fogo rapidamente e bata para eliminar todos os caroços. Adicione as frutas e as amêndoas.

Despeje colheres de chá cheias dessa massa de florentinos sobre os tabuleiros untados ou antiaderentes. Vai estar bem líquido e se espalhar, então deixe bastante espaço entre as porções. Leve os tabuleiros ao forno e asse por 10 a 12 minutos. Eles estarão prontos quando tiverem formado círculos maiores de bordas douradas. Retire-os do forno e deixe firmar por 2 a 3 minutos; nesse ponto, você pode moldá-los, se for necessário, pois estarão bem maleáveis. Quando achar que pode retirá-los dos tabuleiros, passe uma espátula de metal ou uma faca sem ponta sob eles e transfira-os para uma grelha de metal para esfriar, tomando o cuidado de deixá-los planos.

Derreta o chocolate amargo e o branco em tigelas separadas no micro-ondas, e pincele o lado plano de cada florentino; para isso, uso um pincel de cozinha. Esteja preparada para pincelar várias vezes até obter uma cobertura grossa, embora isso seja um problema maior com o chocolate branco.

Usando um garfo, faça linhas onduladas no chocolate de cada florentino e deixe secar.

Rende aproximadamente 30 florentinos.

* Frank Spencer é um desastrado personagem de uma série britânica de TV. (*N. da T.*)

Chocolate 213

BISCOITOS DA VOVÓ BOYD

Quem me deu a receita destes biscoitos foi meu editor, Eugenie Boyd, sob pedidos insistentes. Acho que não existe acompanhamento mais chique para um pote de sorvete de baunilha: eles são robustos — parecidos com os Bittermints da Bendicks —, escuros e derretem na boca.

300 g de farinha de trigo com fermento
30 g de cacau em pó
250 g de manteiga sem sal, amolecida

125 g de açúcar refinado
2 tabuleiros untados

Preaqueça o forno a 170º.

Peneire a farinha e o cacau em pó juntos e reserve. Bata a manteiga e o açúcar até obter um creme claro e fofo, e misture a farinha e o cacau. Pode parecer que precisa de líquido, mas continue amassando os ingredientes e a massa se formará. Faça bolinhas do tamanho de nozes e arrume-as nos tabuleiros, deixando um bom espaço entre elas (pois irão se espalhar). Pressione-as com as costas de um garfo (dá para ver as marquinhas na foto da p. 71).

Leve os tabuleiros ao forno por 5 minutos, depois baixe a temperatura para 150º e asse por mais 10 a 15 minutos. É difícil saber quando os biscoitos estão prontos, pois a massa é bem escura desde o começo, mas eles devem ficar firmes por fora, embora não duros — vão continuar a cozinhar e endurecer enquanto esfriam. Retire os tabuleiros do forno e transfira os biscoitos imediatamente para uma grelha de metal para esfriar.

Rende cerca de 35 biscoitos.

BISCOITOS DE CHOCOLATE BRANCO E PISTACHE

O dourado-claro destes biscoitos amanteigados, o verde pálido dos pistaches e a densa brancura do chocolate são uma combinação perfeita: elegância e conforto.

100 g de manteiga sem sal, amolecida
125 g de açúcar refinado
100 g de açúcar mascavo claro
1 colher de chá de extrato de baunilha
1 ovo grande
150 g de farinha de trigo

1 colher de chá de bicarbonato de sódio
100 g de pistache moído
125 g de pistaches inteiros
125 g de chocolate branco picado
2 tabuleiros forrados

Preaqueça o forno a 180°.

Bata a manteiga e os açúcares até obter um creme fofo, quase com consistência de musse. Adicione a baunilha e o ovo, depois, a farinha e o bicarbonato. Não se preocupe se a massa ficar com uma aparência talhada depois que você misturar o ovo. Quando obter uma massa homogênea e grossa, junte os pistaches e o chocolate e mexa.

Pegue porções de massa e forme bolinhas do tamanho de nozes com as mãos. Coloque-as no tabuleiro com um bom espaço entre elas e leve ao forno por 10 a 12 minutos. Depois desse tempo os biscoitos estarão dourado-claros, com as bordas mais escuras.

Deixe firmar por alguns minutos nos tabuleiros antes de transferi-los para uma grelha de metal para esfriar.

Rende cerca de 36 biscoitos.

Chocolate

CRIANÇAS

CRIANÇAS

Ainda que eu resista firmemente à ideia de que existe comida de criança em oposição à comida "de verdade", acho que devo relaxar um pouco quando se trata das receitas que veremos nesta seção. Não que eu ache que os Quadradinhos de Manteiga de Amendoim (p. 233) sejam inadequados para adultos — infelizmente, não é o caso —, ou que os Cupcakes de Balas Sortidas (p. 225) não possam se encaixar tranquilamente em uma vida sem filhos, mas ambos são exemplos em que penso quando falo de cozinhar para crianças. Na verdade, muitas das receitas deste livro também podem ser preparadas para crianças, porém, ao longo do capítulo, seria difícil fazer uma boa distinção entre cozinhar *para* crianças e cozinhar *com* crianças — o que, inevitavelmente, depende da idade delas. E o fato é que grande parte das receitas para crianças não tem a ver com o que elas podem preparar sozinhas, mas o que vocês fazem juntos. Adoro ficar na cozinha com meus filhos, mexendo massas, lambendo tigelas, assando Fairy Cakes (p. 49) ou cortando e decorando biscoitos. Entretanto, também acho muito importante não deixar isso tomar o lugar da culinária cotidiana; gosto que eles me ajudem na cozinha — ou não, se for o caso — com o almoço ou o jantar normal, não apenas na culinária infantil. Na verdade, embora eu tenha a sorte de trabalhar em casa, sou terrivelmente negligente e nunca faço muitas coisas com meus filhos além de cozinhar.

BOLO DE ANIVERSÁRIO COM LEITELHO

Claro, você pode fazer um bolo de aniversário bem simples seguindo a receita do Pão de Ló Vitória (p. 25), que é o que mais faço. Porém, esta é uma das minhas descobertas mais extáticas: um bolo que mantém sua forma independente da fôrma que você usar, que consegue suportar o peso da quantidade de cobertura que escolher, o bolo de aniversário mais gostoso que vai encontrar na vida. Obviamente, este não precisa ser um bolo de aniversário. Meus filhos gostam de comê-lo em ocasiões informais, feito em duas fôrmas redondas e depois recheado e coberto com chocolate (ver Cobertura de Chocolate Multiuso, p. 205).

As quantidades a seguir são suficientes para preparar o bolo em uma fôrma quadrada de 23 x 4 cm. Então, para um aniversário, eu faria dois bolos e os uniria com a cobertura de manteiga. As quantidades desta receita rendem bastante cobertura, mas, se vai usar vários tons de corante alimentar — e existe algum bolo de aniversário que não precise de um pouco de corante? —, precisará de ainda mais se comparado a usar apenas uma cor.

Seria impossível eu fornecer quantidades exatas para todos os tipos de fôrma que você pode querer usar (fôrmas podem ser alugadas em lojas de decoração de bolos), porém, permita-me sucumbir sem culpa aos estereótipos e lhe dar diretrizes para um bolo de menino e um de menina. Se você for usar uma fôrma de trem ou uma daquelas cônicas, que ao serem desenformadas viram a parte de baixo da roupa de uma Barbie (você só precisa enfiar uma Barbie sem roupas dentro do bolo e decorar seu ousado torso de plástico com glacê), dobre as quantidades. Talvez haja sobras, mas não o suficiente que valha a pena correr o risco. Calculo 45 minutos a 180° para o trem e provavelmente 1 hora para a Barbie.

Para o bolo:

250 g de farinha de trigo

1 ½ colher de chá de fermento em pó

½ colher de chá de bicarbonato de sódio

¼ de colher de chá de sal

200 ml de leitelho (ou 75 g de iogurte misturado com 125 ml de leite semidesnatado)

1 ½ colher de chá de extrato de baunilha

125 g de manteiga sem sal, amolecida

200 g de açúcar refinado

3 ovos grandes

1 fôrma quadrada ou 2 fôrmas redondas, de 23 cm, untadas e forradas

Para a cobertura:

300 g de manteiga

700 g de açúcar de confeiteiro peneirado

1 colher de chá de extrato de baunilha

2 colheres de sopa de leite

Preaqueça o forno a 180°.

Peneire a farinha, o fermento, o bicarbonato e o sal dentro de uma tigela e reserve. Despeje o leitelho (ou o iogurte com leite) em uma jarra medidora e misture a baunilha. Leve à batedeira (ou à mão, é claro) uma tigela grande e bata a manteiga com o açúcar, em velocidade média, até obter um creme leve e fofo. Reduza a velocidade se estiver

220 Crianças

usando a batedeira e acrescente um ovo de cada vez, batendo por 30 segundos entre cada adição. Alterne a mistura de farinha e a de baunilha com leitelho, misturando bem após cada adição; isso deve levar de 3 a 5 minutos.

Transfira para a fôrma ou fôrmas preparadas e asse por 40 minutos (30 se estiver usando as fôrmas redondas), até o bolo começar a se desprender das laterais e um testador de bolos sair limpo. Deixe esfriar sobre uma grelha de metal por 10 minutos antes de desenformar e esfriar completamente. Se eu estiver usando uma fôrma com muitos detalhes — o trem, por exemplo —, espero 20 minutos antes de desenformar.

OBSERVAÇÕES SOBRE A COBERTURA

Acho a cobertura de manteiga a mais fácil de usar para criar o trem parecido com o de *Thomas e seus amigos*. É difícil acertar com o preto, mas como acontece com todas as atividades que envolvem corante alimentar, eu a incentivo a usar corantes em gel em vez de líquidos. Escolha um gel preto forte para imitar a cor do trem, ou adicione um pouco de chocolate amargo derretido para dar intensidade.

Para esses formatos complicados, usar um saco de confeiteiro com bico é mais fácil do que cobrir com fondant, mas para a Barbie costumo usar um método diferente. Compro pedaços grandes de glacê rosa-chiclete pronto para abrir. Há algo levemente perturbador em enfiar uma boneca nua em um cone de pão de ló e depois pincelar seus pontudos seios de plástico com geleia de damasco para que o bustiê de glacê, que você vai cortar, grude ali. Quero dizer, homens adultos já pagaram para fazer isso.

Amarre o cabelo dela e pincele o bolo "saia de Barbie" e a própria boneca com geleia quente de damasco, antes de envolver o bolo com glacê e grudar os pedaços cortados na Barbie. Compre todo tipo de decorações brilhantes e confeitos, mergulhe-os rapidamente em água fria e grude, criando um suntuoso vestido decorado com joias. Delicados em vários tons de rosa fazem muito sucesso nesta receita — e em aniversários de meninas em geral.

BISCOITOS AMANTEIGADOS RECORTADOS

Não é difícil preparar biscoitos que mantenham a forma enquanto assam. Não é difícil fazer biscoitos gostosos com uma textura amanteigada e que derrete na boca. O difícil é encontrar um biscoito que faça tudo isso ao mesmo tempo. Este, do maravilhoso livro norte-americano *The Family Baker*, é esse tipo de biscoito. Então, sempre que quiser bancar a supermãe na cozinha, comece por ele.

Como todas as massas desse tipo, esta congela bem, então faz sentido — de um jeito presunçoso e doméstico — embrulhar metade em filme plástico e guardar no freezer para quando precisar. É difícil especificar exatamente quanto glacê você vai precisar — talvez use mais do que foi pedido na lista de ingredientes se escolher muitas cores. Eu sempre recorto a nova idade das crianças no aniversário. Meus filhos não imaginavam uma festa de aniversário sem eles.

175 g de manteiga sem sal, amolecida
200 g de açúcar refinado
2 ovos grandes
1 colher de chá de extrato de baunilha
400 g de farinha de trigo, de preferência italiana tipo "00", e mais, se for necessário

1 colher de chá de fermento em pó
1 colher de chá de sal
300 g de açúcar de confeiteiro peneirado e corante alimentar
Cortadores de biscoitos
2 tabuleiros untados ou forrados

Preaqueça o forno a 180°.

Bata a manteiga com o açúcar até obter um creme claro e quase com consistência de musse. Em seguida, acrescente os ovos e a baunilha e bata. Em outra tigela, combine a farinha, o fermento em pó e o sal. Junte os ingredientes secos à manteiga e aos ovos e misture delicadamente, mas com firmeza. Se achar que a massa final está pegajosa demais para ser aberta, adicione mais farinha, mas faça-o com cautela, pois o seu excesso deixa a massa dura. Divida a massa ao meio, forme bolas grandes, embrulhe cada metade em filme plástico e leve à geladeira para descansar por no mínimo 1 hora. Polvilhe uma superfície limpa e plana com farinha, coloque a bola de massa sobre ela (sem retirar a outra metade da geladeira até terminar a primeira) e salpique um pouco mais de farinha por cima. Abra a massa até a espessura de 0,5 cm. Corte nas formas desejadas, mergulhando o cortador em farinha conforme utilizá-lo, e deixe algum espaço entre os biscoitos nos tabuleiros.

Asse por 8 a 12 minutos. Depois desse tempo as bordas estarão levemente douradas. Deixe esfriar sobre uma grelha de metal e repita com a outra metade da massa. Quando todos estiverem completamente frios, prepare o glacê. Em uma tigela grande, coloque algumas colheres de sopa de água quase fervendo e o açúcar de confeiteiro peneirado e misture, juntando mais água conforme for necessário para fazer uma pasta. Use o corante como desejar: liberte seu espírito artístico, lembrando-se com gratidão de que crianças têm muito mau gosto.

Rende 50 a 60 biscoitos.

222 **Crianças**

FAIRY CAKES PARA FESTAS DE ANIVERSÁRIO E DE CRIANÇAS

Parte da questão envolvendo os Fairy Cakes é que os que você faz para uma criança não são diferentes dos cupcakes com os quais enfeita sua mesa de jantar para convidados (p. 49-52). Porém, acrescento que você deve ter sempre margarina na geladeira para poder preparar uma porção rápida quando for necessário. (Ok, eu também não sou fã de margarina, mas juro que esta adaptação faz sentido.) A manteiga simplesmente não amolece com rapidez; você pode colocar a margarina direto da geladeira no processador. Portanto, nunca está a mais de 20 minutos de uma fôrma de Fairy Cakes.

FAIRY CAKES TRADICIONAIS

Para fazer 12 Fairy Cakes use a receita da p. 50 e decore com glacê rosa, usando 200 g de açúcar de confeiteiro (ou mistura para glacê real), mais ou menos 1 colher de sopa de água, corante alimentar rosa e 12 cerejas cristalizadas de cor natural ou gritantemente artificiais.

FAIRY CAKES COM BALAS SORTIDAS

Todas as crianças adoram estes Fairy Cakes, e acho estranhamente terapêutico prepará-los. Escolher as balas e grudá-las é muito envolvente e não exige quase trabalho algum. A quantidade de balas pedida na receita resulta em sobras, mas proporciona liberdade artística, o que é muito importante.

Para os cupcakes:
1 receita de Fairy Cakes da p. 50

Para o glacê e a decoração:
250 g de mistura para glacê real (talvez você precise de mais, caso vá usar muitas cores)
Corante alimentar de sua preferência
250 g de balas sortidas (jujubas e balas de fondant)

Use a receita habitual para os cupcakes, cortando qualquer pedaço que tenha crescido, de forma a obter uma superfície plana para enfeitar. Prepare o glacê seguindo as instruções da embalagem. Em uma tigela, coloque 1 colher de sopa do glacê, adicione o corante que preferir (gosto de fazer combinações artísticas) e misture. Cubra o cupcake, alise com as costas de uma colher de sobremesa e espere alguns minutos antes de colocar as balas. Se você decorar antes de o glacê começar a secar, as balas vão sair do lugar.

Rende 12 Fairy Cakes.

Crianças 225

CUPCAKES DE HALLOWEEN

Para os cupcakes:
1 receita de Fairy Cakes da p. 50

Para o glacê:
200 g de mistura para glacê real
100 g de chocolate amargo
Corantes alimentares preto e vermelho

Esta receita é mais um guia para a decoração do que qualquer outra coisa já que, por baixo, o cupcake é, novamente, o Fairy Cake comum.

Para as teias de aranha, você precisa preparar uma porção de glacê branco usando a mistura para glacê real, e outra de glacê preto, que você faz derretendo o chocolate no micro-ondas (em potência média por 1 ou 2 minutos), ou em banho-maria (ou seja, uma tigela sobre uma panela com água quente, sem que a tigela toque a água) e, quando estiver derretido, misturando o corante alimentar preto.

Corte todos os topos dos cupcakes para obter uma superfície plana na qual trabalhar e cubra-os com glacê branco. Depois, espalhando com uma colher de café, faça uma espiral escura em cima. Então, usando uma faca ou (o que eu prefiro) um palito de bambu, desenhe linhas do centro para as bordas como se estivesse fazendo os raios do sol ou de uma roda. Não se preocupe demais com perfeição. Para começar, você pode colocar seus filhos para fazer isso e, em segundo lugar, eles também ficam lindos quando não estão perfeitos.

Outro cupcake fácil e assustador pode ser coberto com glacê branco, depois manchado com glacê vermelho, para criar um efeito caricato de sangue espirrado.

Rende 12 cupcakes.

VARIAÇÃO

Obviamente, você também pode usar a técnica para fazer biscoitos de Halloween; basta seguir a receita dos Biscoitos Amanteigados Recortados e usar um cortador de teia de aranha. Você pode preferir fazer outros formatos do tema — os cortadores normalmente vêm em pacotes com fantasma, teia de aranha, bruxa, gato e abóbora. Esta última só precisa de glacê laranja, mas se você fizer os talos com frutas cristalizadas verdes vai melhorar muito o efeito final. Para os gatos, prepare um pouco de glacê com mais ou menos 100 g de açúcar peneirado e algumas gotas de água fervente, depois, misture com chocolate amargo derretido, como na receita original, adicionando um pouco de corante alimentar preto em gel após misturar o chocolate e o glacê. Coloque dois confeitos prateados para fazer os olhos do gato.

BOLOS BORBOLETA

Para os bolos:

1 receita de Fairy Cakes da p. 50, mais 1 colher de chá cheia de fermento em pó adicionado à farinha

Para a cobertura:

100 g de manteiga sem sal, bem amolecida
100 g de açúcar de confeiteiro peneirado
Corante alimentar, se quiser

Siga as instruções e as quantidades dos Fairy Cakes, adicionando apenas 1 colher de chá cheia de fermento em pó à farinha de trigo com fermento para obter cupcakes bem crescidos.

Corte os topos com uma pequena faca afiada e reserve, deixando os Fairy Cakes perfeitamente planos. Enquanto esfriam sobre uma grelha de metal, prepare a cobertura de manteiga. Em uma tigela, coloque a manteiga e adicione o açúcar de confeiteiro, aos poucos, até ter incorporado tudo. Não é uma ciência exata; sua cobertura pode chegar à consistência certa antes de você adicionar todo o açúcar, ou você pode querer acrescentar mais manteiga no fim. Coloque uma colherada de cobertura de manteiga no centro de cada cupcake, corte os topos ao meio verticalmente antes de recolocá-los invertidos sobre o bolo. Com alguns ajustes, as duas partes devem ficar parecidas com asas de borboleta.

Rende 12 bolos.

CROCANTES DE FLOCOS DE MILHO

Você quer mesmo fazer um aniversário infantil sem eles?

100 g de chocolate ao leite
25 g de manteiga sem sal
1 colher de chá de melado de cana claro, mel ou xarope de milho

50 g de flocos de milho
28 forminhas de papel para doces

Derreta o chocolate e a manteiga — veja vários métodos para isso na minha introdução do capítulo de Chocolate (p. 173). Adicione o melado. Cubra bem os flocos de milho com a mistura de chocolate — o jeito mais fácil é simplesmente misturá-los com a combinação semilíquida — e encha as forminhas. Coloque as forminhas de papel sobre tabuleiros e deixe-as firmar na geladeira.

Rende 28 crocantes.

Crianças 227

MUFFINS DE SNICKERS E MANTEIGA DE AMENDOIM

Estes muffins têm um charme especial — acho que os ingredientes falam por si próprios. Mas talvez eu deva acrescentar que os adultos também os acham maravilhosos.

250 g de farinha de trigo
6 colheres de sopa (85 g) de açúcar refinado dourado
1 ½ colher de sopa de fermento em pó
1 pitada de sal
6 colheres de sopa (160 g) de manteiga de amendoim crocante

60 g de manteiga sem sal, derretida
1 ovo grande batido
175 ml de leite
195 g de Snickers picados
1 fôrma para 12 muffins forrada com 12 forminhas de papel

Preaqueça o forno a 200°.

Misture a farinha, o açúcar, o fermento e o sal. Junte a manteiga de amendoim e misture até obter migalhas grossas. Ao leite, acrescente a manteiga derretida e o ovo e misture. Junte aos ingredientes da tigela e misture delicadamente. Adicione os pedaços de Snickers e despeje nas forminhas de muffin.

Asse por 20 a 25 minutos. Depois desse tempo, os topos devem estar crescidos, dourados e firmes ao serem tocados (de leve). Coloque a fôrma sobre uma grelha de metal por 5 a 10 minutos antes de retirar cada muffin de sua forminha e deixe-os sobre a grelha para esfriar. Se você conseguir.

Rende 12 muffins.

MUFFINS DE BANANA

Qualquer tipo de muffin é fácil e rápido para uma criança fazer, já que a massa não pode ser misturada com muita veemência ou ficar homogênea. O bônus desta receita é que crianças pequenas têm uma paixão sem limites por amassar bananas. Em outras palavras, uma criança de 2 anos relativamente obediente pode sentir que preparou estes muffins praticamente sozinha. Você mesma precisa derreter a manteiga e fazer outras coisas, mas — embora talvez eu seja irresponsavelmente negligente com o envolvimento infantil aqui —, no geral, você pode lidar com todo o exercício com a serena abordagem de não intervir.

Todos os ingredientes podem ser comprados em qualquer mercadinho local, assim como os da próxima receita. Não faz diferença se você usar fôrmas para minimuffins ou as de tamanho normal: você obterá cerca de 24 dos primeiros e 10 do segundo. Na minha opinião, os menores ficam mais gostosos ainda quentes; os maiores, quando frios. Apenas lembre-se de comprar as forminhas de papel do tamanho certo para as fôrmas que tiver.

30 g de manteiga sem sal

60 g (3 colheres de sopa de 15 ml transbordando) de mel claro

½ colher de chá de extrato de baunilha

2 bananas grandes bem maduras

150 g de farinha de trigo

1 colher de chá cheia de fermento em pó

½ colher de chá de bicarbonato de sódio

½ colher de chá de canela

1 pitada de sal

1 fôrma para 12 muffins forrada com 12 forminhas de papel

Preaqueça o forno a 190º.

Em uma panela em fogo baixo, coloque a manteiga, o mel e o extrato de baunilha. Quando derreter, retire a panela do fogo e reserve.

Em um prato, amasse as bananas, e, em outra tigela, coloque a farinha, o fermento, o bicarbonato, a canela e o sal. Combine a mistura de manteiga derretida com as bananas e depois junte-a aos ingredientes secos. Não misture demais: basta mexer algumas vezes. Você vai obter uma massa encaroçada não muito atraente, mas não se preocupe com isso.

Encaixe as forminhas de papel nas fôrmas de muffin e encha-as de massa até cerca de ²/₃. Leve ao forno e asse por 25 minutos. Deixe na fôrma por 5 minutos, depois, transfira os muffins nas forminhas para uma grelha de metal e deixe por mais 5 a 10 minutos, ou até esfriarem.

Rende 12 muffins.

MUFFINS DE DONUT COM GELEIA

Eu tenho de tentar evitar fazer esta receita, pois sei que todas as vezes que os sugiro, fingindo que só estou pensando na felicidade dos meus filhos, é porque estou louca para comê-los — e aí como. A manteiga derretida e o açúcar nos quais eles são passados enquanto ainda estão quentes os tornam irresistíveis. Claro, estes muffins são muito mais fáceis de preparar que donuts de verdade, e as crianças podem fazer grande parte do trabalho sozinhas. Você só precisa ajudá-las a comê-los.

125 ml de leite

85 ml de óleo de milho ou outro óleo vegetal, e mais para untar

1 ovo grande

½ colher de chá de extrato de baunilha

200 g de farinha de trigo com fermento

100 g de açúcar refinado

12 colheres de chá de geleia de morango

100 g de manteiga sem sal

150 g de açúcar refinado

1 fôrma para 12 muffins de silicone, ou incrivelmente bem-untada

Preaqueça o forno a 190º.

Com um garfo, bata o leite, o óleo, o ovo e o extrato de baunilha. Misture esses ingredientes com a farinha e o açúcar refinado apenas para combinar: não tem problema se ficar encaroçada — se você bater demais os muffins vão ficar duros. Despeje a massa na fôrma enchendo pouco menos de ⅓ dos orifícios. Com uma colher de chá, adicione um pouco de geleia de morango e cubra com mais massa de muffins até encher os orifícios quase até a boca.

Leve-os ao forno preaquecido e asse por 20 minutos, ou até os topos estarem macios e resistentes e os muffins tiverem crescido até ficarem parecidos com pequenos cogumelos.

Enquanto isso, derreta lentamente a manteiga em uma panela de fundo grosso e despeje o açúcar em uma tigela larga e rasa. Assim que os muffins estiverem prontos, retire-os da fôrma, mergulhe-os na manteiga e passe-os no açúcar granulado. Coma quentes.

Rende 12 muffins.

JOIAS DE MANTEIGA DE AMENDOIM E GELEIA

Esta receita não passa de uma evocação em forma de biscoito da combinação favorita das crianças americanas: manteiga de amendoim e geleia. Em um sanduíche, a mistura não me convence muito, mas aqui, em um biscoito macio e amanteigado, o sabor é maravilhoso. E eles ficam lindos, como o tipo de joia usada por princesas de contos de fadas.

125 g de manteiga sem sal, amolecida
150 g de açúcar refinado
125 g de açúcar mascavo claro
200 g de manteiga de amendoim
2 ovos grandes
1 colher de chá de extrato de baunilha

300 g de farinha de trigo
½ colher de chá de fermento em pó
¼ de colher de chá de sal
Geleia de morango suficiente para 50 colheradas de café

2 a 3 tabuleiros

Preaqueça o forno a 180°.

Bata a manteiga e os açúcares até obter um creme, e adicione a manteiga de amendoim, combinando. Depois, acrescente os ovos e a baunilha. Junte a farinha, o fermento e o sal e misture, até formar uma massa úmida e pegajosa. Leve-a à geladeira para firmar por pelo menos 1 hora, cobrindo a tigela com filme plástico.

Pegue pequenas quantidades da massa, mais ou menos uma colher de chá rasa, forme bolinhas de 2 a 3 cm de diâmetro com as mãos e deposite-as no tabuleiro, amassando levemente com a mão. Pressione cada biscoito com o polegar com bastante firmeza, ou a concavidade vai desaparecer ao assar.

Quando os tabuleiros estiverem cheios, leve ao forno e asse por 10 a 15 minutos. Depois desse tempo, os biscoitos devem estar cozidos. Não importa se ficarem um pouco moles, pois vão firmar ao esfriar, mas verifique a parte de baixo de um para ter certeza de que não estão mais crus.

Assim que tiver tirado os biscoitos do forno, deposite uma pequena quantidade (cerca de 1 colher de café) de geleia em cada concavidade, para fazer uma joia. Coloque os biscoitos sobre uma grelha de metal para esfriar. A geleia já vai ter derretido um pouco e começará a firmar, formando uma gema brilhante e vermelha no meio de sua moldura de manteiga de amendoim. A geleia endurece um pouco, não o suficiente para deixar o biscoito desagradável, mas para ficar no lugar, de forma que você pode empilhá-los, em latas ou potes, sem estragá-los.

Rende cerca de 50 joias.

QUADRADINHOS DE MANTEIGA DE AMENDOIM

Não sei se você já comeu os chocolates com recheio de amendoim da Reese's, mas esta receita é uma versão caseira deles. E se descontar o derretimento do chocolate (que, de qualquer maneira, pode ser feito no micro-ondas), não há cozimento algum envolvido. Talvez você ache que ver a forma como a massa é feita — apenas com manteiga de amendoim, manteiga e açúcar — pode dissuadi-la de comê-los. Infelizmente, não.

Para a base:

50 g de açúcar mascavo escuro
200 g de açúcar de confeiteiro
50 g de manteiga sem sal
200 g de manteiga de amendoim

Para a cobertura:

200 g de chocolate ao leite
100 g de chocolate amargo
1 colher de sopa de manteiga sem sal
1 fôrma quadrada para brownies, de 23 cm, forrada, de preferência com tapete culinário de silicone

Misture todos os ingredientes da base até ficarem homogêneos. Eu uso o batedor plano da minha batedeira, que meus filhos adoram operar, porém, uma tigela e uma colher de pau também funcionam muito bem. De qualquer jeito, você vai descobrir que parte do açúcar mascavo não se desfaz, mas não se preocupe com isso. Pressione a mistura arenosa contra a fôrma para brownies forrada e alise a superfície o máximo que puder.

Para fazer a cobertura, derreta os chocolates e a manteiga juntos (em um micro-ondas para facilitar, por 1 ou 2 minutos em potência média) e espalhe sobre a base. Leve a fôrma à geladeira para firmar. Quando o chocolate tiver endurecido, corte em quadrados pequenos — porque, embora seja inegavelmente delicioso, também é muito pesado.

Rende aproximadamente 48 quadradinhos.

Crianças 233

ROCKY ROAD

Desde que eu li que castanhas-do-pará fazem muito bem à saúde, contendo o selênio essencial, e que devemos comer três por dia, passei a considerar esta receita uma comida saudável. Na verdade, eles são aglomerados de castanhas-do-pará e minimarshmallows, ligados por um invólucro de chocolate derretido. Você pode alterar a proporção de chocolate amargo e ao leite, se quiser, mas, como sempre, eu realmente acho que vale a pena usar o melhor chocolate que encontrar.

200 g de chocolate ao leite
25 g de chocolate amargo
75 g de castanhas-do-pará
75 g de minimarshmallows

1 tabuleiro forrado com papel antiaderente, tapete culinário de silicone ou papel-alumínio untado

Derreta os chocolates no micro-ondas ou em banho-maria. Pique grosseiramente as castanhas-do-pará e misture-as, junto com os minimarshmallows, ao chocolate.

Despeje colheradas de sopa cheias em um tabuleiro forrado e deixe esfriar em um lugar frio, mas não leve à geladeira, se for possível; isso tira parte do brilho do chocolate.

Rende 12 rocky roads.

VARIAÇÃO
Você pode picá-los e misturar com sorvete de baunilha ou de chocolate levemente amolecido.

MAÇÃS CARAMELADAS

Embora esta receita seja direcionada para crianças, elas não podem participar do preparo. Eu me queimei duas vezes enquanto a fazia: não foi grave, mas eu não gostaria de ter uma criança por perto.

Claro, você pode usar palitos para maçãs carameladas, especialmente feitos e vendidos para esse propósito, mas galhos diretamente da árvore ficam lindos. Se não tiver um jardim, basta levar uma tesoura forte quando sair.

Você pode usar essa quantidade de caramelo para muito mais maçãs, se precisar delas.

10 maçãs, de preferência orgânicas
10 galhinhos ou ramos fortes, mas finos
1 kg de açúcar demerara
300 ml de água
1 colher de sopa de vinagre
175 g de manteiga sem sal

2 colheres de sopa de melado de cana claro, mel ou xarope de glucose
1 tabuleiro forrado com tapete culinário de silicone ou papel-alumínio untado

Se não usar maçãs orgânicas, lave-as: a cera impede a aderência adequada do caramelo. Seque-as; depois, remova os talos e as empale, com os galhinhos ou ramos, no lugar onde os talos estavam.

Em uma panela grande de fundo grosso, aqueça o açúcar e a água. Quando o açúcar estiver dissolvido, acrescente o vinagre e o melado. Ferva por cerca de 45 minutos, mas comece a testar depois de 30 minutos. Para testar, encha uma tigela grande com água gelada e jogue uma pequena quantidade de caramelo dentro dela; se estiver pronto, irá endurecer de imediato. Mantenha a água por perto, porque você vai precisar dela para as maçãs mais tarde.

Mergulhe cada maçã no caramelo, girando o galhinho. Depois, segure sobre a panela de caramelo (mantendo o fogo aceso, mas baixo) e gire-a cerca de 10 vezes para que o caramelo forme uma boa casca ao redor da maçã. Então, mergulhe a maçã caramelada na água gelada e gire, submersa, mais 10 vezes. Transfira para o tabuleiro forrado e continue com as maçãs restantes.

Rende 10 maçãs carameladas.

BARRINHAS DOS SONHOS

Esta é uma daquelas receitas densas, macias e crocantes que os americanos preparam tão bem em assadeiras. A base é um shortbread amanteigado e quebradiço que você pressiona contra a fôrma, e a parte de cima é uma mistura pegajosa de nozes e coco, e uma cobertura mole semelhante a um caramelo pegajoso. O nome cai como uma luva.

Você pode usar quaisquer nozes que preferir; só gosto das castanhas-do-pará e das castanhas-de-caju por sua crocância tropical.

Para a base:

200 g de manteiga sem sal, bem amolecida

4 colheres de sopa de açúcar mascavo claro

4 colheres de sopa de açúcar refinado

1½ colher de chá de extrato de baunilha

250 g de farinha de trigo

1 pitada de sal

1 fôrma quadrada para brownie, de 23 cm, untada e forrada

Para a cobertura:

3 ovos grandes

1½ colher de chá de extrato de baunilha

125 g de açúcar mascavo

3 colheres de sopa de farinha de trigo com fermento

1 pitada de sal

½ colher de chá de fermento em pó

100 g de coco ralado

75 g de castanhas-do-pará grosseiramente picadas

75 g de castanhas-de-caju cruas e sem sal

Preaqueça o forno a 180º.

Bata a manteiga e os açúcares até obter um creme, e, quando estiver claro e fofo, adicione a baunilha, a farinha e o sal, misturando bem para combinar. Despeje isso na fôrma preparada e pressione com os dedos. Leve ao forno e asse por 10 minutos. Depois, retire e deixe esfriar um pouco antes de espalhar a cobertura.

Para prepará-la, bata os ovos com a baunilha e, sem parar de bater, adicione o açúcar. Misture a farinha, o sal e o fermento e junte aos ovos com açúcar. Acrescente o coco e as castanhas e espalhe essa cobertura por cima da base de shortbread parcialmente assada.

Retorne a fôrma ao forno e espere 30 minutos, depois, retire e deixe esfriar, ainda na fôrma, sobre uma grelha de metal. Corte em quadradinhos ou barrinhas, como quiser.

Rende 10 a 12 barrinhas.

Crianças 237

FUDGE

Acho que fudge foi o primeiro doce que fiz quando criança (nossa família jamais gostou muito de bolos), e ainda o adoro. Também gosto de fudge de chocolate, mas o verdadeiro fudge para mim é deste tipo — amanteigado, aromatizado com baunilha e extremamente doce.

Não se assuste com a menção a termômetros para doces e temperaturas específicas. Basta manter uma tigela de água gelada ao lado do fogão e jogar periodicamente um pouco de fudge ali dentro; o doce estará pronto se mantiver a forma. Simples assim. Às vezes, perco tempo com termômetros para doces — eu tenho um, mas não ganho muito com isso. Mesmo assim, há quem prefira lidar com essas coisas cientificamente, então, também forneço temperaturas ideais precisas.

500 g de açúcar refinado
50 g de manteiga sem sal
100 ml de leite evaporado
1 colher de chá de extrato de baunilha

1 fôrma de 20 x 16 cm ou 1 fôrma de alumínio de 15 x 12,5 cm, untada com manteiga

Em uma panela de fundo grosso, coloque o açúcar, a manteiga e o leite evaporado e deixe ferver. Cozinhe essa mistura em fogo baixo, mexendo de vez em quando para impedir que grude. Continue até o termômetro atingir 115°, ou até que a mistura comece a manter a forma dentro da água gelada. Isso vai levar de 5 a 10 minutos.

Retire a panela do fogo, misture a baunilha e continue a mexer, até o fudge ficar grosso e cremoso — quase granulado. Ao atingir esse ponto, transfira a massa para a fôrma untada, e deixe esfriar.

Corte o fudge em quadradinhos ou na forma que quiser.

Rende 25 a 30 quadradinhos.

CARAMELO DE CINZAS

Este é apenas mais um nome poético e antiquado para um doce chamado favo de mel — as "cinzas" provavelmente referem-se à textura fragmentada, resultado da introdução de ar que o bicarbonato proporciona.

200 g de açúcar refinado

4 colheres de sopa de melado de cana claro, mel ou xarope de milho

1 colher de sopa de bicarbonato de sódio

1 fôrma quadrada de 21 cm, bem untada com manteiga

Unte a fôrma quadrada de 21 cm (ou de 20 cm, se for o que você tem) generosamente com manteiga. Em uma panela de fundo grosso, fora do fogo, misture o açúcar e o melado. Leve ao fogo de médio a baixo e deixe ferver por 3 a 4 minutos (este tempo é baseado no uso de uma panela de 20 cm). Retire a mistura do fogo quando ela se tornar uma densa massa borbulhante da cor de um caramelo-ferrugem — não mais escura.

Fora do fogo, misture rapidamente o bicarbonato e observe o caramelo espumar, formando uma nuvem opaca e dourada, como algo saído de um filme de ficção científica. Transfira para a fôrma e deixe firmar — o que leva algumas horas. Você pode tentar cortá-lo, mas o melhor jeito é quebrá-lo em pedaços.

VARIAÇÃO

Você pode fatiar o caramelo da melhor forma que conseguir, sem se preocupar muito com uniformidade e beleza, e mergulhá-lo em chocolate derretido antes de deixar secar sobre um tapete culinário de silicone ou um papel-alumínio untado para fazer Crunchies caseiros.

Ou, para preparar seu próprio sorvete com caramelo, misture os pedaços de caramelo, sem o chocolate, com um sorvete de baunilha feito em casa ou comprado pronto.

NINHOS DE PÁSCOA

Sim, eles são fofos; sim, eles são *kitsch*, mas eu os adoro mesmo assim. Não posso dizer que fico desesperada para comê-los, mas, por sorte, meus filhos ficam.

200 g de chocolate ao leite
25 g de chocolate amargo
25 g de manteiga sem sal
100 g de cereal integral de trigo

25 ovinhos coloridos de chocolate, aproximadamente
1 tabuleiro forrado com tapete culinário de silicone ou papel-alumínio untado

Quebre o chocolate em pedaços pequenos e coloque-os em uma tigela de vidro com a manteiga. Derreta em potência média no micro-ondas por cerca de 2 minutos — eu deixo 1 minuto, depois verifico se precisa de mais tempo — ou em banho-maria. Quando derreter, mexa e reserve. É preciso que esfrie um pouco, senão, pode queimar as mãos das crianças. Despedace o cereal de trigo em outra tigela.

Depois, misture o conteúdo das duas tigelas e transfira uma pequena quantidade para o tabuleiro pronto, formando ninhos redondos com cerca de 7 cm de diâmetro. Não se preocupe se achar que os ingredientes não vão firmar: firmarão assim que esfriarem. Deixe em um local fresco (não leve à geladeira) até firmar, depois, passe para um prato ou uma tábua de madeira e preencha o centro com os ovinhos (cerca de 5 por ninho).

Rende 5 ninhos.

MERENGUES (E NINHOS DE MERENGUE)

Nunca conheci uma criança que não gostasse de merengues, e eles são facílimos de fazer. O melhor jeito de você (ou seu filho) gravar o modo de preparo é se lembrar de que, para cada ovo, são necessários 60 g de açúcar refinado; e que essa quantidade, por sua vez, vai lhe proporcionar cerca de 10 merengues de 6 cm de diâmetro. Por isso, vou lhe passar apenas o modo de fazer:

Preaqueça o forno a 140º.

Bata a(s) clara(s) até ficar firme, mas não seca; os picos devem ficar firmes e manter a forma. Continue batendo, polvilhando colheradas de sopa de açúcar até tudo ter sido incorporado e formar uma massa brilhante e acetinada. Você pode usar um saco de confeiteiro para formar os merengues sobre tabuleiros forrados (mas não untados); eu despejo colheradas de sobremesa sobre os tabuleiros e depois uso as costas de uma colher para obter pequenos merengues redondos e pontudos. Para fazer os ninhos, basta usar as costas da colher para criar o formato de um. Asse por 60 a 70 minutos e mantenha os ninhos no forno desligado por 20 minutos antes de retirá-los para esfriar.

Crianças 241

BARRINHAS DE AVEIA DA SOOT

Barrinhas de aveia são algo muito antiquado e reconfortante, o tipo de comida que você deveria fazer usando a receita de uma mãe. Mas a minha mãe não gostava desse tipo de culinária. Por sorte, Soot, a mãe de Hettie, que foi um espírito calmo e tranquilizador ao longo de nosso trabalho neste livro, gostava. Esta é a receita que pegamos do livro escrito à mão que Hettie herdou dela.

Não é algo ortodoxo, mas, seguindo o conselho de uma amiga que as comeu assim em Alderney, adicionei 1 colher de chá rasa de gergelim, salpicado antes de assar.

450 g de aveia em flocos
75 g de açúcar mascavo claro
300 g de manteiga sem sal
150 g de melado de cana claro, mel ou
 xarope de milho

Sementes de gergelim (opcional)
1 fôrma quadrada para brownie, de
 23 cm, untada com manteiga

Preaqueça o forno a 190º.

Misture a aveia com o açúcar, depois, derreta a manteiga com o melado em fogo baixo e junte à aveia com açúcar. Pressione a massa contra a fôrma, salpique o gergelim por cima, caso vá usar, e asse por 25 minutos. Deixe esfriar na fôrma e corte as barrinhas em nove quadrados, depois, corte cada quadrado em triângulos.

Rende 18 barrinhas.

BOLO DE COCA-COLA

Eu não pretendo me tornar a rainha europeia das receitas com Coca-Cola, mas encontrei várias versões deste bolo em diversos livros americanos e, naturalmente, depois do Presunto com Coca-Cola de *How To Eat*, precisei experimentar esta. É apenas um bolo de chocolate divinamente macio — e não há nada errado com isso. E por mais estranho que possa parecer, todo mundo adora quando o preparo.

Para o bolo:
200 g de farinha de trigo
250 g de açúcar refinado dourado
½ colher de chá de bicarbonato de sódio
¼ de colher de chá de sal
1 ovo grande

125 ml de leitelho (ou 30 g de iogurte
 com 100 ml de leite semidesnatado)
1 colher de chá de extrato de baunilha
125 g de manteiga sem sal
2 colheres de sopa de cacau em pó
175 ml de Coca-Cola

1 fôrma de fundo removível, de 22 ou 23 cm, forrada com papel-alumínio para evitar vazamentos, e, depois, untada

Para a cobertura:

225 g de açúcar de confeiteiro
2 colheres de sopa (30 g) de manteiga
3 colheres de sopa (45 ml) de Coca-Cola
1 colher de sopa de cacau em pó
½ colher de chá de extrato de baunilha

Preaqueça o forno a 180° e coloque um tabuleiro dentro dele.

Em uma tigela grande, combine a farinha, o açúcar, o bicarbonato e o sal. Bata o ovo, o leitelho e a baunilha em uma jarra medidora. Em uma panela de fundo grosso, derreta a manteiga com o cacau e a Coca-Cola, aquecendo levemente. Despeje esse líquido sobre os ingredientes secos, mexa bem com uma colher de pau e adicione os ingredientes da jarra medidora, batendo até ficar homogêneo.

Transfira a massa para a fôrma preparada e asse sobre o tabuleiro quente por 40 minutos, ou até um testador de bolos sair limpo.

Deixe descansar por 15 minutos antes de desenformar. Depois abra a fôrma, retire o papel-alumínio e coloque sobre uma grelha de metal, colocando uma folha de papel-manteiga ou coisa do tipo sob a grelha para aparar quaisquer respingos de cobertura.

Peneire o açúcar de confeiteiro e reserve. Em uma panela de fundo grosso em fogo baixo, adicione a manteiga, a Coca-Cola e o cacau e mexa até a manteiga derreter. Retire do fogo, junte a baunilha e acrescente o açúcar peneirado aos poucos, sem parar de bater, até obter uma cobertura com a consistência adequada para espalhar, mas ainda líquida.

Despeje essa cobertura sobre o bolo ainda morno e deixe esfriar antes de transferir para o prato de servir, retirando o papel-manteiga usado.

Serve 8 a 10 pessoas.

VARIAÇÕES

Misture 50 g de nozes picadas à massa antes de transferi-la para a fôrma. Depois que o bolo já estiver com a cobertura, decore-o com quantas metades de nozes quiser.

Ou faça cupcakes de Coca-Cola despejando essa massa em uma fôrma para 12 muffins forrada com forminhas de papel. Coloque a cobertura por cima assim que tirá-los do forno. Em vez de decorar cada um com uma metade de noz, você pode comprar balas de goma que parecem garrafinhas de Coca-Cola e colocar uma sobre cada cupcake depois que a cobertura esfriar um pouco, mas antes que tenha firmado.

Rende 12 cupcakes.

DOMINÓS DE MENTA

São simplesmente tijolinhos achatados de creme de hortelã-pimenta mergulhados em chocolate amargo para ficarem parecidos com peças de dominó. Não sei se os serviria com café depois do jantar — mas nunca se sabe —, porém, são perfeitos para a culinária infantil. Além disso, o contraste entre o chocolate amargo e a menta refrescante é boa. Embora estes doces sejam para crianças, uso o chocolate mais escuro, amargo e malvado que consigo encontrar.

500 g de açúcar de confeiteiro
2 claras de ovos, batidas até espumarem

½ colher de chá de essência de hortelã-pimenta
100 g de chocolate amargo derretido

Peneire o açúcar em uma tigela e adicione o suficiente das claras batidas para formar uma massa firme. Junte algumas gotas de essência de hortelã-pimenta a gosto. Amasse a massa levemente, abra-a com uma espessura de mais ou menos 5 mm sobre uma superfície polvilhada com um pouco de açúcar. Corte em retângulos do tamanho de dominós, depois, deixe secar por um dia.

Pincele metade do dominó com chocolate derretido, pingue pequenas gotas de chocolate nas metades brancas com um espeto de madeira e arrume os dominós para secar sobre um pedaço de tapete culinário de silicone ou papel-alumínio untado.

Rende cerca de 22 dominós.

VARIAÇÃO

Para fazer as tradicionais rodelas de hortelã-pimenta, depois de abrir a massa, corte em círculos de 3 cm com um cortador liso. Deixe-as secar como na receita original, e mergulhe-as inteiras no chocolate.

Rende cerca de 25 rodelas.

COZINHANDO PARA O FESTIVAL DA ESCOLA

Em certos momentos da vida — e haverá muitos —, você vai precisar ser uma provedora de bolos, biscoitos e guloseimas doces variadas para um evento beneficente ou uma feira da qual a escola dos seus filhos vai participar. Claro, você não precisa preparar nada — muitos pais levam coisas compradas prontas —, mas é estranho o quanto uma fornada caseira de cupcakes pode amenizar a culpa por se atrasar para a reunião de pais.

MINICHEESECAKES

Esta receita é muito fácil, mas devo dizer que forrar as forminhas de minimuffins com a crosta de biscoitos maisena pode ser meio entediante. É neste ponto que seus queridos filhos entram — os dedinhos deles são perfeitos para essa tarefa.

100 g de manteiga sem sal
250 g de biscoitos maisena
200 g de cream cheese
50 g de açúcar refinado
1 ovo grande

2 colheres de sopa (30 ml) de creme azedo
½ colher de chá de extrato de baunilha
**2 colheres de chá de suco de limão-
-siciliano**
2 fôrmas para 12 minimuffins

Preaqueça o forno a 190°.

Em uma panela, derreta a manteiga. Coloque os biscoitos maisena grosseiramente quebrados no processador, e bata. Ainda processando, adicione a manteiga derretida pelo bocal da tampa. Transfira essa farofa úmida para um prato ou uma tigela. Coloque 1 colher de chá cheia da base de biscoitos em cada forminha de minimuffins, pressione contra o fundo e as laterais com os dedos e leve à geladeira para endurecer.

Bata o cream cheese até ficar fofo, depois, adicione o açúcar. (Você pode fazer tudo isso na tigela lavada do processador.) Junte o ovo, bata bem e adicione o creme azedo, a baunilha e o suco de limão-siciliano, combinando tudo até ficar homogêneo e cremoso.

Coloque a mistura de cream cheese em uma jarra medidora e despeje um pouco em cada forminha de minimuffins, deixando uma borda de biscoito ainda visível. Leve ao forno e asse por cerca de 10 minutos. Depois desse tempo o recheio de cream cheese deve estar firme.

Deixe esfriar e leve à geladeira por no mínimo 3 horas, antes de retirar com cuidado os muffins das forminhas. Ou, se você for como eu e perder a paciência, após alavancá-los com toda a delicadeza com uma espátula de silicone, vire as fôrmas e bata com firmeza, desenformando os pequenos cheesecakes sem estragá-los.

Rende 24 minicheesecakes.

Crianças 245

BOLO DE GENGIBRE FRESCO COM GLACÊ DE LIMÃO-SICILIANO

Tendo comandado uma barraquinha de bolos na escola da minha filha no ano passado, posso dizer que existem dois tipos de comidas ideais para festivais: porções pequenas e individuais de aparência fofa que possuem preços altos por unidade, e doces de assadeira, que podem ser feitos sem esforço ou habilidade e fatiados. Esta receita se encaixa na segunda categoria, e ainda tem a virtude de atrair pais e avós que sentem que algo na barraquinha de bolos deveria ser satisfatoriamente antiquado. O gengibre fresco é um toque moderno, admito, mas sempre tenho um pouco na geladeira e queria experimentar de um jeito menos contemporâneo e asiático (funcionou). O glacê de limão-siciliano também pode não ser convencional, mas há outra razão totalmente prática para isso: coisas marrons — se não forem de chocolate — não vendem muito bem; e a elegância do limão-siciliano na cobertura é perfeita sobre a perfumada doçura do bolo.

Para o bolo de gengibre:

150 g de manteiga sem sal

125 g de açúcar mascavo escuro

200 g de melado de cana claro, mel ou xarope de milho

200 g de melado de cana escuro

2 colheres de chá de gengibre fresco ralado fino

1 colher de chá de canela em pó

250 ml de leite

2 ovos grandes, levemente batidos

1 colher de chá de bicarbonato de sódio dissolvido em 2 colheres de sopa de água quente

300 g de farinha de trigo

1 assadeira de aproximadamente 30 x 20 x 5 cm, untada e forrada com tapete culinário de silicone, papel-alumínio ou papel-manteiga

Para o glacê:

1 colher de sopa de suco de limão-siciliano

175 g de açúcar de confeiteiro peneirado

1 colher de sopa de água quente

Preaqueça o forno a 170°.

Em uma panela, derreta a manteiga com o açúcar, os melados de cana, claro e escuro, o gengibre e a canela. Fora do fogo, junte o leite, os ovos e o bicarbonato de sódio diluído.

Coloque a farinha em uma tigela e despeje os ingredientes líquidos, batendo até ficar homogêneo. A massa será bem líquida. Transfira para a assadeira e asse por 45 minutos a 1 hora, até que cresça e esteja firme. Cuidado para não assar demais, pois o bolo fica melhor um pouco pegajoso, e de um jeito ou de outro vai continuar cozinhando enquanto esfria.

Quando estiver frio, prepare o glacê. Comece misturando o suco de limão com o açúcar de confeiteiro. Adicione a água aos poucos. Você precisa de um glacê grosso, então tenha cuidado e saiba que talvez você não precise usar a água toda. Espalhe sobre o bolo de gengibre frio com uma espátula e deixe firmar antes de cortar.

Rende 20 pedaços.

MINIPAVLOVAS

Por causa das frutas — e do creme de leite também — esta receita não é barata, porém, sempre tenho um estoque de claras congeladas, então, já me considero na metade do caminho antes mesmo de começar. Na verdade, você provavelmente vai conseguir vendê-las por um bom preço. Mas é preciso ter um suprimento de pratos de papel e guardanapos, pois elas não são tão pequenas para serem comidas em uma só mordida.

O que faço é levar comigo um grande pote de merengues, outro recipiente hermético com chantilly e, em outro, ou ainda nas caixinhas, as frutas silvestres. Também levo meu coador de chá, uma colher de chá, um pacote de açúcar de confeiteiro, pratos de papel e garfinhos de plástico. Quando chego na minha barraquinha, arrumo as bases de merengue, coloco um pouco de creme por cima, arranjo as frutas e polvilho com açúcar de confeiteiro, polvilhando mais um pouco por cima de vez em quando, pois o açúcar se dissolve nas frutas. É trabalhoso, mas vale a pena: elas ficam tão lindas que as pessoas não conseguem se conter e pagam qualquer preço exorbitante que você cobrar.

8 claras de ovos grandes
1 pitada de sal
500 g de açúcar refinado
4 colheres de chá de amido de milho
1 colher de chá rasa de extrato de
** baunilha**
2 colheres de chá de vinagre de vinho
** branco**

750 ml de creme chantilly
750 g de amoras
750 g de framboesas
Açúcar de confeiteiro para polvilhar
3 tabuleiros forrados com papel-manteiga
Coador de chá

Preaqueça o forno a 180º.

Bata as claras com o sal até formarem picos firmes, mas não deixe que fiquem duras. Adicione delicadamente o açúcar às colheradas, sem parar de bater, até obter uma tigela cheia de merengue brilhante, acetinado e parecido com a neve. Acrescente o amido de milho, algumas gotas do extrato de baunilha e o vinagre e mexa para combinar.

Desenhe seis círculos de aproximadamente 10 cm (usando um copo como guia, rabisque o papel-manteiga, se isso ajudar) em cada tabuleiro forrado. Com uma colher, coloque o merengue dentro dos círculos delineados no papel, espalhe e alise para preenchê-los. Os merengues devem ficar um pouco mais altos nas bordas, então, basta usar as costas de uma colher para fazer uma cavidade no centro, que depois vai receber o chantilly e as frutas. Leve ao forno, baixe a temperatura para 150º e asse por 30 minutos. Desligue o forno e deixe-os lá dentro por mais 30 minutos. Em seguida, retire-os do forno para esfriar. Eu me limito a transferi-los, ainda sobre o papel-manteiga, para grelhas de metal. Quando quiser montar as pavlovas, preencha a cavidade dos merengues com o chantilly, alisando-o com as costas de uma colher, deixando um ou outro pico. Ponha algumas amoras e framboesas, uma a uma, para que as pavlovas fiquem bem-recheadas, mas não abarrotadas. Polvilhe com açúcar de confeiteiro.

Rende 18 pavlovas.

Crianças 249

SHORTBREAD MILIONÁRIO DA ROXANNE

Esta foi a receita, que ganhei de outra mãe na escola da minha filha, que me apresentou à ideia de derreter o chocolate no micro-ondas. Agora me converti por completo: é mesmo a melhor maneira. E você também prepara o caramelo no micro-ondas, então, o que normalmente levaria umas boas 2 horas fica pronto em poucos minutos. Outra revelação: eu já havia usado o micro-ondas antes, mas nunca tinha percebido que ele podia melhorar as coisas, e não apenas acelerá-las.

Você pode prepará-la com uma semana de antecedência, se quiser. Mantenha o shortbread em um local fresco ou em uma lata hermética e ele ficará bom. Ou pode congelá-lo por até seis meses. Se for congelado, os quadrados devem ficar descongelando por 3 a 4 horas, em temperatura ambiente.

225 g de farinha de trigo
75 g de açúcar refinado
375 g de manteiga sem sal
1 lata de leite condensado
4 colheres de sopa de melado de cana claro, mel ou xarope de milho

325 g de chocolate amargo
1 fôrma quadrada para brownie ou similar, de 23 cm, untada e com o fundo forrado

Preaqueça o forno a 170°.

Em uma tigela, coloque a farinha e o açúcar e misture com 175 g de manteiga, formando uma bola com a massa. Pressione essa massa arenosa de shortbread na fôrma e alise-a com as mãos ou com uma espátula. Fure-a com um garfo e asse por 5 minutos, depois baixe a temperatura do forno para 150° e asse por mais 30 a 40 minutos até ficar dourada-clara e cozida. Deixe esfriar na fôrma.

Não deixe seus filhos participarem deste próximo estágio porque a mistura fica muito quente. Derreta os 200 g restantes de manteiga no micro-ondas (em uma tigela grande própria para isso) por 2 a 3 minutos, adicione o leite condensado e o melado. Bata bem a mistura até a manteiga ser totalmente incorporada. Aqueça por 6 a 7 minutos, até borbulhar, mexendo bem a cada minuto. Como uma novata no micro-ondas, achei isso meio difícil e tive de tomar cuidado para não queimar o caramelo (eu queimei uma vez), e é por isso que aconselho que cheque a cada minuto. Estará pronto quando tiver engrossado e ganhado um tom dourado. Depois de tirar do micro-ondas, deixe descansar por alguns instantes antes de mexer pela última vez. Despeje esse caramelo derretido sobre o shortbread frio e deixe firmar.

Quebre o chocolate em pedaços e derreta no micro-ondas. Despeje e espalhe sobre o caramelo (quanto menos você mexer no chocolate, mais brilhante vai ficar) e deixe esfriar. Quando estiver firme, corte o shortbread de caramelo em pedaços. Os quadradinhos podem ser guardados na geladeira para manterem a firmeza, ainda que no inverno isso talvez não seja necessário.

Rende cerca de 24 shortbreads.

MINITORTAS DE LIMÃO-GALEGO

A base destas tortinhas é a mesma dos cheesecakes, e o recheio vem de uma das Tortas de Limão-Galego. Algumas vezes as tingi de verde com um pouquinho de corante alimentar, senão é impossível diferenciá-las dos Minicheesecakes. Mas uma alternativa chique (se você preferir não usar corante alimentar) é ralar um pouco de casca de limão por cima quando elas estiverem prontas e frias.

100 g de manteiga sem sal
250 g de biscoitos maisena
2 ovos grandes, separando as gemas das claras
1 lata de leite condensado

Raspas e suco de 2 limões-galegos ou Tahiti
1 pitada de sal
2 fôrmas para 12 minimuffins

Preaqueça o forno a 170º.

Faça a base de biscoitos como se fosse para os Minicheesecakes (p. 245).

Batas as gemas até engrossarem — eu uso uma batedeira para fazer isso — e adicione, sem parar de bater, o leite condensado e o suco de limão. Se for preparar estas tortinhas com um dia de antecedência, guarde as raspas de limão em um saco de fecho hermético, ou simplesmente coloque as metades do limão em um saco e deixe para ralar a casca no dia seguinte.

Em outra tigela, bata as claras com o sal até formarem picos suaves e incorpore delicadamente às gemas. Usando uma colher de sobremesa (e uma colher de chá para raspá-la), encha as forminhas de minimuffins com a massa de biscoitos. Leve ao forno e asse por 10 minutos. Retire, deixe esfriar na fôrma, depois refrigere por um dia.

Desenforme as Minitortas seguindo o mesmo método dos Minicheesecakes. Usando um ralador da Microplane ou outro fino, salpique com as raspas de limão.

Rende 24 minitortas.

Crianças 251

MINIPÃES DE LÓ COM XAROPE DE LIMÃO TAHITI

Esta receita é apenas uma miniatura do Bolo Inglês com Xarope de Limão-Siciliano (p. 23). Você também poderia prepará-lo com limão-siciliano ou usar uma mistura de suco de laranja-pera e limão Tahiti para evocar a maravilhosa acidez das laranjas-azedas (ou até usar as próprias durante a estação). Não importa que fruta cítrica seja: esses bolinhos ingleses perfeitos têm algo particularmente atraente.

125 g de manteiga sem sal, amolecida

175 g de açúcar refinado

2 ovos grandes

Raspas de 1 limão Tahiti

175 g de farinha de trigo com fermento

1 pitada de sal

4 colheres de sopa de leite

1 fôrma para 8 minibolos ingleses muito bem untada com manteiga

Para o xarope:

4 colheres de sopa de suco de limão Tahiti (de 1 a 2 limões) e raspas para decorar

100 g de açúcar de confeiteiro

Preaqueça o forno a 180°.

Bata a manteiga com o açúcar até obter um creme e junte os ovos e as raspas de limão, misturando bem. Adicione a farinha e o sal, mexendo com delicadeza, e depois o leite. Transfira a massa para a fôrma de minibolos ingleses e asse por 25 minutos.

Enquanto os bolos estiverem no forno, prepare o xarope, pondo o suco de limão e o açúcar em uma panela pequena e aquecendo em fogo baixo até o açúcar dissolver.

Assim que os minibolos ingleses estiverem prontos, retire-os do forno e fure toda a superfície com um testador de bolos. Despeje o xarope homogeneamente por cima. Tente fazer com que o meio absorva tanto líquido quanto as laterais, depois, deixe absorver o restante. Não tente retirar os bolos da fôrma até terem esfriado um pouco e o xarope ter sido absorvido, mas saiba que se deixá-los esfriar completamente pode ser difícil desenformá-los.

Então, depois de 1 ou 2 horas, vire-os sobre uma grelha e rale um pouco de casca de limão sobre eles antes de servir (ou vender).

Rende 8 bolinhos.

NATAL

NATAL

Acho que as pessoas que nunca, jamais preparam receitas no forno talvez possam considerar fazê-lo no Natal. Isso não significa que vou enchê-la de dever de casa, apresentando este capítulo como uma espécie de projeto para as festas de fim de ano — a verdadeira questão é que no Natal você pode sentir que tem mais tempo para brincar com algumas destas receitas (ou com qualquer outra deste livro).

Devo enfatizar que, tendo sido alguém que nunca assou o próprio bolo de Natal nem preparou o próprio pudim de Natal, é profundamente satisfatório quando o fazemos. Não estou dizendo que isso deva se tornar uma obrigação anual, uma fonte de pressão em vez de prazer. Uma das melhores coisas da vida adulta é poder decidir que rituais e cerimônias você quer adotar para dar forma à sua vida e quais quer abandonar porque a restringem. É verdade, acho que é preciso mais determinação para eliminar hábitos herdados que você não quer manter durante o Natal; é difícil não sentir que o jeito que você sempre agiu quando era criança é o jeito certo. Então, eu deliberadamente gostei de criar meu próprio padrão, escolhendo o que quero que faça parte do Natal da minha família.

A esta altura, sem dúvida você já sabe que, como sempre, o que se segue são sugestões, não instruções.

BOLO DE NATAL

Acho que você precisa ter um modelo para um bolo de frutas básico que pode fazer do tamanho que for necessário. Já lhe dei receitas de Hettie Potter, que trabalhou comigo neste livro; ela também me deu esta, da mãe de seu cunhado, Hazel, da Nova Zelândia. A única mudança que eu fiz foi ignorar a sugestão de conhaque ou xerez e usar Marsala. Faça o que preferir.

Assim como acontece com todos os bolos de frutas densos, este deve ser feito no mínimo 3 a 4 semanas antes de ser comido. E a preparação em si tem seus momentos artesanais — você vai precisar de papel pardo, assim como papel-manteiga, para forrar a fôrma e impedir que o bolo queime.

Coloque todas as frutas em uma tigela grande e adicione o conhaque. Cubra e deixe-as em infusão de um dia para o outro.

Preaqueça seu forno a 150°. Forre a fôrma com duas camadas de papel pardo, depois, forre com papel-manteiga. Ambos devem passar uns 10 cm da borda.

Bata a manteiga e o açúcar até obter um creme e misture as raspas de laranja e de limão-siciliano. Adicione um ovo de cada vez, batendo bem após cada adição, e então junte a geleia de laranja com cascas. Peneire os ingredientes secos juntos e junte alternadamente as frutas e os ingredientes secos à mistura cremosa. Acrescente a essência de amêndoas e combine bem.

Transfira a massa do bolo para a fôrma preparada e asse seguindo a tabela a seguir, ou até um testador de bolos sair limpo.

Quando o bolo estiver pronto, pincele com algumas colheres de sopa a mais de bebida. Embrulhe imediatamente sem desenformar — usando duas camadas de papel-alumínio —, pois isso vai prender o calor e formar vapor, o que, por sua vez, vai manter o topo do bolo macio. Quando estiver completamente frio, desenforme o bolo e embrulhe novamente em papel-alumínio, de preferência guardando em um recipiente hermético por pelo menos 3 semanas.

Para a cobertura, veja meus comentários na receita do Bolo Negro (p. 260).

	110 g	225 g	350 g
Passas brancas	350 g	700 g	1 kg
Passas pretas	110 g	225 g	350 g
Groselhas	50 g	110 g	175 g
Cerejas cristalizadas	50 g	110 g	175 g
Cascas cristalizadas mistas	50 g	110 g	175 g
Conhaque ou xerez	60 ml	120 ml	180 ml
Manteiga	110 g	225 g	350 g
Açúcar mascavo	90 g	195 g	300 g
Raspas de laranja	$1/3$ de colher de chá	1 colher de chá	$1^1/2$ colher de chá
Raspas de limão-siciliano	$1/2$ colher de chá	1 colher de chá	$1^1/2$ colher de chá
Ovos grandes	2	4	6
Geleia de laranja com cascas	1 colher de sopa	2 colheres de sopa	3 colheres de sopa
Farinha de trigo	250 g	350 g	525 g
Especiarias mistas*	$1/2$ colher de chá	1 colher de chá	$1^1/2$ colher de chá
Canela	1 pitada	$1/4$ de colher de chá	$1/4$ de colher de chá
Noz-moscada	1 pitada	$1/4$ de colher de chá	$1/4$ de colher de chá
Essência de amêndoas	$1/2$ colher de chá	1 colher de chá	1 colher de chá
Sal	1 pitada	1 pitada	$1/4$ de colher de chá
Fôrma redonda	18 cm	23 cm	25,5 cm
Fôrma quadrada	15 cm	20 cm	23 cm
Temperatura	150°	150°	150°, reduza para 140° após 1 hora
Tempo de cozimento	2 a 2 h e 30 min	3 a 3 h e 30 min	4 a 4 h e 30 min

*Chamada de "mixed spice" em inglês, esta mistura de especiarias não é vendida no Brasil, mas consiste tipicamente em cravo, canela, pimenta-da-jamaica, sementes de coentro, noz-moscada e gengibre em pó. (N. da T.)

BOLO NEGRO

Esta receita vem de um dos meus livros preferidos, *Home Cooking*, de Laurie Colwin. São poucos os livros de culinária com um tom tão genuíno e com tanto amor pela comida e pela vida. Laurie Colwin morreu jovem, e sempre penso em sua família, em sua filha, sobre quem ela escreve com tanta paixão e interesse. A mãe deixou um legado muito poderoso para ela.

Este bolo foi apresentado a Laurie pela babá indiana da filha: "Seus parentes mais próximos são o bolo de ameixas e o empadão de frutas secas, mas ele deixa ambos no chinelo. O Bolo Negro, assim como as trufas e um Borgonha envelhecido, é profundo, complicado e intenso. Tem sabor e sabor reminiscente. Exige ser comido de forma lenta e meditativa. A textura também é complexa — densa e leve ao mesmo tempo." Aqui está a receita, minimamente alterada por mim.

Para as frutas:

250 g de uvas passas

250 g de ameixas secas

250 g de groselhas

250 g de cerejas cristalizadas de cor natural

165 g de cascas cristalizadas mistas (as verdadeiras, não as que já vêm picadas em potes)

½ garrafa de vinho Madeira

½ garrafa do rum mais escuro que você conseguir encontrar

Pique bem fino todas as frutas no processador. Aconselho a ir com calma e picar uma fruta de cada vez, ou vai acabar com um purê.

Coloque as frutas picadas em um pote hermético bem grande e misture prazerosa e pegajosamente com as mãos. Junte o Madeira e o rum por cima. Talvez eu devesse dizer que Laurie Colwin sugeriu vinho para Pessach, mas a menos que você vá preparar esta receita na época da Páscoa/Pessach, não vai conseguir encontrá-lo; e o Madeira é, segundo me disseram, o melhor substituto.

Cubra as frutas e deixe marinando por pelo menos 2 semanas, mas podem ficar até 6 meses — digo isso (que é o que Colwin escreve em *Home Cooking*), mas devo avisar que houve um ano em que coloquei as frutas para marinar em novembro, mas em dezembro percebi que estava exausta demais para fazer o bolo. Então, usei-as no ano seguinte, depois de marinarem por 13 meses. Estavam fortes, mas boas.

Para o bolo:

250 g de manteiga sem sal, amolecida

250 g de açúcar mascavo escuro

A mistura de frutas marinadas

½ colher de sopa de extrato de baunilha

¼ de colher de chá de noz-moscada ralada na hora

¼ de colher de chá de canela em pó

6 ovos grandes

275 g de farinha de trigo, de preferência italiana tipo "00"

1½ colher de chá de fermento em pó

125 g de melado de cana escuro

1 fôrma para bolos funda, de 23 cm, forrada como a do Bolo de Natal (p. 258)

Preaqueça o forno a 180º.

Bata a manteiga e o açúcar até obter um creme, acrescentando a mistura de frutas, rum e vinho. Uso minha batedeira KitchenAid para isso: não seria impossível fazer à mão, mas é preciso muita força. Adicione a baunilha, a noz-moscada e a canela, e depois os ovos. Acrescente a farinha, o fermento e o melado escuro. A massa deve ficar marrom-escura.

Transfira essa massa escura para a fôrma preparada e asse por 1 hora. Então, baixe a temperatura do forno para 170º e asse por mais 2 horas e 30 minutos a 3 horas. Coloque a fôrma sobre uma gelha de metal, mas não desenforme até o bolo estar completamente frio. Nesse estágio, embrulhe-o em duas camadas de papel-alumínio e coloque dentro de um pote hermético até a hora de colocar a cobertura.

Para a cobertura:
200 g de geleia de laranja com cascas
Açúcar de confeiteiro para polvilhar
500 g de marzipã

1 kg de glacê pronto para abrir
1 par de cortadores em formato de folhas do azevinho

No passado, fui ironizada impiedosamente por sugerir meu bolo branco de Natal decorado com azevinho, porém, por mais afetado que pareça, é simplesmente lindo. E juro que aqueles que a princípio zombaram depois morderam a língua e o meu bolo.

Não acho que exista nada melhor que um bolo todo branco — sobretudo com um interior tão denso e escuro quando o deste —, mas você poderia cortar glacê verde-escuro em formato de folhas de azevinho se quisesse. Em geral, cortadores de folhas de azevinho vêm em pares — uma folha menor e outra, maior —, juntamente com um carimbo para estampar os veios. As frutas silvestres você mesma tem de enrolar, mas para este bolo sugiro comprar o glacê pronto para usar. Também é possível misturar açúcar de confeiteiro peneirado com claras até obter a consistência certa para cobrir o bolo, mas o glacê pronto, sobretudo se vier de uma loja de decoração de bolos, serve.

Em uma panela, aqueça a geleia de laranja com cascas, e, quando estiver quente e líquida, coe dentro de uma tigela para remover as cascas. Com um pincel de cozinha, pincele o bolo inteiro para formar uma superfície pegajosa. Polvilhe uma superfície de trabalho com açúcar de confeiteiro, abra o marzipã e cubra o bolo com ele. Pressione-o contra o bolo e corte os excessos com uma faca afiada. Se precisar fazer isso duas vezes (com duas porções de 250 g de marzipã), não tem problema, mas não deixe de alisar quaisquer junções para a cobertura ficar bem lisa por cima. Polvilhe a superfície de trabalho outra vez e coloque seu bloco de glacê ali. Bata nele algumas vezes com o rolo de massa, depois polvilhe açúcar de confeiteiro por cima e abra. Cubra o bolo com o glacê, novamente cortando o excesso e remendando se precisar, molhando primeiro com água gelada. Transfira o bolo para um suporte para bolos ou tábua: depois que adicionar as folhas, é melhor não movê-lo outra vez.

Natal 261

Reabra o glacê remanescente e comece a cortar as folhas de azevinho maiores (mergulhando o cortador em açúcar de confeiteiro antes) e a marcar os veios. Molhe a parte de baixo de cada uma com um pouco de água gelada e grude no bolo, formando um círculo a mais ou menos 3 cm da borda do bolo. Não vire todas as folhas de azevinho para a mesma direção: esta decoração deve ficar relativamente parecida com uma guirlanda, o que significa que, embora a maioria das folhas deva ficar enviesada, elas precisam formar um anel uniforme. Faça o mesmo com as folhas menores, colando-as em um círculo ao redor da base do bolo — em outras palavras, escondendo a linha entre o suporte e o bolo. Com as sobras do glacê, faça bolinhas imitando frutas silvestres. Mais uma vez, não as cole de modo uniforme: coloque uma fruta entre algumas folhas, três em meio a outras e assim por diante.

BOLO DE ESPECIARIAS COBERTO DE NEVE

Este bolo — leve e sem frutas, mas aromático — é a substituição perfeita do costumeiro Bolo de Natal para aqueles que o detestam ou que não tiveram tempo de prepará-lo. O cobertor de glacê real, sem dúvida, lhe dá um toque natalino, mas só o escuro bolo de gengibre com especiarias basta se a intenção é deixá-lo bem simples.

Sei que a lista de ingredientes é longa, mas olhe o modo de fazer antes de decidir se esta receita é trabalhosa demais: como você vai ver, é um bolo facílimo. Se quiser ver como ele é, mais ou menos, olhe a foto do Vulcão de Chocolate com Café (p. 190); uso a mesma fôrma para os dois.

Para o bolo:

4 ovos grandes, separando as gemas das claras, mais 2 claras extragrandes
125 ml de óleo vegetal
125 ml de água
2 colheres de sopa de mel líquido
200 g de açúcar mascavo escuro
75 g de amêndoas moídas
150 g de farinha de trigo
2 colheres de chá de fermento em pó
1 colher de chá de bicarbonato de sódio
1 pitada de sal

1 colher de chá de gengibre em pó
1 colher de chá de canela
½ colher de chá de pimenta-da-jamaica
¼ de colher de chá de cravo em pó
Raspas de ½ laranja
100 g de açúcar refinado
1 fôrma de 25 cm com buraco no meio, bem untada com manteiga

Para a cobertura:

250 g de mistura para glacê real

Preaqueça o forno a 180º.

Bata as gemas com o óleo. Adicione a água, o mel e o açúcar mascavo escuro. Junte as amêndoas, a farinha, o fermento, o bicarbonato, o sal, as especiarias e as raspas, misturando delicadamente. Em outra tigela, bata as claras até formarem picos suaves, e adicione aos poucos o açúcar refinado. Misture as claras com a massa do bolo e despeje na fôrma. Asse por 45 minutos, ou até o bolo estar macio por cima e começar a se desprender das laterais. Deixe-o esfriar sobre uma grelha por 25 minutos antes de desenformar.

Quando estiver totalmente frio, comece a fazer a cobertura. Coloque a mistura para glacê real em uma tigela com a quantidade de água especificada na embalagem e bata até engrossar. Precisa ficar grosso, senão vai derreter na umidade pegajosa do bolo. Use mais glacê se quiser uma cobertura mais espessa, mas deixe secar antes de fatiar.

Natal 263

CERTOSINO

Este é um fabuloso bolo de frutas italiano, com uma brilhante decoração de frutas e nozes cristalizadas, perfeito para ser comido em fatias finíssimas com uma taça de *vin santo* ou, atravessando continentes por um momento, moscatel australiano tinto ou branco. Infelizmente, tomei a terrível liberdade de alterar a receita que Anna del Conte me deu; esta é uma versão anglicizada, pois aumentei a quantidade de maçãs, resultando em um bolo bem mais úmido — acho que os italianos gostam mais de bolos secos do que eu. E por razões puramente pessoais, também eliminei as cascas cristalizadas. Quanto à cobertura decorativa, fui vaga em relação às quantidades porque dependem completamente do que você quer usar, e como.

75 g de uvas passas sem sementes
30 ml de Marsala
350 g de farinha de trigo
2 colheres de chá de bicarbonato de sódio
150 g de mel claro
150 g de açúcar refinado
40 g de manteiga sem sal
3 colheres de sopa de água
1 colher de sopa de sementes de erva-doce
1 colher de chá de canela em pó
2 maçãs médias (375 g) Cox grosseiramente raladas
200 g de amêndoas sem pele, grosseiramente picadas

50 g de pinolis
75 g de chocolate amargo picado
75 g de nozes picadas
1 fôrma de 25 cm, com fundo removível, untada com manteiga e forrada

Sugestões para decorar:
4 colheres de sopa de geleia de damasco para pincelar
Metades de pecans
Cerejas cristalizadas de cor natural
Amêndoas inteiras sem pele
Marrons-glacês
Frutas cristalizadas

Deixe as uvas passas de molho no Marsala por 20 minutos, e enquanto estiverem macerando, preaqueça o forno a 180°. Coloque a farinha e o bicarbonato em uma tigela grande. Em uma panela, aqueça o mel, o açúcar, a manteiga e a água até o açúcar dissolver. Adicione as sementes de erva-doce e a canela, despeje essa mistura na tigela de farinha e bicarbonato e mexa até combinar.

Misture todos os outros ingredientes, sem esquecer as passas demolhadas e seu líquido, depois, transfira para a fôrma e asse por 45 minutos a 1 hora. Se achar que o bolo precisa de mais 15 minutos, talvez precise cobri-lo com papel-alumínio para impedir que queime. Quando o bolo tiver esfriado, aqueça a geleia de damasco em uma panela pequena e, usando um pincel de cozinha, pincele com a maior parte da geleia, mas não toda, sobre o topo do bolo para dar brilho e criar uma superfície à qual as frutas e outras coberturas vão aderir. Decore com frutas cristalizadas e nozes de sua escolha, sem deixar espaços de bolo visíveis por cima. Pincele com o pouco que restou da geleia para tudo ficar brilhante.

Natal 265

PUDIM DE NATAL

No último domingo antes do Advento, que cai no final de novembro, todos nós devemos fazer nossos pudins e deixá-los maturando para o dia de Natal. Sim, o verdadeiro significado desse dia é religioso, e não culinário, mas, mesmo assim, é um bom momento, com ou sem fé, para preparar esta receita. Outra tradição é que todos os moradores da casa mexam o pudim uma vez enquanto desejam sorte; então, o paganismo supersticioso também tem seu lugar, e todo mundo fica feliz.

Não se preocupe demais com cada detalhe da lista de ingredientes. Use-a mais como um guia do volume geral, e não como uma lista de itens específicos indispensáveis.

Se não conseguir comprar cascas cristalizadas inteiras, para você mesma cortar depois, nem compre. Basta aumentar a quantidade das outras frutas.

- **100 g de groselha**
- **100 g de uvas passas pretas e brancas misturadas**
- **50 g de cerejas cristalizadas de cor natural cortadas em quatro**
- **50 g de mirtilos secos**
- **50 g de ameixas secas picadas grosseiramente**
- **50 g de marrons-glacês picados**
- **60 g de cascas cristalizadas picadas bem fino**
- **150 ml de rum**
- **Moedas de R$ 1 limpas**
- **90 g de farinha de trigo com fermento**
- **125 g de farinha de rosca**
- **150 g de sebo picado**
- **1 marmelo ou 1 maçã média (120 g), ralada grosseiramente**
- **150 g de açúcar mascavo escuro**
- **½ colher de chá de especiarias mistas***
- **1 pitada de sal**
- **3 ovos grandes**
- **Raspas de 1 laranja**
- **125 ml de vodca para flambar**
- **1 ramo de azevinho para decorar**
- **1 tigela de plástico estilo bowl de 1,5 litro com tampa**

Deixe as frutas de molho no rum de um dia para o outro.

Em uma tigela grande, misture todos os ingredientes e depois adicione as frutas maceradas. Ao mesmo tempo, coloque as moedas limpas de R$ 1. Eu sei que usar moedas de R$ 1 parece estranho, mas o peso delas e seu dourado reluzente as torna mais apropriadas; deixe-as de molho em Coca-Cola de um dia para o outro para limpar. Unte a tigela de plástico e despeje a massa. Cubra com um pedaço de papel antiaderente no qual fez uma prega, e tampe. Cozinhe no vapor ou em banho-maria por 3 horas e 30 minutos. Embrulhe novamente o pudim e guarde em algum lugar frio até o Natal. Reaqueça do mesmo jeito, ou seja, no vapor ou em banho-maria por 3 horas e 30 minutos. Depois flambe. Sei que o conhaque é tradicional, mas desde que li que Fanny Cradock aconselhava vodca (porque queima por mais tempo), claro que a imitei. Coloque a vodca em uma panela pequena e aqueça. Acenda-a, despeje sobre o pudim e leve cerimoniosamente para a mesa.

*Chamada de "mixed spice" em inglês, esta mistura de especiarias não é vendida no Brasil, mas consiste tipicamente de cravo, canela, pimenta-da-jamaica, sementes de coentro, noz-moscada e gengibre em pó. (*N. da T.*)

TRÊS CALDAS

Detesto reciclar receitas de *How To Eat*, mas o Natal me deixa em um dilema porque não é uma data de inovação, e sim de tradição, e não se pode comer Pudim de Natal ou Tortas de Frutas Secas sem manteiga de conhaque. Além disso, me tornei tão adepta do creme de Sauternes e da calda gelada de rum que não aguentaria viver sem eles.

MANTEIGA DE CONHAQUE

Tradicionalmente, esta receita sempre foi chamada de "calda sólida", mas por algum motivo me parece afetado e piegas chamá-la assim. Hoje em dia, todos nós a conhecemos como manteiga de conhaque. Acrescento amêndoas moídas porque minha mãe o fazia, então, é o sabor que conheço, e porque elas proporcionam uma gloriosa profundidade aveludada, semelhante à do marzipã.

A manteiga precisa estar o mais amolecida possível antes que você comece, não oleosa. Obviamente, a vida fica mais fácil se você puder fazer isso em uma máquina, seja uma batedeira ou um processador; prefiro a primeira. Há uma nova modificação na receita: agora, uso açúcar dourado não refinado, o que empresta uma maravilhosa cremosidade a tudo.

150 g de manteiga sem sal, amolecida
225 g de açúcar de confeiteiro dourado
  não refinado

50 g de amêndoas moídas
3 colheres de sopa de conhaque,
  ou a gosto

Bata a manteiga até ficar macia, acrescente o açúcar de confeiteiro peneirado e bata até obter um creme claro. Misture as amêndoas moídas, e quando tudo ficar homogêneo, adicione o conhaque. A princípio, coloque 1 colher de sopa, depois prove, aí coloque outra e veja se quer mais. Talvez você ache que as 3 colheres sugeridas estão longe de ser o bastante: é uma questão de gosto, e o que é letalmente forte para uma pessoa pode ser insípido para outra — você deve agradar a si mesma, já que não tem como agradar a todos.

Natal 267

CALDA GELADA DE RUM

Esta é uma gemada viscosa e saturada de rum com creme de leite fresco que é deixada na geladeira por algumas horas antes de ser comida. Você a coloca sobre o pudim bem quente e ela derrete com o contato. Uma sensação gustativa.

300 ml de creme de leite fresco
2 gemas de ovos grandes

2 colheres de sopa de melado de cana claro, mel ou xarope de milho
2 colheres de sopa de rum escuro

Bata o creme de leite até ficar firme. Em outra tigela, bata as gemas até espumarem bastante. Adicione o melado e o rum às gemas espumantes sem parar de bater. Depois combine essa mistura ao creme grosso, transfira para um recipiente hermético e leve ao freezer (embora já seja ótimo como está, descongelado).

Deixe no freezer até endurecer, depois transfira para a geladeira por 40 minutos antes de comer, de forma que não fique totalmente dura.

CREME DE SAUTERNES

Você não precisa usar Sauternes para esta receita; qualquer vinho de sobremesa ambrosíaco e adocicado serve. Para dizer a verdade, eu não tinha pensado em preparar este creme para comer com o Pudim de Natal até que a revista *You* o preparou. Agora o faço sempre.

500 ml de creme de leite com baixo teor de gordura
200 ml de Sauternes

7 gemas de ovos grandes
60 g de açúcar refinado

Encha a pia até a metade com água fria. Coloque o creme e o vinho em panelas diferentes e aqueça até quase ferverem. Bata as gemas e o açúcar e, sem parar de bater, adicione primeiro o vinho quente e depois o creme quente. Retorne a mistura para uma das panelas e cozinhe em fogo médio, mexendo constantemente, até engrossar. Se em algum momento parecer que o creme vai talhar, mergulhe a panela na água fria e bata como uma louca — de preferência com um batedor plano de arame em espiral.

TORTAS DE FRUTAS SECAS

Sempre acho que não gosto de tortas de frutas secas. Sempre lembro delas como doces demais, densas demais, enjoativas demais. E aí eu como um pedaço. Acho que o truque é, se for usar recheio pronto de frutas secas, ralar por cima um pouco de maçã e espremer um pouco de suco de limão-siciliano. Mas você vai ver nas receitas a seguir que fazer seu próprio recheio não é uma atividade trabalhosa.

Seguem três receitas, e devo admitir que copiei a ideia de colocar uma estrela em cima das tortinhas, embora a receita seja minha, das tortas de frutas secas que comprava no supermercado. Elas têm o tamanho perfeito: uma mordida pequena.

TORTAS DE FRUTAS SECAS MANJEDOURA

Originalmente, segundo descobri há pouco tempo, as tortas de frutas secas eram assadas em fôrmas barquete (barquinhos) porque representavam a manjedoura. Como essa fôrma costuma ser usada em doces franceses para fazer pequenas tortas de frutas, não é difícil fazê-las hoje em dia. Adicionei uma cobertura de massa filo despedaçada, em parte para deixá-las diferentes do habitual, mas também em uma desastrada tentativa de perpetuar o simbolismo: pense nela como uma cama de palha. Se conseguir encontrar kunafa (uma espécie de versão bem fina da filo), melhor ainda.

E, mesmo que vá usar o recheio de frutas secas feito em casa, adicione os temperos extras desta receita; esta versão deve ficar ainda mais aromática que de costume.

Para a massa:

300 g de farinha de trigo, de preferência italiana tipo "00"
75 g de gordura vegetal
75 g de manteiga sem sal, gelada
Suco de 1 laranja
1 colher de chá de água de flor de laranjeira
1 pitada de sal

Para o recheio:

400 g de recheio de frutas secas, aproximadamente
¼ de colher de chá de cravo em pó
Raspas finas da laranja
½ colher de chá de água de flor de laranjeira
6 folhas de massa filo ou 90 g de kunafa
50 g de manteiga sem sal, derretida
Açúcar de confeiteiro para polvilhar
1 fôrma com 12 moldes barquete

Coloque a farinha em um prato ou uma tigela rasa. Use uma colher de chá para cortar a gordura vegetal e adicioná-la à farinha, juntamente com a manteiga em cubos pequenos. Combine com as mãos e leve ao freezer por 20 minutos. Misture o suco de laranja, a água de flor de laranjeira e o sal em uma jarra pequena e leve à geladeira.

Natal 269

Transfira a farinha com as gorduras para o recipiente do processador e bata até obter uma massa clara parecida com aveia. Adicione o suco salgado pelo bocal da tampa, pulsando até parecer que a massa está a ponto de se formar; você deve parar pouco antes que isso aconteça (mesmo que haja suco de laranja sobrando). Se todo o suco de laranja for usado e você precisar de mais líquido, adicione um pouco de água gelada. Retire do processador e, com as mãos, misture a massa. Depois forme duas bolas. Abra uma delas em um retângulo de aproximadamente 40 x 32 cm. Coloque-o sobre a fôrma, empurrando a massa delicadamente para dentro dos moldes com as pontas dos dedos. Deixe bastante folga. Quando sentir que todos os moldes estão forrados, pegue o rolo de massa e passe por cima da fôrma para cortar os excessos. Quando os retirar, terá 12 moldes de barquete forrados. Leve essa fôrma à geladeira por 20 minutos enquanto preaquece o forno a 200º.

Despeje o recheio de frutas secas em uma tigela e misture o cravo em pó, as raspas de laranja e a água de flor de laranjeira, coloque 2 colheres de chá rasas em cada barquete, espalhando com cuidado para preencher. Adicione mais se quiser, mas lembre-se de que as laterais da massa vão descer um pouco ao assar. Corte a massa filo com uma tesoura ou pegue pitadas de kunafa e despedace sobre o recheio nos moldes. Derrame a manteiga derretida sobre a filo ou o kunafa, leve ao forno e asse por cerca de 15 minutos, ou até as bases de massa e a cobertura de filo estarem cozidas e douradas.

Retire do forno e, com uma espátula, remova as tortas da fôrma e deposite-as sobre uma grelha de metal. Quando os moldes de barquete estiverem frios, recomece com a segunda bola de massa.

Polvilhe com açúcar de confeiteiro passado por um coador de chá antes de servir. Rende 24 tortas.

TORTAS DE FRUTAS SECAS COM ESTRELAS

Por favor, não pense que estas tortinhas ficariam melhores se você fizesse a massa com manteiga em vez de manteiga e gordura vegetal misturadas; é a gordura vegetal que as deixa com uma leveza celestial (mas fique à vontade para usar banha de porco se fizer objeção a gorduras "falsas"). E é o ácido do suco de laranja que deixa a massa especialmente macia.

240 g de farinha de trigo, de preferência italiana tipo "00"
60 g de gordura vegetal
60 g de manteiga sem sal, gelada
Suco de 1 laranja
1 pitada de sal
200 g de recheio de frutas secas, aproximadamente

1 ovo grande misturado com uma colher de sopa de água, para pincelar (opcional)
Açúcar de confeiteiro para polvilhar
1 fôrma de miniforminhas para torta, com concavidades de 4,5 cm de diâmetro
1 cortador de biscoitos ondulado de 5,5 cm
1 cortador de estrela de 4 cm

Prepare a massa seguindo o modo de fazer das Tortas de Frutas Secas Manjedoura, mas forme três bolas (pois você vai prepará-las em três fornadas, a não ser que tenha forminhas de torta suficientes para fazer 36 ao mesmo tempo). Embrulhe cada bola em filme plástico e leve à geladeira para descansar por 20 minutos. Preaqueça o forno a 220°.

Abra as bolas uma de cada vez, o mais fino que puder, sem exagerar; em outras palavras, a base de massa deve ser leve, mas também robusta o suficiente para suportar o denso recheio de frutas secas. De cada bola aberta, corte círculos um pouco maiores que as concavidades da fôrma. Pressione os círculos delicadamente nos moldes e coloque 1 colher de chá rasa de recheio. Corte as estrelas — reabrindo a massa se for necessário — e coloque-as de leve sobre o recheio.

Se quiser pincelar as tortinhas, mergulhe um pincel de cozinha na mistura de ovo e água e pincele as estrelas (na verdade, as tortinhas da foto não foram pinceladas). Às vezes, faço isso; outras vezes, não: a diferença real é apenas na aparência, e só você pode decidir se as quer claras e opacas ou douradas e brilhantes.

Leve ao forno e asse por 10 a 15 minutos. Fique de olho nelas, pois ficam prontas bem rápido. Retire do forno, desenformando as tortinhas de imediato e deixando a fôrma vazia esfriar antes de começar a colocar a massa da próxima fornada. Continue até todas estarem prontas. Antes de servi-las, polvilhe com um pouco de açúcar de confeiteiro passado por um coador de chá.

Rende 36 tortas.

TORTAS DE FRUTAS SECAS COM FRANGIPANE

Se você tentar fazer estas tortas em fôrmas pequenas, vai enlouquecer. Porém, se já tem uma porção de tortinhas e de tortas em forma de manjedoura, é uma boa ideia fazer uma terceira que tenha o tamanho de tortas de frutas secas reais de tamanho grande. Elas não são muito leves e aeradas, mas densas, amendoadas e amanteigadas — mais parecidas com uma versão de Natal da Torta Bakewell, pensando bem. Na verdade, não existe nada que a impeça de preparar esta torta em uma fôrma de quiche de 26 cm para fazer uma sobremesa fatiável e bakewelliana.

Para a massa:

175 g de farinha de trigo, de preferência italiana tipo "00"

30 g de amêndoas moídas

65 g de açúcar de confeiteiro

1 pitada de sal

125 g de manteiga sem sal, gelada e cortada em cubos

2 gemas de ovos grandes batidas com 1 colher de sopa de água gelada

Para a cobertura:

200 g de recheio de frutas secas, aproximadamente

2 ovos grandes

90 g de açúcar refinado

90 g de manteiga sem sal, derretida

90 g de amêndoas moídas

4 colheres de sopa de amêndoas em lascas

2 fôrmas para 12 tarteletes

1 cortador de biscoitos ondulado de 7 cm

Faça a massa colocando a farinha, as amêndoas moídas, o açúcar e o sal no recipiente do processador e pulse para combinar. Adicione os cubos de manteiga e bata até obter uma massa parecida com areia úmida. Comece a acrescentar colheradas de gemas com água pelo bocal da tampa, pulsando até a massa parecer prestes a formar uma bola ao redor da lâmina. Transfira para uma superfície, pressione para formar uma massa coesa, forme duas bolas, cubra com filme plástico e deixe descansar na geladeira por 30 minutos. Abra uma das bolas e corte 12 círculos um pouco maiores que as concavidades da fôrma. Pressione-os delicadamente, ajeitando a base e as laterais, e retorne à geladeira por mais 15 minutos. Preaqueça o forno a 200°.

Coloque uma colher de chá rasa de recheio de frutas secas em cada concavidade forrada de massa. Em uma tigela, bata os ovos e o açúcar, despeje a manteiga derretida, sem parar de bater. Misture as amêndoas moídas. Despeje uma colher de sopa dessa mistura por cima do recheio. Salpique com as amêndoas em lascas e leve ao forno por 15 minutos, ou até que a massa esteja totalmente cozida e o frangipane, dourado e com pontos marrons.

Retire do forno e deixe esfriar nas fôrmas por 5 minutos antes de transferir para uma grelha de metal. Quando a fôrma estiver fria, repita todo o processo com a segunda bola de massa, o recheio e o frangipane restantes.

Rende 24 tortas.

Natal 273

RECHEIO DE FRUTAS SECAS SEM SEBO DA HETTIE POTTER

Sei que parece irracional dar a receita de recheio de frutas secas depois das receitas de tortas de frutas secas, mas achei que você devia *desejá-lo*. E depois que decidir fazer suas próprias tortas de frutas secas, por que fazer uma concessão, diminuindo sua satisfação e perdendo a parte mais fácil de todas?

Tantas pessoas rejeitam o sebo que pareceu sensato começar com a receita da Hettie de um recheio sem sebo. As maçãs extras compensam a gordura, deixando tudo macio e úmido.

250 g de açúcar mascavo escuro
250 ml de sidra semisseca
1 kg de maçãs descascadas e cortadas em quatro
½ colher de chá de especiarias mistas*
½ colher de chá de canela em pó
250 g de groselhas
250 g de uvas passas

75 g de cerejas cristalizadas de cor natural picadas
75 g de amêndoas sem pele picadas bem fino
Casca e suco de ½ limão-siciliano
90 ml (6 colheres de sopa) de conhaque ou rum
4 frascos de 500 g para conservas (ou frascos antigos de geleia)

Em uma panela grande, em fogo baixo, dissolva o açúcar na sidra. Pique grosseiramente as maçãs e adicione-as à panela. Junte todos os outros ingredientes, com exceção do conhaque, e ferva levemente por 30 minutos ou até que tudo esteja com uma aparência macia. Retire do fogo, e, quando tiver esfriado um pouco, misture o conhaque. Transfira para os frascos esterilizados.

Esta quantidade rende cerca de 2 kg de recheio de frutas secas.

---

*Chamada de "mixed spice" em inglês, esta mistura de especiarias não é vendida no Brasil, mas consiste tipicamente de cravo, canela, pimenta-da-jamaica, sementes de coentro, noz-moscada e gengibre em pó. (*N. da T.*)

RECHEIO DE FRUTAS SECAS E MARMELO

Encontrei esta receita de Frances Bissell no *The Times* quando estava na primeira onda do meu caso de amor com o marmelo e claro que tive de fazê-la de imediato. Este recheio é um modelo de exploração sazonal.

Você não precisa sair e comprar uma garrafa de aguardente de marmelo — pode substituir por conhaque —, porém, eu comprei, e desde então a considero estranhamente útil para dar graça a todo tipo de coisa. (Ou, para aproveitar ao máximo a curta temporada, siga a receita do Conhaque de Marmelo caseiro da p. 350).

Como já dei a receita de um recheio de frutas secas sem sebo, devo esclarecer minha posição sobre o sebo: eu o adoro. O ideal é comprar sebo fresco com o açougueiro e depois ralar você mesma. Se isso não for possível — pois hoje em dia praticamente não se encontra sebo para vender —, use gordura vegetal e congele-a antes de ralar.

1 kg de marmelo

2 colheres de sopa de manteiga sem sal, derretida

250 g de uvas passas brancas picadas

250 g de uvas passas pretas picadas

250 g de damascos secos picados

250 g de açúcar mascavo claro

250 g de gordura vegetal ralada

1 colher de chá de cardamomo em pó

1 colher de chá de cravo em pó

1 colher de chá de canela em pó

½ colher de chá de macis em pó

100 g de cascas verdadeiras cristalizadas picadas

100 ml de aguardente de marmelo, Poire William ou meu Conhaque de Marmelo (p. 350)

1 assadeira rasa

4 frascos de 500 g ou recipientes equivalentes

Preaqueça o forno a 150°.

Descasque os marmelos, corte-os em quatro e depois em fatias (esta é a parte mais difícil de toda a operação). Jogue-os na manteiga derretida e coloque-os na assadeira. Leve ao forno para assar lentamente, por mais ou menos 40 minutos, até ficarem macios.

Retire do forno e deixe esfriar. Pique, rale ou processe as frutas (mas não deixe que virem um purê) e deposite-as em uma tigela grande, juntamente com quaisquer sucos do cozimento. Quando estiver completamente frio, misture os ingredientes restantes e coloque-os nos frascos limpos. Então, foi tão difícil assim?

Rende 2 kg.

Natal 275

CUPCAKES DE NATAL

Estas belezinhas também são uma ótima alternativa às tortas de frutas secas. Eu compro o glacê pronto e tingido (é por isso que a cor do azevinho não é muito convincente, sejamos francas) e uso cranberries como as frutinhas do azevinho. O bolo fica entre chocolate e gengibre. Se você está pensando em levar alguma coisa para a casa de amigos, posso sugerir esta receita?

150 g de farinha de trigo

1 colher de chá de fermento em pó

½ colher de chá de bicarbonato de sódio

1 colher de chá de especiarias mistas*

1 pitada de sal

100 g de manteiga sem sal, amolecida

160 g de açúcar mascavo escuro

2 ovos grandes

3 colheres de sopa de creme azedo

125 ml de água fervente

75 g de chocolate amargo em pedaços

1 colher de chá de café instantâneo

250 g de mistura para glacê real

1 pacote de glacê verde pronto para abrir

30 cranberries para decorar, aproximadamente

1 cortador pequeno de folhas de azevinho com carimbo para veios

1 fôrma para 12 muffins forrada com forminhas de papel

Preaqueça o forno a 200º.

Em uma tigela grande, misture a farinha, o fermento, o bicarbonato, as especiarias mistas e o sal. Em outra tigela, bata a manteiga com o açúcar com uma batedeira. Adicione um ovo de cada vez, mexendo bem após cada adição. Combine ⅓ da mistura de farinha, seguida por 1 colher de sopa de creme azedo, repetindo até acabarem os ingredientes.

Coloque a água, o chocolate e o café instantâneo em uma panela e aqueça levemente, só até o chocolate derreter. Misture com a massa dos cupcakes, mas não bata demais. A massa vai ficar bem fina, então, não se preocupe com isso: basta despejar com cuidado nas forminhas de muffins e levar ao forno por 20 minutos, até cada cupcake estar completamente cozido, mas ainda denso e úmido. Deixe esfriar na fôrma por 5 minutos. Retire os cupcakes das forminhas de papel e deposite-os sobre uma grelha de metal para terminar de esfriar.

Para decorá-los, prepare o glacê real seguindo as instruções da embalagem e cubra o topo dos cupcakes com uma camada grossa. Com o cortador, faça as folhas de azevinho e coloque duas sobre cada cupcake, depois, pressione os cranberries, talvez colocando dois em um, três em outros.

Rende 12 cupcakes.

*Chamada de "mixed spice" em inglês, esta mistura de especiarias não é vendida no Brasil, mas consiste tipicamente de cravo, canela, pimenta-da-jamaica, sementes de coentro, noz-moscada e gengibre em pó. (*N. da T.*)

Natal 277

MAIDS OF HONOUR

Algumas pessoas realmente não conseguem tolerar tortas de frutas secas, então, é útil ter outra tortinha como substituta. A receita das tortinhas dos salões de chá Maids of Honour, em Richmond, Surrey, é o que se costuma chamar de um "segredo guardado a sete chaves", mas são muitas as receitas não oficiais disponíveis, com seu recheio que fica entre o cheesecake e o creme de ovos. Esta é o resultado de uma colaboração com uma das minhas amigas mais antigas, Tracey Scoffield.

Gosto da base de Massa Básica (p. 93), mas, se você preferir massa folhada — que muita gente, incluindo minha colaboradora, prefere —, vai ver que 250 g de massa pronta são suficientes para a torta.

Para a massa:

300 g de farinha de trigo, de preferência italiana tipo "00"
75 g de manteiga sem sal, gelada, cortada em cubos
75 g de gordura vegetal em pedaços pequenos
2 ovos grandes
2 colheres de chá de suco de limão--siciliano
1 pitada de sal
1 fôrma para 12 tarteletes
1 cortador redondo liso, de 7 cm

Para o recheio:

1 fava de baunilha
150 ml de creme de leite fresco
50 g de manteiga sem sal
50 g de açúcar refinado
50 g de amêndoas moídas
1 ovo grande batido
Raspas de 1 limão-siciliano pequeno e o suco de ½
Noz-moscada fresca

Preaqueça o forno a 220º e prepare a massa seguindo o método da Massa Básica. Corte a fava de baunilha no sentido do comprimento com a ponta de uma faca afiada, coloque em uma panela em fogo médio, com o creme de leite, e aqueça até quase ferver. Retire a fava, raspando algumas das sementes dentro do leite. Adicione a manteiga, o açúcar, as amêndoas moídas, o ovo e as raspas e o suco de limão. Mexa, retire do fogo e deixe descansar por 5 minutos.

Abra metade da massa, corte 12 círculos e coloque-os dentro dos moldes de tartelete, pressionando com os dedos para ficarem bem forrados. Coloque o recheio nas concavidades (lembrando-se de que você tem uma segunda fornada para fazer). Deixe sobrar 1 centímetro de borda, pois o creme de ovos vai crescer ao assar. Rale um pouco de noz-moscada por cima e leve ao forno, assando por 15 a 20 minutos até o creme estar dourado e inchado.

Deixe as tortinhas descansarem na fôrma por alguns minutos antes de desenformar e colocar sobre uma grelha para esfriar. Quando a fôrma estiver fria, repita o processo com os ingredientes restantes. Deixe as tarteletes esfriarem antes de servir, porém, elas ficam mais gostosas ainda levemente mornas. E, ao contrário das tortas de frutas secas, não se conservam bem.

Rende 24 Maids of Honour.

VINHO QUENTE

Com tortas de frutas secas bebe-se vinho quente. Não resista.

1 garrafa de vinho tinto
60 ml (4 colheres de sopa) de rum escuro
125 ml de chá Earl Grey
1 laranja cortada em quatro, com 1
   cravo espetado em cada pedaço

2 paus de canela
1 anis estrelado
1 colher de sopa de açúcar mascavo
   escuro
1 colher de sopa de mel

Coloque todos os ingredientes em uma panela e deixe até ferver — mas antes que o vinho aromático ferva, baixe o fogo para o mínimo possível e o mantenha quente, enquanto o serve no copo mais próximo.

VARIAÇÃO

Se estiver fazendo um vinho quente que não é realmente vinho quente porque precisa ter uma bebida sem álcool (como tive de fazer para a feira de Natal da escola da minha filha uma vez), pode usar uma garrafa de suco de uva em vez do vinho e metade de um frasco de aromatizante de rum (desculpe) em vez do rum.

GLÖGG SUECO

Recebi esta receita durante uma cruzada culinária de uma missão comercial sueca e tenho certeza de que a parte interessada vai ficar muito contente por eu passá-la para você.

1 garrafa de vinho tinto
150 ml de vodca sueca
2 paus de canela
8 cravos

12 sementes de cardamomo
25 g de açúcar refinado
25 g de amêndoas sem pele
25 g de uvas passas

Em uma panela grande, misture todos os ingredientes, com exceção das uvas passas e das amêndoas, e deixe macerando, de preferência de um dia para o outro.

Para servir, bote um pouco de uvas passas e amêndoas no fundo de cada caneca, leve a panela ao fogo e deixe ferver lentamente. Coe para uma jarra e sirva sobre as passas e amêndoas nas canecas.

BISCOITOS DECORATIVOS DE NATAL

Gosto desta receita tão condimentada e apimentada quanto os *Lebkuchen* alemães e decorada só com as cores branco, prata e ouro. Também tenho a tendência a me limitar a sinos, anjos e estrelas, mas se você desejar ser mais ousada e extravagante, vá em frente. E, se quiser que os biscoitos fiquem mais suaves e, portanto, mais agradáveis para crianças pequenas, use uma quantidade menor de pimenta. Mas fazê-los apimentados também é uma boa maneira de mantê-los pendurados na árvore...

De todos os rituais natalinos que podem ser adotados, fazer estes biscoitos, provavelmente, é o mais satisfatório.

Para os biscoitos:

300 g de farinha de trigo

1 pitada de sal

1 colher de chá de fermento em pó

1 colher de chá de especiarias mistas* em pó

1 a 2 colheres de chá de pimenta-do--reino moída na hora

100 g de manteiga sem sal

100 g de açúcar mascavo escuro

2 ovos grandes batidos com 4 colheres de sopa de mel líquido

1 conjunto de cortadores de biscoitos natalinos

2 tabuleiros, forrados ou antiaderentes

Para o glacê e as decorações:

300 g de açúcar de confeiteiro peneirado

3 colheres de sopa de água fervente

Confeitos ou granulados dourados ou prateados

Fitas de presente para pendurar

Bata a farinha, o sal, o fermento, as especiarias mistas e a pimenta no processador. Com o motor ligado, adicione a manteiga, o açúcar e depois, aos poucos, os ovos com mel, mas se a massa se formar, não use todo o líquido. Faça duas bolas de massa e leve uma delas à geladeira, enrolada em filme plástico ou em um saco de fecho hermético, enquanto começa a preparar o outro. Preaqueça o forno a 170°.

Polvilhe uma superfície lisa com farinha, abra a massa, também enfarinhada, até obter 5 mm de espessura, e corte seus biscoitos decorativos. Reabra a massa e corte mais alguns, reservando as sobras da primeira bola, bem cobertas, enquanto abre a segunda. Quando tiver as duas bolas de sobras de massa, junte-as e abra e corte outra vez, continuando a fazer isso até toda a massa ser usada. Pegue um bico de confeitar pequeno e use a extremidade pontuda para fazer um buraco perto da borda de cada biscoito (cada fita será passada mais tarde por eles para pendurá-los).

Arrume-os nos tabuleiros e asse por 20 minutos: é difícil saber quando estão cozidos, mas você pode sentir. Se a parte de baixo não estiver mais mole, eles estão prontos.

Deixe-os esfriar sobre uma grelha de metal. Prepare um glacê comum: misture mais ou menos 3 colheres de sopa de água fervente com o açúcar de confeiteiro peneirado e mexa até obter um glacê fino e brilhante. Cubra os biscoitos decorativos frios usando uma colher de chá (a ponta para gotejar e as costas para alisar) e espalhe confeitos ou granulados, como quiser.

*Chamada de "mixed spice" em inglês, esta mistura de especiarias não é vendida no Brasil, mas consiste tipicamente de cravo, canela, pimenta-da-jamaica, sementes de coentro, noz-moscada e gengibre em pó. (*N. da T.*)

BAKLAVA

Claro, não acredito que de fato esta receita seja parte tradicional da festa Yule, porém, o seu intenso sabor adocicado e a sua suculência aromática a torna apropriada. É tão doce que um pequeno diamante, ou dois, basta. Mesmo assim, adoro sua doçura perfumada — tanto quanto adoro o verde infundido de rosas de seu aromático interior granulado. Também é um presente muito bom para dar às pessoas no Natal, e foi por isso que indiquei uma assadeira de alumínio na lista.

Para o xarope:
300 ml de água
500 g de açúcar refinado
Suco de ½ limão-siciliano
1 colher de sopa de água de rosas
1 colher de sopa de água de flor de laranjeira

Para a massa:
325 g de pistaches batidos no processador até chegarem a uma textura média a fina
125 g de manteiga sem sal, derretida
400 g de massa filo
1 assadeira de alumínio quadrada, de 23 x 23 x 4 cm, comprada em um supermercado ou loja de cozinha

Para fazer o xarope: ferva a água, o açúcar e o suco de limão e deixe por 5 minutos. Adicione a água de rosas e a de flor de laranjeira, depois retire do fogo. Transfira para uma jarra, deixe esfriar e leve à geladeira.

Preaqueça o forno a 180°.

Pincele a assadeira com manteiga e faça o mesmo com cada folha de massa filo conforme for forrando a assadeira. Use metade para a camada de baixo, colocando-as na assadeira de forma que a massa suba pelas laterais e penda um pouco para fora. Como a assadeira é quadrada e a massa filo costuma ser retangular, você deve tentar arranjar a massa de forma que todos os lados sejam cobertos. Quando tiver usado metade da massa, espalhe os pistaches uniformemente sobre a massa filo. Repita o processo. A última folha de massa também deve ser pincelada com manteiga. Com uma faca afiada, apare as beiradas da assadeira para dar uma finalização bonita. Corte linhas paralelas separadas por 4 a 5 cm para criar formas de diamante, tomando o cuidado de cortar até o fundo da assadeira.

Leve ao forno e asse por 30 minutos. Depois desse tempo a massa filo terá inchado e ficará dourada. Assim que sair do forno, regue com metade do xarope frio. Deixe absorver por alguns minutos e regue com o restante do xarope.

Rende aproximadamente 16 pedaços.

LATKES E LOUKAMADES

Conheci os *loukamades* em um livro maravilhoso chamado *The Food of the Jews of Greece* (e, sim, eu sei que este é o capítulo de Natal) quando estava escrevendo uma matéria sobre comida e Chanuca, o Festival das Luzes judeu, sobre o qual até então eu não sabia absolutamente nada. Para deixar registrado, o Chanuca dura oito dias e costuma ser em dezembro, portanto, foi adaptado como uma espécie de Natal judeu pelos judeus americanos, que também querem ter a própria festa para ir. É, na verdade, uma comemoração pequena, mas importante, da vitória dos macabeus em 165 a.C., e é chamado Festival das Luzes porque — segundo a história —, quando os judeus retornaram a Jerusalém, após a vitória dos macabeus, descobriram que os pagãos tinham profanado o templo, deixando óleo suficiente para apenas uma lâmpada queimar por mais um dia. Quando os judeus despejaram o óleo na lâmpada, esta queimou por oito dias, permitindo que eles limpassem o templo e reabastecessem seu estoque de óleo sagrado. O milagre do óleo é celebrado pela culinária ao usá-lo em grandes tonéis, nos quais são mergulhados, chiando, *latkes*, donuts, pedaços de galinha empanada, bolinhos — a genialidade judia é que esse festival proporciona uma ordem divina para comer frituras.

Comer *latkes* — de preferência pesados como bolinhos de batata — é o jeito britânico mais comum de marcar o Chanuca. Gosto deles com carnes frias, mas talvez fiquem melhores bem quentes, acompanhados por purê de maçã e canela gelado. Dei a receita deles em *How To Eat*, mas a repriso rapidamente aqui.

650 a 700 g de batatas descascadas
½ cebola média descascada e
  grosseiramente picada
1 ovo grande
1 boa pitada de sal

1 boa pitada de pimenta-do-reino
  moída na hora
1 a 2 colheres de sopa de farinha de trigo
  com fermento ou farinha de matzá
Óleo vegetal para fritar
1 frigideira de fundo grosso

Passe as batatas pelo ralador do processador. Escorra-as em uma peneira, pressionando bem para remover todo o excesso de líquido. Encaixe a lâmina dupla e coloque a cebola, os ovos, o sal, a pimenta e a farinha no recipiente e bata rapidamente. Adicione as batatas raladas e pulse com rapidez até a mistura ficar macia, mas sem virar um purê. Será uma massa grossa e pegajosa. Se ficar líquida, adicione mais farinha.

Frite os *latkes* em porções de mais ou menos 1 colher de sopa em uma frigideira com óleo quente borbulhando com a profundidade de cerca de 1,25 cm. Cerca de 5 minutos de cada lado devem ser o bastante, talvez até menos.

Rende 20 *latkes*.

*

Edda Servi Machlin, em seu vibrante e melancólico livro *The Classic Cuisine of the Italian Jews*, escreve sobre o *frittelle di chanukà* da tia, que eram donuts com fermento de pão em forma de diamante, fritos até dourar e, depois, encharcados com um xarope de limão e mel. Foi a versão grega, os *loukamades* (comidos pela Grécia inteira durante o ano todo, independente da etnia), que adotei como parte de nosso ritual familiar. Eles também têm a virtude de não usar fermento de pão e, portanto, são mais rápidos de fazer. Não são donuts de verdade, mas colheradas de massa choux fritas em óleo e depois passadas, direto do óleo quente, em um aromático xarope gelado. Prepare-os e dê às crianças (e inevitavelmente aos pais delas) para serem comidos na hora, com as mãos.

Para o xarope:

400 g de açúcar

500 ml de água

1 pau de canela

1 colher de chá de água de flor de laranjeira

Para os *loukamades*:

100 g de farinha de trigo

175 ml de água

75 g de manteiga sem sal em cubos

1 pitada de sal

2 ovos grandes batidos

1 litro de azeite de oliva (ou óleo vegetal) para fritar, aproximadamente

1 frigideira de fundo grosso

Você pode fazer o xarope com antecedência, se quiser. Coloque o açúcar, a água e o pau de canela em uma panela, deixando ferver lentamente (o açúcar deve se dissolver antes de ferver). Aumente o fogo e deixe borbulhar ferozmente por 7 minutos. Adicione a água de flor de laranjeira e deixe mais 1 minuto, ou 3. O ideal é que o xarope não fique muito líquido, mas também não grosso como mel, pois vai engrossar enquanto esfria. Transfira o xarope para uma jarra ou uma tigela para esfriar e retire o pau de canela. Você vai obter uma grande quantidade de xarope: é desse jeito que eu gosto, pois quero que os donuts fiquem nadando em xarope. Se seu gosto for mais austero, prepare menos.

Para os *loukamades*, coloque o óleo em uma frigideira grande, chegando até 4 cm. Eu especifico primeiro o azeite de oliva, porque ele é, neste contexto, o óleo sagrado. Se quiser, substitua pelo óleo vegetal que preferir, mas não ficará genuíno. Se usar azeite, não deve ser o extravirgem: basta o comum, dourado-claro, mais líquido (e barato). Na minha panela (que tem 23 cm de diâmetro e 7 cm de profundidade), o óleo leva uns bons 20 minutos para esquentar o suficiente para fritar, então não tenha pressa. Só tome o cuidado de medir todos os ingredientes da massa choux e deixe-os à mão antes de começar.

Peneire a farinha. Em um panela média, junte a água, a manteiga e o sal e aqueça, até a manteiga derreter e a água começar a ferver. Retire a panela do fogo imediatamente (a água não deve evaporar) e misture a farinha. Use uma colher de pau para isso e não se preocupe se ficar encaroçada ou dura. Basta continuar batendo até ela ficar homogênea e macia — mais ou menos 1 minuto deve ser o suficiente. Retorne a panela ao fogo e continue batendo até a massa começar a se desprender das laterais e formar uma bola lisa.

Depois bata os ovos, à mão (você vai precisar de força) ou à máquina. Então, coloque a massa em uma tigela e adicione colheradas de ovos enquanto bate com a colher de pau, ou a ponha no recipiente do processador com a lâmina dupla e, pelo bocal da tampa, junte um ovo de cada vez, enquanto bate. Talvez você não precise de todos os ovos. Misture com cuidado até obter uma massa lisa, brilhante e macia, mas ainda firme o bastante para manter a forma.

Quando o óleo para fritar estiver soltando uma leve fumaça, mergulhe uma colher de chá nele (para a massa não grudar) e depois na massa. Empurre a massa da colher, colherada a colherada, para dentro do óleo quente e observe os pedaços de massa choux incharem e dourarem ao cozinhar. Na minha opinião, 4 minutos são o bastante para eles (e preparo 4 ou 5 de cada vez). Mas prove enquanto os preparar (faça esse sacrifício), para verificar se o interior está macio e cozido, e não cru. Conforme for removendo as bolinhas irregulares de massa da panela — de preferência com uma escumadeira de arame —, coloque-as imediatamente em um prato, despeje o xarope por cima com uma colher e continue a virá-las para cobri-las. Na verdade, esta receita fica mais fácil se for feita por duas pessoas: uma, para fritar os *loukamades*; outra, para despejar o xarope por cima e depois cobri-los com ele.

Rende cerca de 30 *loukamades*. Aproveite.

MUFFINS DA MANHÃ DE NATAL

Parte da criação de uma família é o estabelecimento de rituais compartilhados, tão importante quanto pegar a velha caixa de decorações familiares para a árvore todos os anos. Bom, é verdade que as crianças ficam animadas demais com os presentes para se interessarem de verdade pelo café da manhã do Dia de Natal, mas considere fazer esta receita mesmo assim: há algo calorosamente tranquilizador em saber que logo o doce aroma de canela e laranjas assando lembrará a manhã de Natal para eles.

Talvez você ache mais fácil medir os cranberries, a farinha, o fermento, o bicarbonato e o açúcar na noite anterior, de forma que, na manhã de Natal, só será preciso misturar o suco de laranja, o leite e os ovos, derreter a manteiga e combinar os ingredientes.

Para os muffins:
200 g de farinha de trigo
3 colheres de chá de fermento em pó
½ colher de chá de bicarbonato de sódio
75 g de açúcar demerara
1 boa pitada de noz-moscada fresca
1 tangerina ou 1 laranja pequena
50 ml de leite, aproximadamente
60 g de manteiga sem sal, derretida

1 ovo grande
150 g de cranberries secos
1 fôrma para 12 muffins forrada com forminhas de papel

Para polvilhar:
2 colheres de chá de açúcar demerara
½ colher de chá de canela

Preaqueça o forno a 200°.

Em uma tigela grande, combine a farinha, o fermento, o bicarbonato e o açúcar, e rale por cima uma quantidade generosa de noz-moscada fresca. Esprema o suco da laranja ou da tangerina em uma jarra medidora e junte o leite até atingir a marca de 150 ml. Acrescente a manteiga derretida e o ovo, batendo até combinar. Junte os ingredientes líquidos aos secos e mexa até estar tudo mais ou menos misturado, lembrando-se de que uma massa encaroçada deixa os muffins mais leves. (Não se esqueça de que pode pedir aos seus filhos para preparar a massa.) Enfim, adicione delicadamente os cranberries e encha as forminhas de muffins. A quantidade de cranberries especificada cria muffins com muitas frutas; se quiser que fiquem mais esparsas, use apenas metade do indicado.

Misture o açúcar demerara e a canela em pó e polvilhe por cima dos muffins. Leve-os ao forno e asse por 20 minutos. Depois desse tempo o ar estará carregado com a promessa de coisas gostosas, e as coisas gostosas em si devem estar douradas e prontas para serem comidas — puras ou despedaçadas e besuntadas, mordida a mordida, com manteiga sem sal e geleia de laranja.

Rende 12 muffins.

Natal

TORTA DE OVOS E BACON DO BOXING DAY*

Esta receita é de Beryl Scoffield, mãe de uma das minhas amigas mais antigas, e uma mulher cujas tortas têm reputação. Este é meu jantar ideal para o Boxing Day, para ser comido em uma bandeja com alguns pepinos em conserva e um copo de cerveja ou sidra, enquanto estou sentada, muito satisfeita e sem culpa nenhuma, diante da televisão.

Para a massa:

240 g de farinha de trigo

60 g de gordura vegetal

60 g de manteiga

3 a 5 colheres de sopa de água salgada gelada, ou o suficiente para dar liga

Para o recheio:

500 g de pancetta ou bacon em pequenos bastões

1 cebola média bem picada

1 cebolinha bem picada

2 colheres de sopa de salsa, aproximadamente

2 ovos grandes

1 assadeira para tortas, de 20 cm

Prepare a massa congelando as gorduras e a farinha juntas por 10 minutos, transfira para o processador e bata até obter uma farofa. Adicione água gelada suficiente para dar liga, depois forme duas bolas de massa, cubra-as com filme plástico e leve à geladeira para descansar por 20 minutos.

Preaqueça o forno a 200°.

Em uma frigideira, frite a pancetta com a cebola, temperando bem. Bata a cebolinha, a salsa e os ovos, e reserve enquanto abre a massa.

Usando uma das bolas, forre a assadeira, deixando uma borda para fora. Abra a outra bola para fazer uma tampa e reserve. Transfira a mistura de pancetta e cebola para a assadeira forrada de massa e coloque os ovos com salsa e cebolinha por cima. Com um pouco de água fria, umedeça as bordas da base da torta e cubra com a tampa. Corte o excesso de massa e sele, beliscando toda a borda. Faça um buraco na tampa para o vapor escapar, leve ao forno e asse por 30 minutos.

Deixe sobre uma grelha de metal até estar pouco acima da temperatura ambiente, ou coma fria.

Serve 6 pessoas.

---

* Em alguns países, como a Inglaterra, o Boxing Day é um feriado que cai no dia seguinte ao Natal, desde que não seja um final de semana. (N. da T.)

TORTA DE CAÇA

A ideia de fazer uma massa de torta com água quente é assustadora, eu sei, mas devo lhe dizer que um garoto de 15 anos, Nick Blake, veio passar o dia conosco durante a sessão de fotos deste livro e acabou fazendo a torta da foto, sem qualquer preparação ou experiência anterior. Como você pode ver, vale a pena tentar essas coisas. E as lindas fôrmas barquete que você pode comprar em lojas de cozinha eliminam grande parte da incerteza.

Gosto tanto de perdiz que é a única caça que quero na minha torta, mas carne de veado, faisão, lebre, e o que mais quiser usar, ficará ótima. Eu compro caldo de vitela fresco disponível em algumas casas de carne e delicatéssens.

Para o recheio:
200 g de barriga de porco
150 g de carne de porco magra
150 g de vitela magra
125 g de fatias finas de bacon
3 colheres de sopa de Marsala
1 colher de chá de mostarda inglesa em pó
1 colher de chá de pimenta-da-jamaica
Peitos de perdiz ou 200 g da carne de caça que você estiver usando

Para a massa:
200 ml de água
175 g de banha de porco

500 g de farinha de trigo
½ colher de chá de sal
1 ovo grande batido com ½ colher de chá de sal, para pincelar
1 fôrma barquete de fundo removível, de 22 cm de comprimento

Para o caldo gelatinoso:
2 folhas de gelatina
225 ml de caldo de vitela
75 ml de Marsala
1 esguicho de limão-siciliano
1 colher de chá de sal
Pimenta-do-reino moída na hora

Coloque o porco, a vitela, o bacon, o Marsala, 1 colher de chá de sal, uma boa pitada de pimenta, a mostarda e a pimenta-da-jamaica no processador e bata até obter um purê rústico. Transfira para uma tigela, cubra e leve à geladeira. Corte a carne de caça que for usar em pedaços e reserve enquanto prepara a massa.

Em uma panela, ferva a água e a banha de porco. Transfira essa mistura líquida para uma tigela contendo a farinha e o sal. Misture bem todos os ingredientes, criando uma massa lisa. Cubra a massa e reserve até não estar mais quente demais para tocar, mas não deixe ficar fria. Preaqueça o forno a 200°.

Corte ¼ da massa para a tampa e reserve, coberta, por um instante. Usando o restante da massa, forre sua linda fôrma. Cubra as laterais da fôrma com a massa — delicadamente, e tomando o cuidado para não deixar nenhuma abertura. Recheie a base de massa, alternando com os pedaços de caça, enchendo até o topo. Abra a massa que reservou para a tampa, arranje-a por cima e belisque para selar. Faça um buraco no meio com

Natal 291

a ponta de uma faca afiada ou com um espeto, enfie ali um bico de confeitar ou coisa similar (para ficar mais fácil derramar o caldo mais tarde), e decore a tampa de massa ao redor. Infelizmente, não tenho cortadores apropriados para esta torta e não tenho talento bastante para cortar à mão, mas encontrei, para a consternação da maioria das pessoas, um pato muito bonito (e um elefante, mas não me deixaram usá-lo) em minha coleção. Pincele o lado de baixo de suas decorações com o ovo batido e cole-as sobre a tampa. Depois, pincele todo o topo com o ovo batido (e não jogue fora o que sobrar), leve ao forno por 30 minutos, baixe a temperatura para 170º e asse por mais 1 hora e 30 minutos, para ter certeza de que a carne está totalmente cozida.

Prepare o caldo gelatinoso: coloque as folhas de gelatina de molho em um prato de água fria. Junte o caldo de vitela e o Marsala em uma jarra medidora e aqueça no micro-ondas por alguns minutos, até ficar bem quente. Esprema um pouco de limão-siciliano e adicione sal e uma pitada considerável de pimenta-do-reino. Prove: esse caldo precisa estar muito mais temperado do que você imagina. Esprema as folhas de gelatina e coloque-as na jarra de caldo quente, mexendo para dissolvê-las.

Quando a torta estiver pronta, retire-a do forno e deixe descansar por 20 minutos antes de abrir a fôrma. Se as laterais da massa estiverem claras, pincele com o ovo batido e retorne ao forno por mais 10 minutos. Se estiver pronta, coloque sobre uma bandeja (para aparar respingos) e despeje o caldo gelatinoso pelo bico/funil, bem devagar, pois talvez você não precise de todo o caldo, e a massa não deve ficar encharcada pelo excesso.

Deixe descansar por 24 horas antes de comer.

Serve 6 a 8 pessoas.

PAVLOVA DE NATAL

Para mim, romãs são mais natalinas que cranberries, mas não é só por causa da época do ano que as incluí nesta receita — eu adoro o contraste entre as crocantes joias comestíveis sobre o creme macio e a base com consistência de marshmallow abaixo.

8 claras de ovos grandes
1 pitada de sal
500 g de açúcar refinado
1 colher de sopa de amido de milho
2 colheres de chá de vinagre
1 colher de chá de água de rosas

2 romãs
Suco de ½ limão-siciliano
500 ml de creme de leite fresco (36% a 40% de gordura)
1 tabuleiro e papel-manteiga

Preaqueça o forno a 180°. Forre seu tabuleiro com o papel-manteiga e desenhe um círculo de 20 cm no papel.

Bata as claras e o sal até formar picos acetinados. Sem parar de bater, junte colheradas rasas de açúcar até que o merengue esteja firme e brilhante. Salpique o amido de milho, o vinagre e a água de rosas e misture delicadamente. Amontoe no tabuleiro dentro do círculo, aplaine a parte de cima e alise as laterais. Leve ao forno e imediatamente baixe a temperatura para 150°. Asse por 1 hora e 45 minutos. Desligue o forno e deixe a pavlova lá dentro, até esfriar completamente. Se você tiver um forno elétrico, deixe-o com a porta aberta. Depois de fria, você pode guardá-la em um recipiente hermético por mais ou menos 1 semana.

Corte uma das romãs ao meio e esprema o suco — é fácil se você tiver uma máquina de sucos, mas mesmo sem ela é possível. Coloque o suco em uma panela pequena junto com o suco de limão. Deixe ferver por alguns minutos até ganhar uma consistência de xarope. Retire do fogo e deixe esfriar.

Bata o creme de leite até engrossar, mas sem ficar duro; o ideal é uma maciez aerada. Vire a pavlova sobre um grande prato raso, retire o papel-manteiga e, sobre a brancura com consistência de marshmallow, empilhe o creme sem se importar muito com beleza ou regularidade. Em seguida, corte a segunda romã ao meio, segure uma das metades com o lado cortado para baixo sobre o merengue coberto de creme e comece a bater na fruta com uma colher de pau, tendo o cuidado para não atingir a mão que a está segurando. Após algum tempo, as sementes de romã começarão a cair lentamente, depois mais rápido, até o creme ficar pontilhado de rosa. Talvez você não precise da outra metade, mas mesmo assim seja generosa, deixando as sementes caírem na borda do prato como quiserem. Por fim, regue o xarope arroxeado que estava esperando por esse momento, e leve à mesa.

Serve 10 a 12 pessoas.

BOLO INVERTIDO DE CRANBERRY

Nessa época do ano é bom ter uma ou duas sobremesas festivas para animar um almoço ou jantar de sobras. Não que eu esteja sugerindo que sobras sejam um alimento inadequado; na verdade, é meu tipo preferido de comida.

Adoro o caráter natalino desta receita, toda vermelha e brilhante por causa das frutas silvestres.

50 g de manteiga sem sal, mais 125 g
150 g de açúcar refinado, mais 125 g
175 g de cranberries
125 g de farinha de trigo com fermento
1 pitada de sal

1 colher de chá de canela
2 ovos grandes
1 a 1½ colher de sopa de leite integral
1 fôrma de tarte tatin, 1 frigideira de ferro fundido de 20 cm ou similar

Preaqueça o forno a 180° e coloque um tabuleiro dentro dele para esquentar.

Coloque a frigideira de ferro fundido — ou fôrma de tarte tatin, se você tiver uma — em fogo médio e derreta os 50 g de manteiga. Adicione os 150 g de açúcar, mexa, depois despeje os cranberries e cubra com o xarope. Reserve enquanto prepara o bolo.

Coloque a farinha, o sal, a canela, 125 g de açúcar, 125 g de manteiga e os ovos no processador e bata para combinar. Pulse enquanto adiciona leite suficiente pelo bocal da tampa para criar uma massa amolecida e com consistência um pouco líquida. Despeje sobre as frutas na panela e transfira imediatamente para o tabuleiro aquecido no forno. Asse por 30 minutos ou até o bolo ficar macio, dourado e crescido e começar a se desprender das laterais da frigideira.

Retire do forno e coloque um prato sobre a frigideira. Vire e retire a frigideira. Tome cuidado — é fácil se queimar, como estou sempre comprovando.

Sirva quente com crème fraîche ou sorvete.

Serve 6 pessoas.

CRÈME BRÛLÉE DE NATAL

Não preciso lhe dizer como este prato é bonito: você mesma pode provar. É extravagante, sem dúvida, mas essa é a intenção. E é uma delícia quebrar aquela crosta dourada e chamuscada para chegar às profundezas do creme com aroma de gemada.

A dica de congelar a assadeira antes de despejar o suave creme de ovos eu peguei com Simon Hopkinson, pela qual e por quem sou sempre grata.

600 ml de creme de leite fresco (36% a 40% de gordura)

1 colher de chá de água de flor de laranjeira

1 boa pitada de noz-moscada fresca

8 gemas de ovos grandes

3 colheres de sopa de açúcar refinado

6 colheres de sopa de açúcar demerara

3 a 4 folhas de ouro comestível (opcional)

1 assadeira para tortas de aproximadamente 20 cm de diâmetro

1 maçarico de cozinha

Deixe a assadeira no freezer por no mínimo 20 minutos e encha a pia até a metade com água fria. Em uma panela, coloque o creme de leite, a água de flor de laranjeira e a noz-moscada e deixe chegar ao ponto de fervura, mas sem ferver. Bata as gemas e o açúcar refinado em uma tigela, e regue com o creme de leite aromatizado, sem parar de bater. Lave e seque a panela e retorne para ela a mistura de creme de ovos. Cozinhe em fogo médio (ou baixo, se você estiver preocupada) até o creme engrossar: uns 10 minutos devem bastar. Este creme precisa ser agradável e voluptuoso, então, não cometa o erro de deixá-lo líquido demais por cautela. Lembre-se de que você tem uma pia cheia d'água para mergulhar a panela se parecer que o creme vai talhar.

Quando o creme estiver grosso o suficiente, rale um pouco mais de noz-moscada e transfira-o para a assadeira congeladíssima. Deixe esfriar, depois leve à geladeira até gelar. Polvilhe com açúcar demerara às colheradas, e queime com o maçarico até obter uma carapaça chamuscada e cheia de bolhas por cima. Encoste a folha de ouro na crosta dura e pegajosa de açúcar queimado, usando um pincel largo de cozinha ou, ainda mais fácil, seus dedos. Pressione delicadamente sobre a superfície de um jeito aleatório, mas decorativo, alisando-a.

Serve 8 pessoas.

MONT BLANC

Acho que esta é minha sobremesa preferida de todos os tempos. As castanhas portuguesas têm impressionante profundidade que contrasta perfeitamente com a suavidade gordurosa e macia do creme de leite fresco. Esta versão é muito mais simples que a tradicional, que envolve cozinhar e descascar todas as castanhas antes de começar — sei que os puristas fazem questão disso, porém, essa me parecer a rota mais curta para um colapso nervoso, sobretudo no Natal.

Essa época do ano demanda certa vulgaridade, e é por isso que uso o merengue para dar um efeito de tempestade de neve no final. Merengues comprados prontos são ótimos, desde que você os quebre até obter uma poeira branca, mas fique à vontade para fazê-los em casa, se preferir.

750 g de castanhas portuguesas descascadas embaladas a vácuo

375 ml de leite

1 colher de chá rasa de extrato de baunilha

4 colheres de sopa de rum escuro

225 g de açúcar refinado

100 g de chocolate amargo de boa qualidade

600 ml de creme de leite fresco (36% a 40% de gordura)

2 a 3 ninhos de merengue ou merengues feitos com 1 clara de ovo grande e 60 g de açúcar refinado

1 espremedor de batatas

Em uma panela, coloque as castanhas com o leite, a baunilha e 3 colheres de sopa de rum. Deixe ferver e cozinhe até o leite já ter sido bem absorvido e as castanhas estarem macias. Isso vai levar uns 20 minutos, e descobri que amassar algumas castanhas com uma colher de pau quase no fim do cozimento ajuda no processo.

Transfira a mistura de castanhas para o passa-verduras (com o disco médio) ou passe-a por uma peneira, retornando-a para dentro da panela. Misture o açúcar e a última colher de sopa de rum e cozinhe em fogo baixo a médio, mexendo sem parar por cerca de 10 minutos ou até a massa ficar homogênea. Transfira-a para uma tigela e deixe esfriar. Às vezes, faço isso com alguns dias de antecedência.

Pouco antes de se sentar para almoçar, pegue um grande prato raso redondo e coloque uma tigela de cereal invertida no meio. Isso é para facilitar a montagem da montanha. Depois, passe o purê frio de castanhas pelo espremedor de batatas — ou pelo passa-verduras —, formando um monte sobre a tigela e o prato. Rale o chocolate à mão ou, para facilitar, no processador, e salpique sobre as castanhas, deixando bastante da poeira escura cair na borda do prato. Bata o creme de leite até engrossar e despeje sobre as castanhas, para formar o topo nevado. Pouco antes de servir, esmague os merengues e polvilhe por cima. É isso.

Serve 10 a 12 pessoas.

GALETTE DES ROIS

Devo esclarecer meu interesse pelas tradições do Dia de Reis: é que também é meu aniversário, e acho que seguir a tradição francesa de comer esta receita me alegra mais do que tirar as decorações de Natal. A galette, em si, é simples: massa folhada cobrindo um disco úmido de frangipane, onde está escondida uma fava ou um berloque de porcelana — a pessoa que encontra o berloque se torna rei do dia e é coroado com uma coroa de papel dourado que vem automaticamente com o bolo vendido nas pâtisseries francesas.

Você pode usar massa folhada pronta ou minha receita de massa folhada fácil. Se for comprar, vai precisar de mais de um pacote, pois a massa pronta não é grande o bastante para cobrir a fôrma. Primeiro, leia a receita inteira com calma para ver como ela é fácil.

1 kg de massa folhada

400 g de amêndoas moídas

250 g de manteiga sem sal, bem amolecida

250 g de açúcar refinado

50 g de farinha de trigo, de preferência italiana tipo "00"

1 colher de chá de fermento em pó

½ colher de chá de extrato de amêndoas

2 colheres de chá de água de flor de laranjeira

1 fava seca ou 1 berloque, como uma pequena figura de porcelana

1 coroa de papel dourado

1 fôrma de fundo removível, de 26 cm

Preaqueça o forno a 200°, colocando um tabuleiro para esquentar dentro dele.

Abra metade da massa folhada até conseguir cortar um círculo grande o bastante para forrar o fundo e as laterais da fôrma, com uma sobra generosa. Leve à geladeira enquanto prepara o frangipane: ponha todos os ingredientes restantes (ou seja, das amêndoas moídas à água de flor de laranjeira) no processador e bata até homogeneizar tudo.

Abra a outra metade da massa folhada até conseguir cortar um círculo cerca de 5 cm maior que o diâmetro da fôrma. Retire a fôrma da geladeira, transfira o frangipane para lá, esconda o berloque em algum lugar, alise com uma espátula, depois coloque o círculo de cima para tampar. Com uma tesoura (é o jeito mais fácil), corte as sobras de massa de modo que a camada de cima e a de baixo da massa fiquem com apenas 2 a 3 cm de excesso na borda. Enrole as pontas para dentro, deixando uma margem bem dobrada e selada, e pressione toda a volta com os dentes de um garfo. Decore a parte de cima da galette: faça um buraco pequeno (com a ponta de uma faquinha afiada) no centro e depois, usando a mesma ponta de faca, desenhe linhas espiraladas, como "S" alongados, começando no centro e indo em direção às bordas.

Coloque sobre o tabuleiro quente no forno e asse por 30 a 40 minutos, até a massa ficar dourada e crescer bastante. Transfira para uma grelha de metal e deixe descansar por no mínimo 20 minutos antes de abrir a fôrma. Enfeite com a coroa (ou não, se não quiser) e a dê para a pessoa que encontrar o berloque.

Serve 10 a 12 pessoas.

PÃO E FERMENTO

PÃO E FERMENTO

Preparar receitas com fermento biológico é o passatempo mais viciante de todos. Depois que você começa, primeiro, percebe como é fácil e, depois, que é quase ridiculamente satisfatório. Em parte, isso se deve ao fato de você sentir a massa ganhando vida sob suas mãos. Mas talvez seja o que assusta algumas pessoas — pensar em um fermento vivo. É por isso que sou uma defensora tão grande desses pequenos sachês de fermento biológico seco: o fermento verdadeiro, vivo e fresco não é difícil de usar, mas o do sachê é mais fácil, a princípio.

A questão é se animar a começar, e depois você pode passar ao fermento biológico fresco. Porém, para ser completamente honesta, não sei se eu conseguiria detectar a diferença entre um pão que cresceu com fermento fresco e um pão que foi feito com o fermento do sachê.

Mas o tipo de fermento biológico de que não consigo gostar é o fermento seco instantâneo que os fabricantes de máquinas de pão parecem adorar. Para mim, o sabor é forte demais. E, já que estamos falando disso, devo dizer que a máquina de pão também não me interessa. Por que fazer pão — quando se podem comprar pães maravilhosos hoje em dia — se isso não envolve qualquer colaboração da sua parte? Perde-se toda aquela satisfação crucial, aquele sentimento caloroso de realização caseira. Não quero sugerir que a feitura de pães seja o território dos presunçosos terminais — as recompensas são reais, e vêm de atividade real —, mas é muito difícil não se sentir melhor depois de sovar uma massa. Como Margaret Costa escreveu em seu seminal *Four Seasons Cookbook*, isso faz "a cozinheira ver a si mesma sob uma perspectiva quase bíblica, como uma mulher valorosa cujos filhos vão crescer e considerar abençoada".

Também é verdade que, embora a máquina de pão sove muito bem a massa, ela assa muito mal o pão. Talvez você discorde, mas essa foi a minha experiência, e certa vez passei semanas experimentando uma máquina. Quando meu tempo de experiência terminou, fiquei muito, muito feliz por devolvê-la.

Assar um pão pode ser problemático: fornos domésticos simplesmente não conseguem produzir aquela crosta crocante. Você pode experimentar vários truques para transformar seu forno em um forno profissional de padeiro — salpicar o forno com água em um spray quando colocar o pão lá dentro e repetir o processo regularmente depois, enfiar um tabuleiro cheio de cubos de gelo sob a fôrma do pão e daí em diante —, mas nunca acreditei que funcionassem; ou não o bastante para fazer o trabalho valer a pena.

Mesmo assim, preparo pão e a incentivo a fazer o mesmo. É possível assar bons pães, ou eu não estaria falando sobre isso. Você pode se concentrar em pães que não precisam de uma crosta crocante— eu amo pão branco assado apenas com uma camada de farinha no exterior. O pão finlandês também tem uma crosta densa, que fazemos ao pincelá-lo com manteiga derretida no instante em que sai do forno. É verdade, meu pão italiano pode não ser bem igual ao que os moradores de São Francisco fariam, mas mesmo assim é ácido, denso e inconfundível. Não acredito nem que um bem-equipado forno a vapor poderia melhorá-los.

Anteriormente, falei sobre o processo de sova, e quero voltar ao assunto, só para o caso de ter deixado a impressão de que faço inteiramente a linha "só existe recompensa com sacrifício" — não faço. É uma boa ideia deixar uma batedeira com um gancho para massas fazer o trabalho duro para você. Mas só peço que você se permita finalizá-la, fazer uma sova terapêutica por alguns minutos depois que a máquina fizer seu eficiente trabalho. Acho, e provavelmente estou errada, que o pão fica melhor assim; sem dúvida, eu me sinto melhor.

Asso pães de forma que se encaixam mais facilmente no tipo de vida que levamos. Pode ser muito difícil encontrar tempo para deixar a massa crescer por algumas horas, e depois por mais uma hora, e depois assá-lo. O que faço — e que acaba desenvolvendo e enriquecendo o sabor ao mesmo tempo — é deixar o pão crescer durante a noite em um local fresco, até mesmo na geladeira. Isso significa que você pode terminar o dia sovando um pouco antes de dormir e, na manhã seguinte, só precisa deixar a massa gelada chegar à temperatura ambiente, dar forma ao pão ou colocá-lo em uma fôrma, e depois deixá-lo inchar e ficar pronto para assar enquanto se veste, lê os jornais, ou seja lá o que for. Mesmo assim, é mais fácil preparar essas receitas como uma atividade de final de semana ou feriados, mas não exclusivamente.

Nas receitas que se seguem, especifico uma quantidade de fermento biológico seco — ou seja, fermento que não precisa ser reconstituído: eu nunca, jamais, estarei falando do seco instantâneo de ação super-rápida —, dou a alternativa de dobrar a quantidade de fermento fresco. Depois, por estranho que pareça, o modo de preparo é exatamente igual para os dois. Isso acontece porque — como aprendi com um padeiro profissional — não é preciso misturar o fermento fresco com líquido e depois esperar que ele espume; basta adicioná-lo à farinha e prosseguir normalmente como se fosse do tipo seco. Acho que pular esse passo erode qualquer barreira psicológica ao preparo de pães.

A qualidade da farinha que você usa faz diferença. Costumo usar farinhas orgânicas para pão de marcas conhecidas, mas não exclusivamente. Não deixe que a falta de tempo para encontrar uma fonte seja uma desculpa para impedi-la de imergir prazerosamente — mesmo que a princípio, de modo hesitante — neste capítulo.

PÃO BRANCO ESSENCIAL

Eu adoro pão branco feito em casa, flexível e macio, com uma crosta polvilhada de farinha caramelizada no forno. A melhor dica que posso dar para fazer um bom pão branco com uma casca fina que dure mais antes de ficar velho — o que é sempre um problema do pão feito em casa — é lhe pedir para usar água de batatas como líquido — ou seja, água na qual batatas descascadas foram cozidas. Mas lembre-se de verificar o sal da água antes de juntar a quantidade de sal especificada na lista de ingredientes. Eu sou excêntrica o suficiente para reservar a água quando escorro as batatas, e depois a armazeno em sacos de 300 ml e coloco no freezer para usar na próxima vez que tiver vontade de fazer pão. Do contrário — e isso funciona incrivelmente bem —, você pode adicionar 1 colher de sopa rasa de purê de batatas instantâneo à agua quente pura. Acho que vale a pena fazer isso, e não é difícil ter sempre em casa um pacote de purê instantâneo, por mais ofensivo que isso possa ser para sua autoimagem culinária.

Talvez aqui seja o momento para tentar convencê-la de que receitas de pão são guias aproximados; a quantidade de líquido que a farinha absorve depende da farinha e do clima.

500 g de farinha branca para pão, e mais para amassar

7 g de fermento biológico seco ou 15 g de fermento biológico fresco

1 colher de sopa de sal

300 ml de água quente da torneira ou de batata, aproximadamente

1 colher de sopa de manteiga sem sal, amolecida

1 tabuleiro ou 1 fôrma de bolo inglês, de 500 g

Coloque a farinha, o fermento e o sal em uma tigela e despeje 200 ml da água, misturando com uma colher de pau ou com as mãos. Esteja preparada para usar mais água, mas tenha em mente que precisa ter uma gosma sem forma (e este, claro, é o termo técnico). Adicione a manteiga e misture. Comece a sovar ou, se tiver uma batedeira, coloque o gancho de massa e deixe-a fazer o trabalho. Sovar é fácil, mas é difícil descrever. Basicamente, o que se faz é pressionar a base da mão, empurrar a massa e trazê-la de volta contra a superfície de trabalho por no mínimo 10 minutos. Talvez você precise acrescentar mais farinha enquanto estiver sovando; se a massa estiver úmida e pegajosa, significa que você precisa de um pouco mais, e com frequência, de muito mais. Depois de ter sovado algumas vezes, você vai conseguir identificar a diferença — de repente, a massa fica lisa e menos grudenta. É um momento maravilhoso.

Forme uma bola de massa e coloque em uma tigela grande untada com manteiga ou óleo, virando uma vez para que a parte de cima da massa fique untada. (Normalmente, eu lavo a tigela que estava usando, seco e uso outra vez, deixando seu calor residual dar um vigor inicial ao fermento.) Cubra com filme plástico e coloque em um lugar fresco ou deixe passar a noite na geladeira, ou em um lugar aquecido por 1 ou 2 horas. Se for dei-

306 **Pão e fermento**

xar o pão crescer rapidamente em um local aquecido, fique de olho nele; estará pronto quando quase tiver dobrado de tamanho. Se for deixá-lo crescer em um local frio, retire a massa de sua tigela gelada — na manhã seguinte, mais tarde no mesmo dia, seja como for — e, se tiver dobrado de tamanho, soque-a, o que quer dizer exatamente isso: soque-a até murchar; amo fazer isso. Se não parecer bem crescida, deixe a tigela em temperatura ambiente por algum tempo (obviamente, é mais fácil fazer pão durante o final de semana, pois você tem manhãs mais longas) e depois proceda como descrito anteriormente.

Preaqueça o forno a 220° e, depois de ter sovado a massa por apenas 1 minuto, forme um pão redondo (ou do formato que você quiser) e coloque sobre o tabuleiro (ou dentro da fôrma de bolo inglês) levemente coberto com filme plástico ou um pano de prato e deixe por 30 minutos a 1 hora, ou até ficar inchado e novamente ter quase dobrado de tamanho. Pouco antes de colocar no forno, retire o filme plástico e polvilhe com farinha; como falei, já que você não tem como obter um pão com uma crosta realmente crocante em um forno doméstico, pode buscar um efeito diferente logo no começo.

Asse por 35 minutos ou até estar completamente cozido; para checar basta remover o pão da fôrma e bater com os nós dos dedos sob ele: ele faz um som oco quando está pronto; se não, retorne ao forno e deixe por alguns minutos. Mesmo que o tenha preparado em uma fôrma, desenforme para fazer isso. Quando estiver pronto, transfira para uma grelha até esfriar, se conseguir, antes de comer.

E, olhe, sei que alguns pães feitos em casa podem ficar inchados e cheios de rachaduras e fissuras — os meus, por exemplo (veja a foto da p. 305), parecem a Vênus de Willendorf —, mas não tem problema, isso acontece porque são caseiros.

MEU PÃO INTEGRAL

Todos têm um jeito de misturar farinhas diferentes para preparar os pães que gostam, e este é um dos meus favoritos para um pão integral para o dia a dia muito saboroso. Siga a receita do Pão Branco Essencial, apenas substituindo os 500 g de farinha de trigo por:

200 g de farinha de centeio   **200 g de farinha branca para pão**
200 g de farinha de trigo integral

Prepare-se para adicionar um pouco mais de água — e nesta receita uso água pura, não de batata — e asse o pão em um forno preaquecido a 200° por cerca de 45 minutos.

PÃO DE BATATA

Esta receita leva a ideia da água de batata um pouco além: você vai de fato adicionar batatas cozidas frias à massa. Isso não cria um pão pesado, como pode imaginar; o amido das batatas parece facilitar a ação do fermento e deixar o pão mais leve. Embora seja leve, não é aerado: há certa densidade e uma maciez quase cerosa, o que o torna perfeito para mergulhar no escuro suco com vinho de um gorduroso ensopado de carne. E a torrada feita com ele é incrível.

300 g de batatas cozidas frias ou mornas
700 a 800 g de farinha branca para pão
1 colher de sopa de sal
7 g de fermento biológico seco ou
  15 g de fermento biológico fresco

1 colher de sopa de iogurte grego
300 ml de água de batata quente
1 tabuleiro

Passe as batatas pelo espremedor sobre uma tigela grande — ou apenas amasse-as dentro da tigela — e adicione 600 g de farinha, o sal e o fermento. Misture, acrescentando, aos poucos o iogurte e, depois, a água. (Mesmo que a água do cozimento das batatas esteja salgada, adicione o sal à farinha antes; durante o cozimento, as próprias batatas neutralizam a salinidade, de forma que você precisa enfatizá-la nesta fase — mas sem exageros.) Quando obtiver algo que se assemelhe a uma massa, vire-a sobre uma superfície enfarinhada (ou mantenha na tigela e use o gancho para massas da batedeira) e comece a sovar, adicionando mais farinha se for preciso. Descobri que posso acabar usando até 200 g a mais.

Esta é uma massa mais úmida e pegajosa que a massa comum de pão branco, então, esteja preparada para continuar sovando por um pouco mais de tempo, mas quando obtiver algo que pareça estar densamente aglutinado (eu deixo cerca de 10 minutos na minha KitchenAid com o gancho para massas, depois sovo 2 minutos à mão), forme uma pesada bola — não vai ficar muito lisa —, transfira para uma tigela untada com manteiga, gire para untar bem, cubra com filme plástico e deixe em um lugar frio durante a noite ou em um local aquecido por mais ou menos 1 hora.

Quando a massa tiver dobrado de tamanho, soque-a, liberando alegremente qualquer raiva reprimida, sove por 1 minuto e forme um pão do formato que quiser, e preaqueça o forno a 220º. Coloque a massa sobre o tabuleiro coberto com um pano de prato e depois de 30 minutos, quando o pão estiver inchado e com quase o dobro do tamanho, leve ao forno e deixe por 20 minutos, antes de baixar a temperatura para 190º e assar por mais 10 minutos ou até estar cozido. Teste, como de costume, batendo na parte de baixo do pão: quando estiver pronto, ele deve fazer um distinto som oco.

Retire do forno e deixe esfriar sobre uma grelha.

PÃO DE CENTEIO FINLANDÊS

Esta é minha adaptação de um pão maravilhoso que vem da igualmente maravilhosa Beatrice Ojakangas. É denso, escuro e aromático de um jeito extraordinariamente reconfortante. Não sou da Finlândia, e mesmo assim gosto deste pão como se tivesse crescido lá.

225 g de farinha de centeio
300 g de farinha branca para pão
7 g de fermento biológico seco ou
   15 g de fermento biológico fresco
1 colher de sopa de açúcar mascavo
   escuro

2 colheres de chá de sal
300 ml de água morna
45 g (3 colheres de sopa) de manteiga
   sem sal derretida
1 tabuleiro

Coloque as farinhas, o fermento, o açúcar e o sal em uma tigela grande e adicione lentamente a água, misturando com as mãos ou com uma colher de pau até obter uma bola de massa irregular, mas vagamente coesa. Adicione 1 colher de sopa da manteiga derretida e misture apenas até incorporar. Comece a sovar, à mão ou na batedeira com o gancho para massas, até a massa se aglutinar e ficar homogênea, formando uma bola densa e adicionando mais água ou farinha (e em geral uso a farinha branca para pão, não a de centeio) conforme for necessário.

Use um pouco mais da manteiga derretida para untar uma tigela e vire a bola de massa ali dentro para untar também o topo (para que não fique seco). Cubra a tigela com filme plástico e deixe crescer em um lugar frio durante a noite ou por cerca de 1 hora em um local aquecido.

Quando a massa tiver dobrado de tamanho, soque-a. Isso nunca é tão satisfatório com massas densas quanto é com pães brancos, mas mesmo assim é prazeroso. Sove bem algumas vezes e depois forme um pão redondo. Coloque-o sobre o tabuleiro, cubra com um pano de prato e deixe inchar por cerca de 30 minutos. Durante esse tempo, preaqueça o forno a 190º. Asse por 45 a 55 minutos, ou até que o pão esteja cozido. Ele deve fazer um som oco quando você bater na parte debaixo com os nós dos dedos, e um espeto deve sair limpo ao ser inserido nele.

Pincele com a colher de sopa remanescente de manteiga derretida e deixe esfriar sobre uma grelha de metal.

PÃO ITALIANO

Este não é um verdadeiro pão italiano porque usa uma quantidade mínima de fermento biológico no levain, em vez de se basear apenas em fermentos naturais captados na atmosfera. Não vou contar toda a história do pão italiano. Ajuda pensar nele como um pão feito em três partes, com tempo entre elas para a massa maturar e adquirir sua acidez característica. Sei que a ideia de um processo de feitura longo e dividido em três partes não é muito bem-recebida, mas supostamente você o faz porque quer, não porque está tentando encontrar maneiras de ganhar tempo na cozinha e acabou encontrando esta receita por engano.

Enfim, primeiro você tem o levain, que na verdade não passa de uma mistura de farinha e água, com — e este é o jeito não ortodoxo, para não dizer impróprio, de prepará-lo — a adição de um pouquinho de leite e uma pitada de fermento. Você deixa essa massa ficar azeda e borbulhante, depois, usa parte dela para fazer a segunda parte, a esponja, com mais farinha e água. Em terceiro lugar, enfim, você prepara a massa, que consiste da esponja com mais farinha e mais água. Eu adiciono fermento a essa massa; não sei se deveria, mas aprendi assim com um americano, então, continuo adicionando.

O importante no pão italiano é o modo de fazer; você pode decidir que farinhas usar para prepará-lo. Costumo fazer pão italiano de centeio ou branco comum. Digo comum, mas de comum não tem nada. É parecido — e na verdade, relacionado — com aquele maravilhoso e denso *pain gris* francês. E também já fiz bons pães usando o levain de centeio em um pão feito apenas com farinha branca.

A parte mais difícil do pão italiano não é prepará-lo, mas manter o levain vivo. Sempre esqueço de alimentá-lo, que é o termo usado para a adição de farinha e água regularmente para mantê-lo ativo. Comigo eles morrem. Ou, melhor dizendo, eu os mato por negligência. Para mantê-los vivos, toda vez que você usar uma xícara do levain, junte mais ½ xícara de água e ¾ de xícara de farinha e deixe fora da geladeira por 4 horas. Faça isso a cada 15 dias, se puder.

Para o levain:

150 g de farinha de centeio ou farinha branca para pão

1 pitada de fermento biológico de sachê (como 1 pitadinha de sal) ou uma pitada maior de fermento biológico fresco

½ colher de chá de leite

200 ml de água, aproximadamente

Junte a farinha, o fermento, o leite e água suficiente para criar uma mistura semelhante a uma massa espessa de panqueca, e deixe levemente coberta por 3 dias.

Para a esponja:

180 ml de levain

180 ml de água morna

100 g de farinha de centeio ou de farinha branca para pão

Se você tiver uma xícara de medida, pode usar ¾ de xícara para isto, o que equivale, aproximadamente, a 180 ml. Isso facilita muito a tarefa de medir.

Misture todos os ingredientes. Deixe a mistura bem coberta por 12 a 18 horas; se for por mais tempo, é melhor, porém, menos tempo é o bastante se for tudo o que você tem.

Para a massa:

375 g de farinha integral para pão (para o pão italiano de centeio) ou 500 g de farinha branca para pão

O restante do sachê de fermento biológico seco ou 15 g de fermento biológico fresco

Toda a esponja da receita anterior

1 colher de sopa rasa de sal

1 colher de sopa de sementes de cominho (só para o pão de centeio)

250 a 300 ml de água morna

Óleo vegetal para untar a tigela

1 tabuleiro

Em uma tigela, coloque a farinha e o fermento. Em seguida, misture os outros ingredientes até obter uma gosma sem forma que pareça estar quase se tornando uma massa. Sove, à mão ou à máquina, adicionando mais farinha se for necessário, para formar uma massa densa e lisa.

Forme uma bola e transfira para uma tigela untada, virando uma vez para também untar a parte de cima da massa. Cubra com filme plástico e deixe dobrar de tamanho, de um dia para o outro em um lugar frio ou na geladeira, ou por cerca de 1 hora em um local aquecido.

Quando a massa terminar de inchar, soque-a, sove por 1 a 2 minutos, forme um pão redondo e coloque, coberto com um pano de prato, sobre o tabuleiro. Preaqueça o forno a 200º e deixe esquentar enquanto a massa cresce por 30 minutos.

Descubra a massa e faça cortes na parte de cima. Para facilitar, você deve usar uma navalha ou lâmina de barbear, mas uma faca afiada serve. No entanto, deve ser bem afiada, pois você não pode fazer nenhuma pressão, ou a massa, que já estará bem crescida, vai murchar. Eu faço cerca de 5 cortes desde o topo, diagonalmente para um lado, e, depois, para o outro, formando um padrão mais ou menos xadrez. Leve ao forno e asse por 45 minutos, até o pão estar cozido e emitir um som oco quando você bater na parte de baixo.

Pão e fermento

PÃO-MONTANHA NORUEGUÊS

Esta é uma das receitas — juntamente com os rolinhos de canela — que roubei gananciosamente de Trine Bell, uma amiga que é metade norueguesa e generosa com sua herança culinária. Por mais que eu adore um bom pão branco britânico, tenho um verdadeiro fraco por aqueles nodosos pães do norte da Europa, que são densos e virtuosamente substanciosos.

Como esta receita é muito fácil, logo pode se tornar parte de uma rotina descomplicada. Faça as alterações que quiser com farinhas, sementes e grãos.

250 ml de leite semidesnatado

250 ml de água

350 g de farinha integral para pão

50 g de farinha de centeio

7 g de fermento biológico seco ou
   15 g de fermento biológico fresco

50 g de aveia em flocos (não
   instantânea)

25 g de gérmen de trigo

3 colheres de sopa de sementes de
   girassol

3 colheres de sopa de linhaça

1 colher de sopa de sal

1 fôrma de silicone para bolo inglês,
   1 tabuleiro ou 1 fôrma comum para
   bolo inglês bem untada com manteiga

Junte o leite e a água em uma jarra medidora, e combine todos os outros ingredientes em uma tigela grande. Regue o líquido sobre os ingredientes secos, sem parar de mexer, para criar uma mistura pegajosa semelhante a um mingau.

Transfira para uma fôrma de bolo inglês muito bem untada — ou, melhor ainda, uma fôrma de silicone para bolo inglês que você não precisa untar — e leve ao forno frio. Ligue-o na temperatura de 110° e depois de 30 minutos aumente para 180°. Asse por 1 hora, ainda que em alguns fornos precise ficar mais 10 a 15 minutos. Você deve conseguir tirar o pão da fôrma e checar se está pronto com o método das batidas, mas, como este pão é pesado, nem sempre isso é confiável. Então, enfie um testador de bolos ou um espeto fino para ter certeza; se sair limpo, o pão está cozido. Se não, é só retorná-lo ao forno sem a fôrma e deixar mais alguns minutos.

PÃO DE BORDO COM PECAN

Você não vai encontrar muitos pães com sabor neste capítulo, por mais sofisticados que sejam. O pão, assim como o macarrão, é mais adequado para transportar outros sabores, não para ficar se exibindo por aí. Porém, esta receita é uma exceção: ela tem nozes e xarope na composição, mas o efeito geral é discreto. E não se desvia de sua verdadeira vocação, ou seja, este é um pão que atinge seu auge com queijo.

500 g de farinha integral para pão
150 g de farinha branca para pão
1 colher de sopa de sal
7 g de fermento biológico seco ou
  15 g de fermento biológico fresco
300 a 400 ml de água morna

4 colheres de sopa de xarope de bordo (maple syrup)
50 a 100 g de pecans picadas (ou nozes)
Óleo (de nozes, se você tiver) ou manteiga para untar
1 tabuleiro

Combine as farinhas, o sal e o fermento em uma tigela grande. Meça 300 ml de água morna e misture ao xarope de bordo. Regue o líquido sobre os ingredientes secos e pare quando obtiver uma massa rústica; talvez você precise de mais cerca de 100 ml de água para chegar a esse estágio. Sove por alguns minutos e deixe descansar por 20 minutos.

Comece a sovar outra vez, salpicando as nozes. Depende de você quanto de nozes deseja na receita: com queijo, acho que o limite máximo fica ótimo; como um pão comum, eu usaria um pouco menos. Continue sovando até a massa ficar macia e elástica (ainda que essa quantidade de aveia não a deixe ficar muito elástica) e forme uma bola.

Unte a tigela com óleo, transfira a massa para a tigela e gire-a dentro do recipiente, de forma que a parte de cima também fique levemente untada. Cubra a tigela com filme plástico e deixe crescer na cozinha por 1 a 2 horas, ou até ter mais ou menos dobrado de tamanho, ou siga o método de crescimento lento a frio.

Soque a massa, sove por 1 minuto e depois dê forma ao pão. Coloque-o sobre o tabuleiro, cubra com um pano de prato, preaqueça o forno a 220º e deixe a massa descansar por cerca de 30 minutos, até ficar inchada.

Faça cortes na massa com uma lâmina ou uma faca afiada — em geral, faço apenas três cortes diagonais neste pão — e leve ao forno. Após 15 minutos, baixe a temperatura para 190º e deixe por mais uns 20 minutos. Verifique se o pão está pronto batendo na parte de baixo, coloque sobre uma grelha de metal para esfriar.

Pão e fermento

BAGELS

Sei que fazer seus próprios bagels parece complicado demais. Em parte, incluí esta receita porque a maioria dos bagels que encontramos para vender não são bagels, e sim roscas comuns — bagels de verdade devem ser consistentes, nada aerados e ter um miolo denso —, mas também porque é um prazer prepará-los. O lugar deles é neste capítulo, e não no das crianças, embora crianças adorem fazê-los, ou pelo menos lhes dar forma. Eu também gosto.

A preparação não é difícil — ainda que a massa precise de força muscular —, mesmo tendo duas partes: primeiro, você os cozinha em água e, depois, assa. A receita é adaptada de *Secrets of a Jewish Baker*, de George Greenstein — cuja dica é adicionar malte à água do cozimento para ajudar os bagels a adquirir aquela característica crosta adocicada e brilhante. Se não encontrar xarope, ou extrato, de malte, pode usar açúcar.

1 kg de farinha branca para pão, e mais conforme for necessário para amassar

1 colher de sopa de sal

7 g de fermento biológico seco ou 15 g de fermento biológico fresco

2 colheres de sopa de açúcar

1 colher de sopa de óleo vegetal, e mais para untar

500 ml de água morna, e mais conforme for necessário

2 colheres de sopa de malte ou açúcar, para cozinhar os bagels

2 a 3 tabuleiros untados

Combine a farinha, o sal e o fermento em uma tigela grande. Adicione o açúcar e o óleo à água. Abra um buraco nos ingredientes secos e adicione o líquido, misturando com uma espátula ou colher de pau até obter uma massa.

Sove a massa à mão ou com um gancho para massas, tentando adicionar mais farinha se puder. Em geral, o ideal é que as massas fiquem tão úmidas quanto possível; nesta receita, a secura é positiva.

A massa vai ficar bem dura e difícil de trabalhar, eu sei, mas sove até obter uma massa bem lisa e elástica; mesmo com o gancho para massas e uma batedeira elétrica, isso leva cerca de 10 minutos.

Forme uma bola de massa e transfira para uma tigela untada, virando uma vez para untá-la inteiramente, cubra a tigela com filme plástico e deixe crescer por cerca de 1 hora. Deve inchar bastante, e quando você cutucá-la com o dedo, a marca do seu dedo deve ficar aparente.

Então, soque a massa, soque mesmo, e depois sove bem e divida a massa em três partes. Com as mãos, enrole cada pedaço até virar uma tripa, depois corte cada tripa em 5 pedaços. Forme uma bolinha com cada pedaço entre as palmas das mãos. Faça outra tripa, formando um anel com ela. Sele as extremidades sobrepondo-as um pouco e apertando-as para fechar. Nesse momento, aqueça água em uma panela grande até ferver. Quando ferver, adicione o malte.

314 Pão e fermento

Coloque os bagels sobre os tabuleiros untados, cubra com panos de prato e deixe descansar por 20 minutos. Depois desse tempo eles devem estar inchados. Então, preaqueça o forno a 240º ou à temperatura máxima do seu forno.

Quando a água com malte estiver fervendo e seus bagels estiverem inchados, comece a cozinhá-los. Jogue alguns bagels de cada vez na água fervente e cozinhe por 1 minuto, virando-os uma vez. Eu uso duas espátulas grandes para fazer isso (não foi Portnoy que sempre achou que *espátula* era uma palavra judia?).

Conforme cozinham, vá recolocando-os nos tabuleiros untados, deixando bastante espaço entre um e outro. Ao terminar, asse por 10 a 15 minutos ou até ficarem brilhantes e dourados.

Rende 15 bagels.

PÃO ARTESANAL DE ALHO E SALSA

Esta receita fica em algum lugar entre o pão naan de alho e uma focaccia com ervas: esburacado, consistente e muito pungente. Quando o almoço é frio e parco — um pouco de queijo maturado, alguns tomates fatiados, uma salada verde —, este pão une tudo de um jeito substancial de dar água na boca. (Mas, por favor, prepare-os ao menos uma vez para comer com ovos fritos e talvez alguns tomates fritos ou grelhados.)

500 g de farinha branca para pão
7 g de fermento biológico seco ou
   15 g de fermento biológico fresco
1 colher de sopa de sal
300 a 400 ml de água morna
5 colheres de sopa de azeite de oliva,
   e mais para untar e despejar sobre
   o alho

3 cabeças de alho grandes ou 4 pequenas
Azeite extravirgem para derramar
   por cima
1 molho de salsa lisa
Sal, de preferência Maldon, para polvilhar
2 tabuleiros

Preaqueça o forno a 190º.

Combine a farinha, o fermento e o sal em uma tigela. Coloque 300 ml de água morna em uma jarra medidora e junte o azeite. Misture os ingredientes líquidos aos secos até formar uma massa macia mas firme, adicionando mais líquido se for necessário. Transfira a massa para uma superfície lisa e sove à mão, ou deixe na tigela, use uma batedeira com o gancho para massas e bata até ficar lisa, maleável e elástica. Forme uma bola, lave e seque a tigela, unte-a e ponha a massa dentro dela, girando-a para que fique untada por igual. Cubra a tigela com filme plástico e deixe crescer por mais ou menos 1 hora ou até ter dobrado de tamanho.

316 **Pão e fermento**

Enquanto o pão está crescendo, corte a parte de cima das cabeças de alho, com o cuidado de deixá-las inteiras, coloque-as sobre alguns quadrados de papel-alumínio, despeje um fio de azeite por cima e embrulhe-os. Os pacotes devem ficar estufados, mas as bordas do papel-alumínio precisam estar bem seladas. Asse os pacotes de alho por 45 minutos; eles não devem ficar moles, e sim manter a forma. Retire do forno, desembrulhe e deixe esfriar, até conseguir tocá-los. Ligue o forno a 200°.

Arranque as folhas de salsa dos talos e adicione um bom punhado delas ao recipiente do processador — sem se preocupar se alguns talos restarem aqui e ali — e pique. Esprema os macios dentes de alho das cascas para dentro do recipiente do processador e bata outra vez. Pelo bocal da tampa, junte azeite extravirgem suficiente para criar uma pasta líquida, sem parar de bater, e deixe essa pungente emulsão onde está enquanto volta ao pão.

Quando a massa tiver crescido, soque-a e deixe descansar por 10 minutos. Divida a massa em duas e pegue duas folhas de papel-manteiga ou de tapete culinário de silicone. Coloque uma bola de massa sobre cada folha e abra, formando um retângulo curvo ou um oval grosso. Depois, com as mãos, abra um pouco mais. Transfira os pães sobre seus papéis para os tabuleiros, cubra com panos de prato e deixe crescer, pela última vez, por 25 minutos.

Pressione as pontas dos dedos por toda a extensão dos pães para deixá-los esburacados. Volte à emulsão de alho e pulse uma ou duas vezes para ter certeza de que está tudo combinado. Em seguida, regue os pães chatos e ondulados com essa mistura verde.

Leve os tabuleiros ao forno e asse por 20 minutos, ou até os pães estarem cozidos — ficando dourados em algumas partes, com as partículas de alho em um marrom mais escuro, e as bordas inchadas ao redor da cobertura de azeite. Retire do forno e regue com boa quantidade de azeite de oliva extravirgem. Tempere com um pouco de sal e coloque na mesa para que as pessoas os despedacem avidamente com as mãos.

Serve 4 pessoas generosamente.

SCHIACCIATA COM GORGONZOLA E PINOLIS

Quando morei em Florença, comia o que em geral é chamado de focaccia aqui, mas a conhecia como "schiacciata". Esta é outra pizza macia e densa, como os pães artesanais, só que coberta com gorgonzola e salpicada com pinolis. Eu a adoro como entrada acompanhada por um salgado e adocicado presunto de Parma.

350 g de farinha branca para pão
150 g de farinha de trigo, de
 preferência italiana tipo "00"
7 g de fermento biológico seco ou
 15 g de fermento biológico fresco
2 colheres de chá de sal
300 a 400 ml de água morna
3 colheres de sopa de azeite de oliva

150 g de gorgonzola
Pimenta-do-reino moída na hora
Noz-moscada fresca ralada na hora
3 a 5 colheres de sopa de azeite de
 oliva extravirgem
3 colheres de sopa de pinolis
1 assadeira de aproximadamente
 20 x 30 x 5 cm

Em uma tigela, combine as farinhas, o fermento e o sal. Despeje 300 ml de água morna em uma jarra medidora e misture 2 colheres de sopa de azeite. Regue os ingredientes líquidos sobre os secos e misture até formar uma massa macia, mas firme, adicionando mais água se for necessário.

Sove a massa, tratando-a exatamente como a receita de Pão Artesanal de Alho e Salsa. Quando tiver crescido e dobrado de tamanho, não a divida em duas; coloque-a sobre a assadeira e pressione-a até se encaixar, deixando-a descansar por alguns minutos se achar que não vai conseguir esticá-la até os quatro cantos (vai conseguir) e depois tentando novamente. Cubra a massa com um pano de prato e preaqueça o forno a 220º. Depois de 30 minutos a massa deve estar inchada e pronta para a cobertura.

Em uma tigela, com um garfo, amasse o queijo e continue amassando enquanto adiciona uma generosa quantidade de pimenta e uma quantidade ainda maior de noz-moscada. Continue amassando com o garfo enquanto adiciona o azeite extravirgem; se as 3 colheres de sopa não forem suficientes para tornar essa cobertura espalhável e quase líquida, adicione mais.

Pressione as pontas dos dedos por toda a massa para deixá-la esburacada e cubra com a mistura de gorgonzola. Salpique com os pinolis e asse por 10 minutos. Diminua a temperatura do forno para 190º e asse por mais 15 a 25 minutos, até as bordas da schiacciata dourarem e o queijo borbulhar.

Retire do forno, corte fatias grossas e deixe as pessoas retirá-las diretamente da fôrma — ou transfira para uma tábua ou prato se ficar mais feliz assim.

Pão e fermento 319

PÃO CHATO NIGELLANO

Olhe, o nome é para ser uma espécie de brincadeira, mas estou falando de um pão tipo árabe, dourado por ser pincelado com ovos batidos e salpicado de sementes de nigela. Encontrei uma receita parecida com esta no inspirador *Bread*, de Eric Treuille e Ursula Ferrigno, e pode-se dizer que me apoderei dela. (Você pode comprar sementes de nigela, em geral chamadas de "kalonji", em lojas de produtos indianos.)

É esta receita que preparo quando estou com vontade de beliscar. Não é complicada, e embora eu adore alguns dos pães achatados que podem ser comprados prontos (não só árabes — também pães artesanais mais macios e densos em forma de gota), acho mais prazeroso preparar estes, dobrando a quantidade e levando os pães ao forno em porções para sempre haver uma tábua de madeira cheia de pão quente para mergulhar em pastinhas na mesa.

Para o pão:

500 g de farinha branca para pão

7 g de fermento biológico seco ou

15 g de fermento biológico fresco

2 colheres de chá de sal

2 colheres de sopa de iogurte

2 colheres de sopa de azeite de oliva,

e mais para untar

300 ml de água morna,

aproximadamente

2 tabuleiros

Para pincelar:

1 ovo grande

1 colher de chá de água

1 colher de chá de iogurte

1 colher de sopa de sementes de nigela

Em uma tigela grande, combine a farinha, o fermento e o sal e abra um buraco no meio. Junte o iogurte e o azeite em uma jarra medidora e acrescente a água morna até chegar à marca de 350 ml. Bata rapidamente com um garfo para misturar, adicione os ingredientes líquidos aos secos e misture com as mãos ou com uma colher de pau, adicionando mais líquido se for necessário, até formar uma massa firme, mas macia.

Vire sobre uma superfície enfarinhada (ou coloque sua batedeira com o gancho para massas para trabalhar) e comece a sovar. Adicione farinha conforme for necessário até obter uma massa lisa, maleável e elástica. Forme uma bola com a massa, unte uma tigela e coloque-a nela, girando-a para untá-la inteiramente. Cubra a tigela com filme plástico e deixe crescer por mais ou menos 1 hora, até ter dobrado de tamanho.

Soque a massa e deixe descansar por 10 minutos. Preaqueça o forno a 220°. Separe a massa em três partes e depois divida cada uma ao meio. Modele cada pedacinho em um formato oval e abra-os um por um, formando um ovalado chato e alongado, mesmo que irregular. Coloque-os nos tabuleiros, com cerca de 3 cm de distância uns dos outros, cubra com panos de prato e deixe crescer pela última vez por 20 minutos, até ficarem inchados.

Com o lado cego de uma faca de cozinha comum, desenhe linhas paralelas diagonais sobre os pães, com mais ou menos 2 cm de distância. Depois, faça o mesmo na outra direção, obtendo um padrão xadrez.

Pão e fermento 321

Bata o ovo com a água e o iogurte, e com um pincel de cozinha pincele essa mistura sobre os pães. Salpique as sementes de nigela por cima e asse no forno quente por 8 a 10 minutos. Depois desse tempo, os pães vão estar dourados, inchados em alguns lugares e cozidos.

Retire do forno e cubra imediatamente por alguns minutos com um pano de prato para que esses pãezinhos chatos não sequem ou criem uma crosta dura demais.

Rende 6 pães.

LAHMACUN

Esta é uma das primeiras coisas que peço em restaurantes turcos — embora haja variações em toda a culinária do Mediterrâneo Oriental —, e se você ainda não experimentou, não perca tempo. O jeito mais simples, se não o mais apetitoso, de descrever esta receita é dizer que é um tipo de pizza turca com cordeiro moído bem fino por cima. Imagine discos macios e dourados de pão chato com uma cobertura de carne condimentada e aromatizada com pimenta e limão. Fazemos este pão para o almoço, apenas com uma salada verde e talvez um pouco de queijo de cabra maturado para acompanhar.

Você pode encontrar melado ou xarope de romã em lojas de produtos do Oriente Médio, mas ele pode ser substituído por suco de limão-siciliano. O suco não tem a profundidade ou a acidez profunda do melado de romã, mas a acidez abrupta e pronunciada da fruta cítrica cria o próprio contraste agradável com a carne condimentada e adocicada. Por falar nela, compre-a já moída se preferir, mas esta é uma das poucas receitas em que o ideal é a textura fina que as lâminas do processador proporcionam.

Para a massa:
150 g de farinha para pão
100 g de farinha de trigo
1 colher de chá de fermento biológico seco ou 6 g de fermento biológico fresco
½ colher de chá de sal
125 ml de água morna
1 colher de sopa de azeite de oliva

Para a cobertura:
1 cebola média bem picada
1 dente de alho grande bem ralado
2 colheres de sopa de azeite de oliva

250 g de carne de cordeiro bem picada no processador
1 pitada de pimenta caiena
1 pitada de pimenta-da-jamaica em pó
½ colher de chá de cominho
2 colheres de sopa de purê de tomate
2 colheres de sopa de salsa lisa bem picada, e mais para servir
1 colher de sopa de melado de romã (ou suco de limão-siciliano)
4 colheres de sopa de manteiga derretida
2 tabuleiros untados

322 **Pão e fermento**

Em uma tigela grande, combine as farinhas, o fermento e o sal. Adicione a água e o óleo e misture até obter uma massa. Sove por 5 a 10 minutos, dependendo do que estiver usando: as mãos ou um gancho para massas na batedeira. Você pode parar de sovar quando a massa estiver lisa e elástica.

Coloque em uma tigela untada, gire a massa para que fique toda untada e cubra com filme plástico. Deixe crescer em um local aquecido por cerca de 1 hora ou até ter dobrado de tamanho.

Preaqueça o forno a 220º.

Enquanto isso, para preparar a pasta de cordeiro para a cobertura, frite a cebola e o alho no azeite até ficarem transparentes, mas não dourados. Se você jogar uma pitada de sal, isso ajudará a não deixá-los escurecer. Adicione o cordeiro moído no processador, juntamente com a caiena, a pimenta-da-jamaica e o cominho, e misture o purê de tomate. Mexa o cordeiro para separá-lo bem e cozinhe por cerca de 10 minutos, até a carne perder o tom rosado. Por fim, junte a salsa e o melado de romã, e depois de provar, tempere com sal e pimenta a gosto.

Soque a massa para se livrar do ar e divida-a em oito pedaços do tamanho de ovos.

Abra esses pedaços em círculos de 12 cm de diâmetro. Deixe-os descansar sobre os tabuleiros untados, cobertos por panos de prato, por 10 minutos.

Meça 1 colher de sopa da pasta de cordeiro e distribua sobre cada círculo, espalhando para cobrir bem o centro. Pincele as pizzas com manteiga derretida, sobretudo as bordas, e asse por 8 a 10 minutos. Quando elas saírem do forno, cubra com um pano — sei que ele vai ficar sujo, mas *tant pis* — para evitar que a crosta fique dura. A questão é que elas devem ficar macias o suficiente para que você as dobre ao meio e enrole para comer.

Salpique mais salsa, se quiser, quando servi-las.

Rende 8 (suficiente para 4 pessoas, e olhe lá).

Pão e fermento 323

PIZZA CASARECCIA

Enquanto todos nós nos esforçamos sem sucesso para produzir aquela pizza fina e com cheiro de forno a lenha feita pelo *pizzaiolo*, os italianos reconhecem que você precisa ir à pizzaria para comê-la, e criaram uma alternativa caseira, mais macia e com mais cobertura, e muito gostosa do próprio jeito.

Coloquei as anchovas da cobertura como opcionais, mas na verdade é assim com todos os ingredientes. E, quanto ao queijo, não se preocupe se não tiver parmesão ou mozarela: italianos adoram cheddar na pizza.

Para a massa:

250 g de farinha de trigo, de preferência italiana tipo "00"

1 colher de chá cheia de fermento biológico seco ou 3 colheres de sopa de fermento biológico fresco

½ colher de chá de sal

150 ml de água morna, aproximadamente

2 colheres de sopa de azeite extravirgem

1 tabuleiro

Para a cobertura:

200 g de tomates enlatados picados

2 a 3 pitadas de orégano seco

4 fatias de presunto fino

2 a 3 pepinos em conserva picados

5 anchovas (opcional)

Parmesão fresco, mozarela ou o queijo de sua preferência

Em uma tigela grande, combine a farinha, o fermento e o sal e misture a água morna e o azeite, adicionando mais água se for necessário para formar uma massa. Quando obtiver uma gosma sem forma, quase virando uma massa, transfira o conteúdo para uma superfície levemente enfarinhada e sove por cerca de 5 minutos (ou faça tudo isso na batedeira com um gancho para massas), ou até que a massa esteja lisa e flexível — mas deve continuar um pouco pegajosa. Coloque-a dentro de uma tigela untada, girando-a para ficar levemente coberta de óleo por inteiro. Cubra a tigela com filme plástico e deixe em um lugar aquecido por 1 hora, até a massa ter dobrado de tamanho.

Preaqueça o forno a 240°.

Com as mãos bem untadas, soque a massa para retirar o ar, sove um pouco e pressione contra o tabuleiro, criando um formato retangular ou redondo. Cubra com tomates picados temperados com sal, pimenta e orégano. Leve ao forno bem quente por 20 minutos, ou até que a massa faça um som oco quando você bater nela com os nós dos dedos.

Adicione a cobertura que preferir, retorne a pizza ao forno e asse por mais 5 a 10 minutos, ou até que o queijo esteja derretido e a base, crocante.

Serve generosamente 4 pessoas.

Pão e fermento 325

TORTA DE AMEIXA ALEMÃ

Preparei esta torta pela primeira vez há alguns anos, e foi uma das receitas que me levou a cozinhar com fermento biológico, me fez querer mais. A força inspiradora é Linda Collister — simplesmente não dá para ler seus livros sem querer colocar um avental e enfiar as mãos em um pouco de farinha —, e esta vem de *Sweet Pies and Tarts*. Enquanto as duas receitas que seguem esta torta são mais adequadas para cafés da manhã longos e gulosos de final de semana, esta vira uma suntuosa sobremesa. Você pode tranquilamente preparar a massa de manhã, colocá-la na geladeira para um crescimento lento, e depois, com um esforço relativamente pequeno, terminá-la ao voltar do trabalho, mesmo que seja bem tarde. E ela não tem o mínimo gosto de algo feito às pressas.

Para a massa:

3,5 g de fermento biológico seco ou
   7 g de fermento biológico fresco
350 g de farinha branca para pão
½ colher de chá de sal
50 g de açúcar refinado dourado
200 ml de leite morno
1 ovo médio batido
20 g de manteiga sem sal, bem mole

Para o recheio:

500 g de ameixas sem caroço cortadas
   ao meio
3 colheres de sopa de açúcar demerara

Para a cobertura de farofa:

140 g de farinha de trigo
100 g de açúcar mascavo claro
110 g de manteiga sem sal em cubos
 200 g de nozes ou pecans em pedaços
1 tabuleiro grande — com cerca de
   32 x 24 cm — untado ou antiaderente,
   ou 1 assadeira com aproximadamente
   20 x 30 x 5 cm, também untada
   ou antiaderente

Para fazer a massa, coloque a farinha, o fermento, o sal e o açúcar em uma tigela e regue com o leite morno lentamente, sem parar de mexer. Adicione o ovo batido e a manteiga amolecida, e mexa até obter uma massa macia e pegajosa. Vire sobre uma superfície enfarinhada e sove por uns bons 10 minutos, ou por mais ou menos metade desse tempo em uma batedeira com um gancho para massas. Não use o processador. A massa deve ficar macia e acetinada, mas não úmida e grudenta: se achar que precisa adicionar mais farinha, vá em frente; farinhas diferentes absorvem quantidades diferentes de líquido. Cubra e deixe crescer por 1 hora em temperatura ambiente.

Para preparar o recheio, misture as ameixas preparadas com o açúcar (às vezes, uso metade de mascavo claro e metade de açúcar refinado, em vez do demerara estipulado) e reserve.

Preaqueça o forno a 190°.

Para fazer a cobertura de farofa, combine a farinha com o açúcar em uma tigela, junte a manteiga, misturando com os dedos até obter bolas de massas do tamanho de ervilhas. Junte as nozes e reserve.

326 **Pão e fermento**

Soque a massa inchada com os nós dos dedos, e abra um retângulo com as mãos até cobrir o tabuleiro ou pressione-a contra a assadeira. (É mais fácil que abri-la com o rolo e depois transferi-la, além de você não precisar de um acabamento liso e homogêneo.) Cubra com as ameixas, com o lado cortado para cima, e salpique com a cobertura de farofa e nozes. Asse no forno preaquecido por 30 minutos até que a base esteja dourada, as frutas, macias, e a cobertura, crocante e tostada.

Sirva quente, com creme, crème fraîche ou sorvete — de baunilha ou canela, se conseguir encontrar.

Serve 8 pessoas.

VARIAÇÕES

Você pode usar a fruta que quiser nesta receita, com ou sem a cobertura ou com outra versão dela. Cerejas, com os caroços retirados sobre a massa para que nenhum suco se perca, ficam maravilhosas, especialmente com amêndoas em vez de pecans. Maçãs também ficam ótimas, com ou sem amoras. O bom desta massa com fermento biológico é que ela absorve e age como uma barreira para qualquer suco de frutas.

Mas, por favor, não descarte uma massa com fermento biológico para tortas salgadas. Cebolas ou alhos-porós passados na manteiga ou na gordura de bacon e espalhados sobre uma base inchada da massa da receita a seguir, mas sem o açúcar, as raspas e as especiarias. Rale queijo por cima se quiser, corte em quadrados e coma ainda quente.

KUCHEN DE MAÇÃ

Kuchen, em alemão, significa apenas bolo. Nos Estados Unidos, significa algo mais específico — um bolo tipo cuca com fermento biológico, simples, mas normalmente coberto de frutas, que os imigrantes alemães levaram para o Novo Mundo. Fica ótimo com café, e é um café da manhã fabuloso se você tem hóspedes e quer se sentar à mesa para comer, beber, conversar e ler os jornais em uma atmosfera de especiarias de torta de maçã e massa amanteigada com fermento biológico.

O que eu faço é preparar a massa antes de ir dormir e deixá-la, coberta com filme plástico etc. na geladeira de um dia para o outro. Quando acordo de manhã, ligo o forno, deixo a massa voltar à temperatura ambiente e depois começo a fazer o resto. Provavelmente, o bolo vai estar pronto cerca de 1 hora depois que você acordar, o que, considerando o quanto é espetacular, não é nada mau. Esta receita também congela bem, então, uma fornada pode durar alguns cafés da manhã de final de semana.

Para a massa:
350 a 400 g de farinha branca para pão
½ colher de chá de sal
50 g de açúcar refinado
3,5 g de fermento biológico seco, ou
** 7 g de fermento biológico fresco**
2 ovos grandes
½ colher de chá de extrato de baunilha
Raspas de ½ limão-siciliano
1 boa pitada de noz-moscada
125 ml de leite morno
50 g de manteiga sem sal, amolecida
1 tabuleiro ou assadeira retangular de
** aproximadamente 30 x 20 cm**

Para a cobertura:
1 ovo grande
1 colher de sopa de creme de leite
1 pitada de noz-moscada fresca ralada
** na hora**
2 maçãs Granny Smith
1 colher de sopa de açúcar demerara
1 colher de sopa de açúcar refinado
¼ de colher de chá de pimenta-da-jamaica
2 colheres de sopa de amêndoas em lascas

Para o glacê:
75 g de açúcar de confeiteiro não
** refinado (dourado), peneirado**
1 colher de sopa de água quente

Em uma tigela, coloque 350 g de farinha com o sal, o açúcar e o fermento. Bata os ovos e adicione-os, com a baunilha, as raspas de limão e a noz-moscada, ao leite morno. Misture os ingredientes líquidos com os secos, formando uma massa entre firme e macia, estando preparada para adicionar mais farinha se precisar. Em geral, uso cerca de 400 g, mas a aconselho a começar com uma quantidade menor: basta adicionar mais, conforme for necessário. Misture a manteiga amolecida e sove à mão por 10 minutos, ou por metade desse tempo à máquina. Quando a massa estiver pronta, vai ficar mais lisa e flexível. De repente, parece ganhar um brilho vigoroso.

Cubra com um pano de prato e reserve até dobrar de tamanho (de 1 hora a 1 hora e 15 minutos), ou deixe crescer lentamente em um lugar frio durante a noite. Depois, soque

Pão e fermento 329

e pressione para forrar a assadeira. Você pode pensar que ela nunca vai esticar a ponto de preencher tudo, mas estique até onde conseguir e deixe descansar por mais ou menos 10 minutos, sobretudo se a massa tiver tido um crescimento a frio. Quando estiver esticada na assadeira, deixe crescer pela última vez por 15 a 20 minutos. Preaqueça o forno a 200º. Descasque e retire as sementes das maçãs e pique-as bem; eu uso um processador, mas não é preciso. E você também pode usar outros tipos de maçã se preferir: o que tiver à mão.

Quando a massa estiver pronta, bata o ovo com o creme de leite, rale por cima um pouco de noz-moscada e pincele o topo da massa com a mistura. Coloque as maçãs sobre a massa pincelada, misture os açúcares e a pimenta-da-jamaica e polvilhe por cima. Cubra com as lascas de amêndoas e leve ao forno por 15 minutos. Depois baixe a temperatura para 180º e asse por mais 15 minutos, aproximadamente, até as bordas incharem e dourarem e a massa estar cozida.

Retire do forno e faça uma pasta líquida com o açúcar de confeiteiro peneirado e a água quente. Passe esse glacê sobre o bolo ou use uma colher para espalhá-lo.

Deixe esfriar por cerca de 15 minutos, depois fatie e coma ainda quente, suculento e pegajosamente aromático.

Serve 8 pessoas.

CUCA DE RUIBARBO

Bem, esta é a introdução de um sabor muito britânico a uma receita nada britânica, e funciona maravilhosamente — a fusão cultural tem seu valor culinário.

É uma questão irrelevante, mas acho que você deve tomar chá, e não café, com esta cuca.

Para a massa:
350 a 400 g de farinha branca para pão
½ colher de chá de sal
50 g de açúcar refinado
3,5 g de fermento biológico seco ou
   7 g de fermento biológico fresco
2 ovos grandes
½ colher de chá de extrato de baunilha
Raspas de ½ limão-siciliano
1 boa pitada de noz-moscada fresca
   ralada na hora
125 ml de leite morno
50 g de manteiga sem sal, amolecida
1 tabuleiro ou assadeira retangular de
   aproximadamente 30 x 20 cm

Para o recheio:
1 ovo grande
1 colher de sopa de creme de leite
1 pitada de noz-moscada fresca ralada
   na hora
350 g de ruibarbos limpos e aparados
75 g de açúcar refinado
¼ de colher de chá de pimenta-da-jamaica

Para a cobertura de farofa:
30 g de manteiga sem sal, gelada e
   em cubos
50 g de farinha de trigo com fermento
1 colher de sopa de açúcar refinado
1 colher de sopa de açúcar demerara

Para a massa, siga a receita do Kuchen de Maçã.

Quando tiver espalhado a massa sobre a assadeira, deixe-a crescer pela última vez por 15 a 20 minutos. Preaqueça o forno a 200°. Quando a massa estiver pronta, bata o ovo e o creme de leite, rale um pouco de noz-moscada por cima e pincele a mistura sobre a massa.

Para fazer a cobertura de farofa, esfregue a manteiga gelada em cubos com a farinha até obter o aspecto de areia úmida, e acrescente os açúcares, misturando com um garfo. Para fazer o recheio: pique o ruibarbo bem fino e misture com o açúcar e a pimenta-da-jamaica. Mas só faça isso no último minuto, pois o açúcar vai fazer o ruibarbo soltar água se ficar esperando. Espalhe a mistura de ruibarbo com açúcar sobre a massa pincelada e coloque a farofa por cima. Leve ao forno por 15 minutos, depois baixe a temperatura para 180° e asse por mais 15 minutos, aproximadamente, até que as bordas da massa fiquem inchadas e douradas e a cuca esteja cozida por dentro.

Retire do forno e deixe na assadeira por 15 minutos — se conseguir —, depois fatie e coma, ainda quente.

Serve 8 pessoas.

Pão e fermento 331

ROLINHOS DE CANELA NORUEGUESES

Os europeus do norte, sobretudo os escandinavos, fazem pães maravilhosos, e comer estes rolinhos no café da manhã ou no chá da tarde em um dia frio de inverno nos deixa gratos pelo clima frio. Ainda mais para mim, que sempre achei que o tempo ruim tem suas compensações, sobretudo para a culinária.

Para a massa:

600 g de farinha de trigo

100 g de açúcar

½ colher de chá de sal

21 g (sim, é sério) de fermento biológico seco ou 45 g de fermento biológico fresco

100 g de manteiga

400 ml de leite

2 ovos

Para o recheio:

150 g de manteiga sem sal, mole

150 g de açúcar

1½ colher de chá de canela

1 ovo batido para pincelar

1 assadeira de aproximadamente 33 x 24 centímetros ou 1 fôrma grande para brownies, forrada com papel-manteiga no fundo e nas laterais

Preaqueça o forno a 230°.

Em uma tigela grande, combine a farinha, o açúcar, o sal e o fermento. Derreta a manteiga e misture-a ao leite e aos ovos, depois junte à mistura de farinha. Mexa para combinar e depois sove a massa à mão ou usando o gancho para massas de uma batedeira até ficar lisa e flexível. Forme uma bola, coloque em uma tigela untada, cubra com filme plástico e deixe crescer por 25 minutos.

Retire ⅓ da massa e a abra, ou estique, para caber em sua assadeira; isso vai formar o fundo de cada rolinho quando eles estiverem prontos. Abra o restante da massa em uma superfície levemente enfarinhada, tentando obter um retângulo de aproximadamente 50 x 25. Coloque os ingredientes do recheio em uma tigela pequena e espalhe essa mistura sobre o retângulo de massa de modo homogêneo. Enrole a partir do lado mais longo até obter algo parecido com um rocambole gigante. Corte o rolo em fatias de 2 cm, o que deve render cerca de 20 rolinhos. Arrume os rolinhos em linhas por cima da massa na assadeira, com o lado cortado e espiralado para cima. Não se preocupe se sobrar espaço entre eles, pois vão inchar durante o último crescimento da massa. Pincele-os com ovo e deixe-os crescer novamente por 15 minutos, até ficarem devidamente inchados.

Leve ao forno quente e asse por 20 a 25 minutos. Depois desse tempo os pãezinhos terão crescido e estarão dourados. Não se preocupe se queimarem um pouco em algumas partes — veja os meus na foto. Retire-os da assadeira e deixe esfriar levemente sobre uma grelha — é fácil levantar a folha inteira de papel-manteiga e transferi-los assim — antes de deixar as pessoas puxá-los para comer quentes.

Rende 20 rolinhos.

332 Pão e fermento

SCHNECKEN

Schnecken significa "caracóis", e é com eles que estes rolinhos teuto-americanos se parecem. São como os Rolinhos de Canela Noruegueses, só que mais. Ou seja, eles são mais pegajosos, mais macios, mais cremosos e, de modo geral, mais exagerados. Nossa, eu os adoro.

Conheci esta receita em um dos meus livros favoritos, *The Village Baker's Wife*, de Gayle e Joe Ortiz, e me baseei muito no método e na abordagem deles (como faço em geral). Se você gosta de fazer pães, ou da ideia de fazê-los, dê uma olhada nesse livro e em seu precursor, *The Village Baker*.

Para a massa:
500 g de farinha para pão
50 g de açúcar refinado
½ colher de chá de sal
7 g de fermento biológico seco ou
  15 g de fermento biológico fresco
75 g de manteiga sem sal
150 ml de leite
2 ovos grandes

Para a calda:
125 g de manteiga sem sal
2 colheres de sopa de açúcar demerara
4 colheres de sopa de xarope de bordo (maple syrup)
3 colheres de sopa de melado de cana claro, mel ou xarope de milho
200 g de nozes ou pecans em pedaços

Para pincelar:
1 ovo grande
2 colheres de sopa de leite

Para o recheio:
50 g de açúcar refinado
100 g de açúcar demerara
1 colher de sopa de canela
1 fôrma para 12 muffins untada com manteiga
1 assadeira ou fôrma forrada com papel-manteiga na qual virar os rolinhos mais tarde, grande o bastante para cobrir a fôrma para muffins

Em uma tigela grande, combine a farinha, o açúcar, o sal e o fermento. Derreta a manteiga no leite — use um micro-ondas e uma jarra medidora para facilitar —, misture os ovos e os ingredientes líquidos aos secos para fazer a massa. Sove por 10 minutos ou por 5 com um gancho para massas. Quando estiver flexível e acetinada, forme uma bola, coloque em uma tigela untada, gire-a para que fique untada por inteiro e cubra com filme plástico. Deixe em um local aquecido por 1 hora ou até dobrar de tamanho.

Com uma batedeira, comece a fazer a calda: bata a manteiga até ficar macia e lisa e adicione o açúcar, sem parar de bater. Misture o melado de cana claro e divida essa mistura entre as forminhas de muffins. Salpique as nozes por cima, cerca de 1 colher de sopa em cada forminha coberta com a base pegajosa.

334 Pão e fermento

Preaqueça o forno a 180°. Quando a massa estiver pronta, soque-a, sove uma ou duas vezes e abra até obter um retângulo grande, com aproximadamente 60 x 30 cm, com o lado mais longo perto de você. Bata o ovo e adicione o leite. Pincele a massa com um pincel de cozinha ou com os seus dedos.

Misture os ingredientes do recheio em uma tigela pequena e salpique sobre a massa. Enrole a partir do lado longo, para mais distante de você, cuidadosa e firmemente (sem apertar demais), fazendo uma espécie de rocambole.

Corte em 12 fatias iguais e coloque cada fatia, com o lado cortado e espiralado, para cima sobre as nozes e o xarope nas forminhas de muffins.

Deixe crescer pela última vez por 20 minutos e, quando estiverem inchados e fofos, leve ao forno por 20 a 25 minutos. Depois desse tempo eles devem estar dourados e cozidos — crocantes em certas partes, voluptuosamente pegajosos em outras.

Coloque a assadeira ou a fôrma sobre a fôrma de muffins e vire todos os rolinhos ao contrário. (Você vai precisar de luvas de cozinha e um certo cuidado para isso.) Retire a fôrma de muffins e solte quaisquer nozes que tenham ficado presas, adicionando-as, junto com o xarope que sobrou, aos rolinhos virados. Deixe esfriar e caia dentro — como se você precisasse do meu encorajamento.

Rende 12 rolinhos.

VARIAÇÃO

Estes incríveis rolinhos de canela também ficam maravilhosos (e provavelmente mais autênticos) feitos com meia porção da Massa de Processador para Folhados.

MASSA DE PROCESSADOR PARA FOLHADOS DOCES

Já falei de Beatrice Ojakangas na receita de Pão de Centeio Finlandês. Descobri seu jeito alegremente fácil de preparar a massa para folhados doces em *Baking with Julia*, de Dorie Greenspan. Eu a adaptei para se encaixar a meus hábitos e meus preconceitos, mas a ideia de misturar tudo no processador é revolucionária. Na verdade, não acho que já pensei em preparar massa para folhados doces de outro jeito. É bom saber — na verdade é crucial — que, mesmo assim, esta receita resulta em uma autêntica massa para folhados doces. Beatrice Ojakangas escreve utilmente: "Não pense que está trapaceando ao tomar um atalho — é assim que se faz hoje em dia na Dinamarca inteira."

60 ml de água morna
125 ml de leite em temperatura ambiente
1 ovo grande em temperatura ambiente
350 g de farinha branca para pão

7 g de fermento biológico seco ou 15 g de fermento biológico fresco
1 colher de chá de sal
25 g de açúcar refinado
250 g de manteiga sem sal, gelada, em fatias de 0,5 cm

Junte a água e o leite em uma jarra medidora e adicione o ovo, batendo com um garfo para misturar e reserve. No recipiente do processador, coloque a farinha, o fermento, o sal e o açúcar e bata rapidamente, apenas para combinar. Adicione as fatias geladas de manteiga e processe com rapidez, para cortá-la um pouco, embora o resultado final deva ter pedaços visíveis de manteiga com ao menos 1 cm. Transfira o conteúdo do processador para uma tigela grande e adicione os ingredientes da jarra. Use as mãos ou uma espátula de silicone para misturar, só não mexa demais: espere uma pasta pegajosa com alguns pedaços de manteiga. Cubra a tigela com filme plástico, leve à geladeira e deixe de um dia para o outro ou por até 4 dias.

Para transformar em uma massa, retire da geladeira, deixe chegar à temperatura ambiente e abra em um quadrado de 50 x 50 cm. Dobre o quadrado em três partes, como uma carta de negócios, virando-a para que a parte dobrada fique à sua esquerda, como a lombada de um livro. Abra novamente em um quadrado de 50 cm, repetindo o mesmo processo 3 vezes. Como cada receita que se segue usa metade desta massa, corte ao meio, embrulhe ambos os pedaços e leve cada um à geladeira por 30 minutos (você pode deixá-los na geladeira por até 4 dias, se já não o fez no estágio anterior), ou refrigere um para usar na hora e congele o outro para depois.

Depois de preparar a massa para folhados doces você precisa saber o que fazer com ela. Obviamente, a primeira parada é preparar os próprios folhados doces, que os dinamarqueses chamam de "pão de Viena". Há duas receitas neste livro: minha favorita de todos os tempos, um Folhado Doce de Ricota, que é muito difícil de se encontrar para comprar; e um Folhado Doce de Amêndoas, extraordinário e muito melhor do que um comprado pronto de ótima qualidade.

Pão e fermento 337

FOLHADO DOCE DE RICOTA

Para a massa:

½ **Massa de Processador para Folhado Doce, aberta e pronta para usar, segundo a receita anterior**

2 tabuleiros untados ou forrados

Para o recheio:

200 g de ricota

6 colheres de sopa de açúcar refinado

1 pitada de sal

1 colher de sopa de raspas de limão--siciliano

1 ovo grande batido

3 colheres de sopa de manteiga sem sal, derretida e fria

Para pincelar:

1 ovo grande batido

2 colheres de sopa de leite

Para o glacê transparente:

100 g de açúcar refinado

60 ml de água

Para o glacê de açúcar:

100 g de açúcar de confeiteiro

1 a 2 colheres de sopa de água morna

Combine o queijo, o açúcar, o sal, as raspas de limão, o ovo e a manteiga para fazer o recheio. Abra a massa em um retângulo grande e corte ao meio. Divida cada metade em 3 e coloque 1 colher de sopa do recheio de queijo em cada pedaço de massa. Junte os lados opostos e sele com um beliscão.

Coloque nos tabuleiros e pincele com o ovo. Deixe crescer até dobrar de tamanho, por cerca de 1 hora e 30 minutos — devem ficar com a consistência de marshmallows. Enquanto isso — cerca de 30 minutos antes de estarem prontos para assar —, preaqueça o forno a 180°. Aperte novamente as bordas se elas tiverem se soltado, leve os tabuleiros ao forno e asse por 15 minutos ou até ficarem fofos e dourados.

Transfira para uma grelha e prepare os dois glacês restantes. Para fazer o glacê transparente, aqueça o açúcar refinado e a água em uma panela pequena. Deixe ferver e retire do fogo. Para fazer o glacê de açúcar, adicione a água ao açúcar de confeiteiro aos poucos até obter um glacê líquido; você deve conseguir decorar os folhados com linhas finas, deixando-o escorrer dos dentes de um garfo. Deixe os folhados esfriarem um pouco antes de pincelar com o glacê transparente, usando um pincel de cozinha e, mais tarde, quando estiverem mais ou menos frios, despeje o glacê de açúcar em ziguezague sobre eles.

Rende 6 folhados doces de ricota.

FOLHADO DOCE DE AMÊNDOAS

Para a massa:

½ Massa de Processador para Folhados Doces, aberta e pronta para usar, segundo a receita anterior

2 tabuleiros untados ou forrados

Para o recheio:

150 g de amêndoas sem pele tostadas

80 g de açúcar de confeiteiro

2 colheres da manteiga sem sal, em temperatura ambiente

½ colher de chá de extrato de amêndoas

1 clara de ovo grande levemente batida

Para os glacês transparente e de açúcar
e para pincelar:

Ver receita anterior

Para preparar o recheio, bata as amêndoas com o açúcar de confeiteiro no processador até ficarem finamente moídas. Adicione a manteiga, pulse, junte o extrato de amêndoas e 2 colheres de sopa de claras. (Isso pode ser feito com antecedência e deixado na geladeira por até 1 semana.)

Abra a massa em um grande quadrado e corte horizontalmente em três partes. Depois, corte ao meio, verticalmente, ficando com seis quadrados. Sobre cada quadrado, coloque 1 colher de sopa da mistura de amêndoas — que você moldou mais ou menos como uma linguiça —, na diagonal. Junte os lados opostos e belisque para fechar. Achate levemente a massa para lhe dar um formato de charuto.

Coloque nos tabuleiros e pincele com o ovo. Deixe-as crescer até dobrarem de tamanho, por cerca de 1 hora e 30 minutos; novamente, devem ficar com a textura de marshmallows. Enquanto isso, preaqueça o forno a 180º.

Asse por 15 minutos ou até ficarem inchadas e ganharem um lindo tom dourado.

Transfira para uma grelha e deixe esfriar um pouco antes de pincelar com o glacê transparente e, depois, quando estiverem bem mais frias, com o glacê de açúcar.

Rende 6 folhados doces de amêndoas.

TARTE TATIN
Para tia Fel (1934–2000)

A Tarte Tatin é tão batida que nunca imaginei que a incluiria em um livro meu. E já que é para fazer uma Tarte Tatin, normalmente não usaria a massa para folhados doces. Mas, depois de fazer essa massa, eu soube imediatamente que ficaria perfeita em uma Tarte Tatin. Então, desconsiderei a mim mesma.

Confiei muito no gosto e no julgamento da minha tia Fel enquanto estava trabalhando neste livro e, na verdade, na cozinha em geral, e a convidei à minha casa para comer e comentar esta receita. Ela adorou, e na medida em que se pode dedicar uma receita à memória de alguém, dedico esta à dela.

100 g de manteiga sem sal

150 g de açúcar refinado

1 kg de maçãs Cox sem sementes, descascadas e cortadas em quatro

½ Massa de Processador para Folhados Doces, aberta e pronta para usar, segundo a receita anterior

1 fôrma para Tarte Tatin, de 22 cm, uma frigideira da Le Creusetou de ferro fundido de formato semelhante

Preaqueça o forno a 200° e coloque um tabuleiro dentro dele.

Coloque a manteiga para esquentar na fôrma para tarte tatin ou frigideira de ferro fundido. Deixe a manteiga derreter e adicione o açúcar. Quando espumar, coloque as maçãs cortadas na fôrma, arranjando-as em um padrão circular, com o lado curvo para baixo. Cozinhe em fogo alto até os sucos amanteigados e doces ganharem um glorioso tom de caramelo e as frutas amolecerem.

Retire do fogo e deixe descansar por 10 minutos.

Abra a massa em um círculo fino que se encaixe por cima da fôrma, deixando alguma sobra nas bordas. Coloque-o sobre as maçãs, enfiando as bordas para dentro, sob as frutas, como se estivesse prendendo um lençol. Transfira a fôrma para o tabuleiro no forno e asse por 20 a 30 minutos, até a massa dourar e o caramelo borbulhar.

Retire a tarte cozida do forno, coloque um prato grande sobre a fôrma e, usando luvas de cozinha e com muito cuidado, vire tudo ao contrário. Retire a fôrma e *voilà*, contemple sua Tarte Tatin, com uma coroa gloriosamente brilhante de maçãs caramelizadas. Cate quaisquer maçãs que tenham ficado presas à fôrma ou que estejam fora da posição, e sirva com uma pequena tigela de crème fraîche gelado.

Serve 6 pessoas.

VARIAÇÃO
Você pode usar marmelos, tanto adicionando às maçãs (que considero o jeito mais harmonioso) quanto sozinhos.

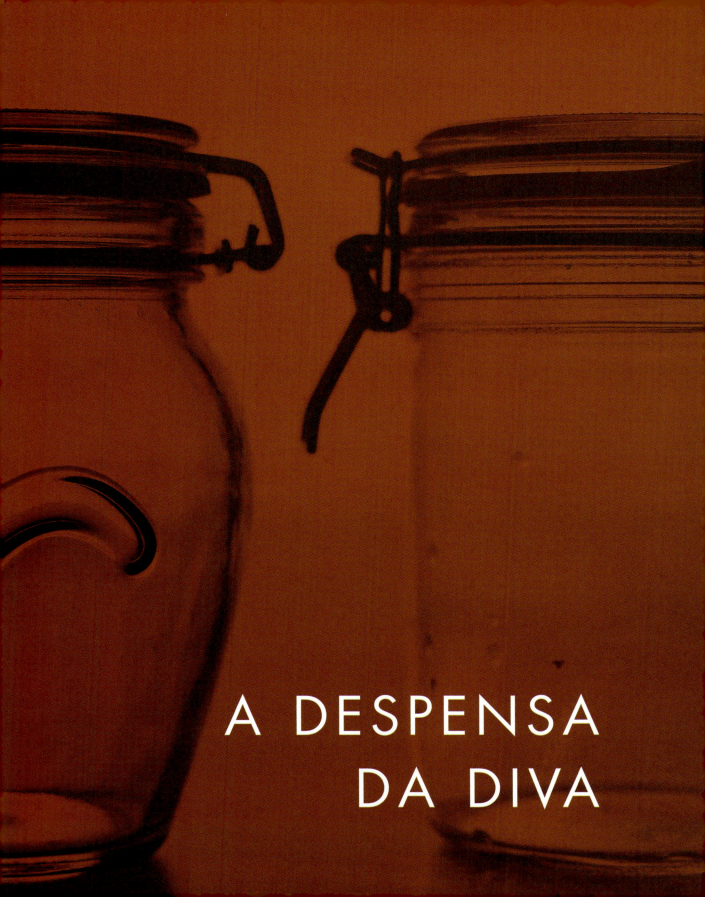

A DESPENSA DA DIVA

Poucas coisas nos fazem sentir tão caseiras como armazenar comida. É antigo o hábito de enlatar e preservar frutas e legumes abundantes em determinada época, mas que logo se tornariam escassos. Hoje em dia, a vida não é mais assim, porém, eu preparo conservas de frutas e vegetais pela simples razão de amar fazê-lo. Sinto que estou criando raízes, construindo parte da fundação da vida.

Por favor, não estou me fantasiando de governanta e também não sugiro que você o faça. Não estou falando de comprar quantidades enormes de vegetais e se matar de trabalhar durante semanas a fio. Quando eu faço geleia, às vezes, preparo apenas um pequeno frasco de cada vez. Primeiro porque é muito mais fácil, e sugiro que você comece sua carreira de produtora de geleias com a mesma parcimônia. E, de um jeito ou de outro, poucas de nós têm mais do que uma pequena prateleira para armazenar essas coisas. Entretanto, alguns frascos aqui e ali bastam para adornar, dar prazer e ser úteis. É verdade que comprei uma casa só porque me apaixonei pela despensa, precisava ter uma, mas reconheço que, pelo menos em cidades, elas não existem mais nas casas modernas. Mas um armário de cozinha ou alguns centímetros de espaço sobre a bancada ou prateleira já está ótimo. E, na verdade, muitas das comidas deste capítulo precisam ser guardadas na geladeira.

Eu não esqueci o mundo moderno; queria me concentrar em geleias, chutneys, curds e conservas que fossem fáceis de fazer, não exigissem habilidade ou experiência e não levassem dias para ficar prontos ou dependessem de procedimentos com vários estágios. Sei que a ideia de perder tempo na cozinha com frascos, potes e panelas quentes pode ser claustrofóbica para muita gente, mas, para ser sincera, acho libertador. A sensação de conexão que se obtém com sua cozinha, sua casa, sua comida, é o contrário do confinamento. Simplesmente, siga uma sugestão, uma receita deste capítulo, e prometo que vai entender o que estou falando.

FRASCOS LIMPOS

Antes de fazer qualquer coisa, para armazenar compotas, chutneys, caldas, geleias etc., você precisa de frascos esterilizados. Devo dizer que considero um frasco lavado na lava-louças um frasco esterilizado, mas é preciso usá-lo imediatamente, enquanto ainda estiver quente da limpeza na máquina.

O método convencional para uma esterilização rigorosa dos frascos envolve lavá-los bem com água e sabão, enxaguá-los e deixá-los secar no forno em temperatura bem baixa (140°). Novamente, você deve colocar a geleia neles enquanto ainda estiverem quentes, então, pode deixar os frascos no forno até precisar deles.

AÇÚCAR DE BAUNILHA

70 g de açúcar refinado   **2 favas de baunilha**

Encha um frasco com fecho a vácuo com o açúcar refinado e as favas de baunilha, cada uma cortada em três pedaços. Após uma semana você vai ter um açúcar infundido com o tipo de fragrância domesticamente inebriante que parece só poder sair das despensas vitorianas mais bem-estocadas e organizadas. É o equivalente aromático de um cômodo decorado com antigos lambris creme.

Você pode usá-lo em vez do açúcar comum em bolos, tortas, pudins — praticamente qualquer coisa doce. Pode até usar esse frasco como açucareiro, mas tenha um não aromatizado para quem gosta de tomar chá. Este açúcar fica bom com café, e não há nada melhor do que canecas de leite quente aromatizadas com baunilha antes de dormir.

VARIAÇÕES

Invente o quanto quiser com açúcares aromatizados. Em vez de favas de baunilha, use canela em pau, pétalas de rosa orgânicas ou cascas secas de tangerina, encontradas em lojas de produtos asiáticos. Eu também tenho um estoque de açúcar de alecrim, que é apenas açúcar refinado com alguns raminhos de alecrim — eventualmente as folhas caem sozinhas — e uso, moderadamente, para adoçar carne ou molhos de tomates para massas e também no Bolo Inglês de Alecrim.

AGUARDENTE DE RUIBARBO

No meio de uma noite, percebi que, por maior que fosse o meu amor pelo ruibarbo, eu nunca tinha experimentado uma bebida alcóolica feita com ele. Então, esta é minha versão. Use as medidas apenas como guia. Assim como o Conhaque de Marmelo, tudo se resume a escolher as quantidades para caber nos frascos ou garrafas que você tiver.

600 g de ruibarbos limpos e aparados, aproximadamente

300 g de açúcar refinado

1 litro de vodca, e mais, se necessário

2 frascos de 1 litro

1 garrafa de 1 litro

Pique o ruibarbo e divida entre os dois frascos. Adicione 150 g de açúcar em cada um, tampe e chacoalhe bem. Destampe e despeje 500 ml de vodca — eu uso a mais barata que encontrar — em cada um, até encher. Se não encher, despeje mais. Mas deve encher, pois o ruibarbo ocupa bastante espaço.

Tampe e deixe o ruibarbo em algum lugar frio e escuro por no mínimo 6 semanas e até 6 meses. Se você se lembrar, sacuda os frascos todos os dias, ou dia, sim, dia, não, no primeiro mês.

Coe em uma jarra, depois transfira para uma garrafa. Aí está sua aguardente de ruibarbo.

Rende 1 litro.

CONHAQUE DE MARMELO

Para dizer a verdade, preparei esta receita, em parte, porque tinha comprado uma quantidade enorme de marmelo por exagero e por estar animada por estarem na época, e depois comecei a me sentir cada vez mais culpada, porque estava exausta e ocupada demais para fazer algo com eles. Então, preparei este conhaque. Claro, agora vou preparar todo ano: é maravilhosamente delicioso. Os marmelos e as especiarias aromáticas amenizam o conhaque, e sua fragrância basta apenas para lembrar que eles estão presentes na receita. Use este conhaque para o Recheio de Frutas Secas e Marmelo, e até para o Pudim de Natal — e em tudo mais que você achar que ficaria bom.

Eu não engarrafo este conhaque: deixo no lindo frasco com o qual você imagina William Morris sonhando, e uso uma pequena concha de molhos para colocá-lo em copos de shot depois do jantar.

4 a 6 marmelos
4 garrafas de conhaque barato, ou
   quanto baste para encher o frasco

2 paus de canela grandes ou 4 pequenos
4 anises-estrelados
1 frasco de 5 litros

Limpe seus marmelos com panos de prato, depois corte-os em quatro; mas não os descasque, nem retire as sementes. Coloque-os no fundo de um frasco grande de boca larga e despeje o conhaque, até enchê-lo. Arrume os paus de canela e os anises-estrelados nesse cenário subaquático ambarino e tampe. Deixe descansar por no mínimo 6 semanas antes de beber.

Rende aproximadamente 2 litros.

350 A despensa da diva

CALDA DE MARMELO

A geleia de marmelo — que é como os marmelos tradicionalmente são usados na Inglaterra — me parece envolver um procedimento exaustivo e masoquista. Precisa de uma árvore de marmelos, vários dias escorrendo sobre uma musselina elaboradamente suspensa, e o que você ganha no final? Um mero fundo de panela de líquido precioso, pontilhado por formigas e insetos com uma gula suicida.

Esta receita é a alternativa inteligente: se estiver se sentindo interessada pela vida doméstica, pode usar para pincelar tortas de frutas ou para adoçar e perfumar tortas de maçã e crumbles; se não, use como uma calda pegajosa e aromática sobre um bom sorvete comprado pronto (sobre sorvete de limão-siciliano ou de merengue de limão-siciliano fica magnífico) ou despeje em círculos cor de coral em merengues cobertos de creme de leite.

1 marmelo
750 ml de água

750 g de açúcar refinado
1 frasco de 350 ml

Pique grosseiramente o marmelo (na minha opinião, um cutelo é a melhor ferramenta para isso), coloque os pedaços — com cascas, sementes e tudo — em uma panela média com a água e o açúcar e deixe ferver. Cozinhe por 1 hora, ou até que o líquido pareça ter se reduzido à metade, e coe para um frasco preparado. Essa calda pode ser guardada quase que indefinidamente na geladeira.

Rende 350 ml.

CURDS

Estritamente falando, um curd não é um item de despensa, porque precisa ser guardado na geladeira, mas isso é irrelevante para a minha tese: fazer um curd de frutas é um dos jeitos mais simples de se sentir uma provedora de reconfortantes recompensas domésticas.

CURD DE CRANBERRY

Só existe um jeito de descrever a cor deste curd fabuloso e adstringente, mas aveludado: magenta. Bom, alguns diriam cereja, porém isso, claro, transmitiria as conotações culinárias erradas. De um jeito ou de outro, você entendeu.

Dei uma lista de ingredientes suficiente para preparar uma boa quantidade porque acho que seria um bom presente de Natal.

500 g de cranberries
200 ml de água
100 g de manteiga sem sal

500 g de açúcar refinado
6 ovos grandes
5 frascos de 250 ml ou equivalentes

Coloque os cranberries e a água em uma panela, tampe e cozinhe em fogo baixo, até ficarem macios e as cascas racharem. Passe os cranberries por um passa-vegetais (ou por uma peneira) e retorne o purê de frutas à panela. Adicione a manteiga e o açúcar, derretendo-os lentamente. Bata os ovos em uma tigela e peneire-os na panela. Mexa o curd constantemente em fogo médio até engrossar. Isso demanda paciência, pois você não pode acelerar as coisas e acabar talhando a mistura, mas não é assim tão difícil de fazer. Quando tiver engrossado, deve cobrir as costas de uma colher. Deixe esfriar um pouco antes de despejar nos frascos. Guarde na geladeira.

Rende 1,25 litro.

A despensa da diva 353

CURD DE MARACUJÁ

Por mais maravilhoso que este curd fique sobre pão branco, é excepcional como recheio de um Pão de Ló Vitória, colocado sobre muffins e panquecas ou despejado em uma base de massa assada e fria.

11 maracujás
2 ovos grandes
2 gemas de ovos grandes

150 g de açúcar refinado
100 g de manteiga sem sal
1 frasco de 350 ml

Coloque a polpa com sementes de 10 maracujás no processador e bata apenas para soltar as sementes. Coe para uma jarra ou uma tigela.

Bata os ovos, as gemas e o açúcar.

Em uma panela de fundo grosso, derreta a manteiga em fogo baixo. Quando estiver derretida, junte a mistura de açúcar e ovos e o suco de maracujá, e continue cozinhando lentamente, sem parar de mexer, até engrossar.

Fora do fogo, misture a polpa — com sementes e tudo — do maracujá restante, deixe esfriar um pouco e transfira para o frasco. Guarde na geladeira.

Rende 350 ml.

CURD DE LIMÃO TAHITI

Flora Woods me deu esta receita quando me abençoou com seu famoso Bolo de Abobrinha. Passo-a a você graças a ela.

75 g de manteiga sem sal
3 ovos grandes
75 g de açúcar refinado

125 ml de suco de limão Tahiti
(aproximadamente 4 limões)
Raspas de 1 limão Tahiti
1 frasco de 350 ml

Em uma panela de fundo grosso, derreta a manteiga, adicione todos os outros ingredientes e misture em fogo baixo até virar um creme. Deixe esfriar antes de transferir para o frasco — ou rechear um bolo. Guarde na geladeira.

Rende 350 ml.

GELEIAS

Eu sei que a ideia de fazer geleia pode ser desanimadora, mas me deixe dizer que eu nunca, ou raramente com algum sucesso, uso um termômetro para doces. Eu coloco um pires no freezer antes de começar, e enquanto estou cozinhando retiro a panela do fogo e despejo colheradas de chá de geleia sobre ele. Se a geleia se enruga quando a empurro com o dedo, está pronta.

Comece preparando quantidades pequenas, que são mais fáceis de manter sob controle e, de qualquer forma, mais úteis. Sempre use uma panela grande e alta para fazer geleia, pois ela precisa ferver rapidamente, sem transbordar.

GELEIA FÁCIL DE FRAMBOESA

Esta é a melhor geleia para começar, pois não é preciso testá-la, checar a temperatura nem nada: basta colocar a framboesa e o açúcar, separadamente, no forno e depois, ao misturá--los, sua geleia está pronta. Como seria de esperar, tem um sabor intensamente fresco — e estraga se você não a guardar na geladeira. É a melhor geleia para usar com creme de leite fresco adoçado, para rechear um macio Pão de Ló Vitória aromatizado com baunilha.

Esta é mais uma receita do comovente livro escrito à mão que pertenceu à mãe de Hettie, Soot.

250 g de framboesas　　　　　　　**1 frasco de 250 ml**
250 g de açúcar refinado

Preaqueça o forno a 180º.

Coloque as framboesas e o açúcar em duas tigelas separadas; eu uso assadeiras para tortas, de forma que as frutas fiquem espalhadas, e não empilhadas. Deixe as tigelas no forno por 20 a 25 minutos, até que estejam bem quentes. Retire-as com cuidado do forno e adicione o açúcar às framboesas. Conforme fizer isso, verá que as frutas se transformam em um rio derretido de vermelho-rubi. Transfira a geleia para o frasco limpo. Tampe e deixe esfriar antes de colocar na geladeira.

Rende 250 ml.

GELEIA DE MORANGO

Quando eu estava preparando o morango com xarope escuro para *How To Eat*, me ocorreu que não havia razão para não usar vinagre balsâmico — que dá um tom escuro e realmente parece acentuar o sabor dos morangos — quando fazia geleia. Foi uma boa decisão.

Nesta receita uso açúcar cristal em vez de açúcar com pectina, pois o limão-siciliano fornece uma quantidade suficiente dessa substância para firmar a receita e os cristais maiores do açúcar cristal criam uma geleia mais transparente e semelhante a uma joia.

675 g de morangos (compre 750 g, pois inevitavelmente terá de descartar alguns)
700 g de açúcar cristal

2 colheres de sopa de suco de limão-siciliano
1 colher de chá de vinagre balsâmico
4 frascos de 200 ml ou equivalentes

Coloque um pires no freezer.

Em uma panela grande, junte todos os ingredientes e mexa com uma colher de pau para que os morangos fiquem bem cobertos. Eu não os corto, mas você pode fazê-lo, se quiser.

Coloque a panela em fogo baixo e, mexendo de vez em quando, deixe ferver. Cozinhe por cerca de 5 a 8 minutos, dependendo do tamanho da sua panela, e comece a testar a partir de 4 minutos, retirando a panela do fogo e despejando uma colher de chá rasa no pires. Deixe esfriar e depois cutuque para ver se está pronta.

Quando tiver chegado ao ponto, deixe a panela esfriar por 20 minutos antes de transferir para os frascos limpos e preparados.

Rende 800 ml.

A despensa da diva 357

GELEIA DE AMORA

Na primeira vez em que preparei esta receita usei apenas uma caixinha de amoras que tinha em casa. Era uma manhã de sábado e eu estava com vontade de ficar casualmente na cozinha. Usei a mesma geleia no dia seguinte para rechear a Crostata, e a incentivo a fazer o mesmo.

A lista de ingredientes rende uma quantidade maior que a habitual de geleia porque as amoras realmente são a única fruta — com exceção das maçãs Bramley — que temos em abundância na Inglaterra. Mas como você pode ver pela proporção dos ingredientes, é possível calcular com facilidade como fazer com menos (ou mais) frutas.

1 kg de amoras
1 kg de açúcar com pectina

Suco de 1 limão-siciliano
4 frascos de 250 ml ou equivalentes

Coloque o pires no freezer para testar a geleia.

Em uma panela grande e larga, junte as amoras, o açúcar e o suco de limão e deixe o açúcar se dissolver em fogo baixo. Aumente o fogo e deixe ferver. Cozinhe a geleia até chegar ao ponto.

Rende 1 litro.

GELEIA DE AMEIXA RAINHA CLÁUDIA

Se as amoras são algo que em geral temos em excesso, eu nunca me canso das ameixas rainha cláudia. Nada se equipara à sua adocicada acidez ou seu voluptuoso sabor, semelhante ao das uvas. Em certos anos, tenho medo de não encontrá-las, e faria qualquer coisa para ajudar a preservar essa fruta cada vez mais difícil de achar. Por egoísmo, plantei algumas árvores, mas acho que é preciso fazer mais. Enquanto isso, fique de olhos abertos durante a temporada.

Esta receita é o que você deve fazer com qualquer fruta que seja azeda demais para comer — a acidez ajuda a atingir o ponto certo. Mas não use pedaços duros e amargos que não deveriam nem ter chegado ao mercado.

1,5 kg de ameixas rainha cláudia,
cortadas ao meio e sem caroço
250 ml de água

1 kg de açúcar com pectina
4 frascos de 350 ml ou equivalentes

Coloque um pires no freezer.

Pegue uma panela grande e ferva lentamente as ameixas em água por 15 minutos. Adicione o açúcar, mas não deixe ferver até que esteja dissolvido. Assim que isso ocorrer, ferva até dar o ponto.

358 **A despensa da diva**

Quando a geleia tiver acabado de chegar no ponto, transfira para os frascos quentes e limpos e tampe.

Rende cerca de 1,5 litro.

GELEIA MOLE DE PÊSSEGO E GROSELHA

Não só esta receita é linda, com os pedaços coral de pêssego suspensos na geleia vermelha, mas o sabor destas duas frutas tão diferentes destaca muito bem o da outra.

Não use aqueles pêssegos pequenos e duros, feios como um traseiro ossudo, mesmo esta geleia sendo uma boa maneira de transformar frutas que não seriam suculentas e gostosas para comer frescas.

8 pêssegos sem caroço e cortados em pedaços (descascar é opcional)
600 g de groselha
2 kg de açúcar cristal ou refinado

250 ml de água
Suco de ½ limão-siciliano
5 frascos de 350 ml ou equivalentes

Coloque um pires no freezer e pegue uma panela grande e larga, pois a geleia vai precisar borbulhar muito enquanto reduz.

Coloque tudo na panela e deixe o açúcar se dissolver em fogo baixo. Depois, ferva vigorosamente; deve dar ponto depois de 20 minutos (lembre-se de que esta geleia não deve ficar muito firme; você só precisa detectar uma sugestão de enrugamento na superfície da geleia).

Deixe esfriar na panela fora do fogo por mais 20 minutos antes de transferir com uma concha para os frascos e tampá-los.

Rende 1,75 litro.

A despensa da diva 359

De cima, à esquerda, em sentido horário: Geleia com Cascas de Toranja Rosa (p. 361), Geleia de Ameixa Rainha Cláudia (p. 358) e Geleia Mole de Pêssego e Groselha (p. 359)

GELEIA COM CASCAS DE TORANJA ROSA

Por favor, repare no método simples de preparar esta geleia: sem sacos de musselina ou complicações com panos suspensos.

2 toranjas rosas, pesando aproximadamente 800 g
1 kg de açúcar cristal

Suco de 2 limões-sicilianos
3 frascos de 350 ml ou equivalentes

Coloque um pires no freezer.

Em uma panela grande, ponha as toranjas rosas, encha com água suficiente para que as frutas flutuem livremente, deixe ferver e cozinhe em fogo baixo por 2 horas. Depois desse tempo as toranjas devem estar muito macias. Adicione mais água quente de uma chaleira se o líquido estiver evaporando.

Escorra, transfira as frutas para uma tábua e fatie bem fino a toranja cozida. Em seguida, pique um pouco, usando a fruta inteira, com caroço e tudo (mas remova os caroços grandes). Retorne as frutas para a panela e adicione o açúcar e o suco de limão. Deixe o açúcar se dissolver em fogo baixo e, então, ferva por uns 15 minutos até chegar ao ponto.

Transfira para os frascos preparados com uma concha e tampe.

Rende pouco mais de 1 litro.

VARIAÇÕES

Para fazer uma geleia de laranja com cascas, ferva o mesmo peso de laranjas-azedas pelo mesmo tempo. Quando estiverem cozidas e macias, retire-as da panela, reservando o líquido, corte-as ao meio, remova os caroços e coloque-os em uma panela pequena. Em seguida, corte as laranjas bem fino ou grosseiramente, como quiser, e coloque-as em uma panela grande.

Com uma concha, regue os caroços com um pouco da água do cozimento, leve ao fogo e cozinhe por 5 minutos. Coe esse líquido sobre as laranjas picadas na panela, adicione o suco de 2 limões-sicilianos e misture 1,4 kg de açúcar. Deixe levantar fervura em fogo baixo, para o açúcar se dissolver antes que a geleia comece a ferver. Depois, continue como na receita original.

Para fazer uma geleia de laranja e gengibre, adicione 1 cm de gengibre picado bem fino aos caroços, depois extraia o suco de 3 cm de gengibre com um espremedor de alho, em porções, sobre a panela de laranjas picadas. Prove quando tiver dado o ponto para ver se quer mais suco de gengibre.

Eu também adoro geleia de laranja com cascas, escura, profunda e especialmente aromática: substitua metade do açúcar por açúcar mascavo claro (e adicione 1 colher de sopa de melado de cana escuro se a quiser bem escura) e adicione um pouco de rum ou uísque, uma vez com as laranjas picadas e, novamente, depois de atingir o ponto.

GELEIA DE MOSCATEL

Esta é a geleia mais fácil do mundo. E é mais que apenas fácil: é um prazer puro e dourado. Na França, a geleia de Sauternes normalmente é comida com *foie gras*, e fique à vontade para usar esta receita da mesma forma (na verdade, seria um bom presente para acompanhar esse prato no Natal), mas eu a adoro com a maioria das carnes frias, sobretudo presunto.

350 ml de moscatel

350 g de açúcar com pectina

2 colheres de chá de água de flor de laranjeira

Suco de ½ limão-siciliano espremido à mão, com caroços

2 a 3 pedaços de 5 cm de casca de laranja

6 sementes de coentro

1 pitada de sal

2 frascos de 200 ml ou equivalentes

Coloque um pires no freezer.

Misture todos os ingredientes em uma panela média ou pequena, leve ao fogo médio e não mexa, senão a geleia vai cristalizar. Deixe ferver por 10 minutos, depois faça o teste do pires gelado. Quando tiver chegado ao ponto, retire do fogo.

Se você tiver um coador de pano com suporte, melhor (a geleia fica mais fina); do contrário basta passar por uma peneira que não seja de metal direto para uma jarra medidora e dali para os frascos, esperando a geleia esfriar antes de tampar.

Rende 400 ml.

FRUTAS

FIGOS COM XAROPE DE RUM

Preparar figos em conserva nunca terá as mesmas conotações para os ingleses que tem para os italianos, que no final do verão têm um excesso de figos; para os ingleses, eles quase sempre são importados e, portanto, um luxo. Mesmo assim, gosto de preparar esta receita, ainda que seja só porque eles chegam ao ponto ideal após 3 a 4 meses depois de ser feitos, o que significa que aqui na Inglaterra os comemos no Natal, reluzindo com o xarope escuro e aromático, com sorvete de baunilha ou sobre sobras torradas de panetone.

Também acho que em frascos bonitos — e uso um lindo que você pode ver no centro das páginas de abertura deste capítulo — estes figos seriam ótimos presentes de Natal.

1 kg de figos roxos (cerca de 18)
500 g de açúcar refinado
500 ml de água

75 ml de rum branco, mais 2 colheres de sopa (30 ml) e mais se for necessário
1 frasco de 1 litro

Lave os figos, enxugue-os com panos de prato — delicadamente para não romper a pele fina — e reserve sobre um escorredor enquanto prepara o xarope.

Em uma panela grande, coloque o açúcar e a água e deixe levantar fervura em fogo baixo, para que o açúcar se dissolva antes que o líquido comece a ferver.

Deixe o xarope ferver por 15 minutos — não muito intensamente, mas também não o deixe fervilhando. Retire do fogo, junte 75 ml de rum e, com cuidado, os figos. Gire a panela para cobrir os figos e cozinhe em fogo baixo por 1 hora e 30 minutos, deixando a panela meio destampada para que o calor não se acumule demais, mas sem que muito líquido evapore. De vez em quando, com espátulas de madeira ou algum outro utensílio que não rasgue a pele dos figos, vire-os para todas as partes ficarem cobertas e cozidas igualmente.

Transfira os figos para um frasco limpo, retorne o líquido ao fogo e deixe ferver por 10 minutos para reduzir mais. Retire do fogo, adicione 2 colheres de sopa de rum branco, mexa para combinar e despeje sobre os figos no frasco. Se não houver xarope suficiente para cobri-los, acrescente mais rum.

Tampe e deixe em um lugar escuro e frio por ao menos 6 semanas, e não mais que 6 meses.

Rende o suficiente para encher um frasco de 1 litro.

A despensa da diva 363

AMEIXAS EM CONSERVA

Se você for a lojas de produtos naturais ou lojas especializadas, vai encontrar vinagre japonês de ameixas — é rosa, transparente e muito ácido (*ume*). Então, pareceu óbvio usar esse produto para preparar ameixas em conserva. Fora o fato de que esta receita é uma delícia, também é linda por causa do vermelho-escuro das frutas em meio ao líquido rosado da conserva.

Sirva com carnes frias e use em 3 a 4 meses, não porque vão estragar, mas porque depois de algum tempo as frutas ficam moles demais.

500 ml de vinagre japonês de ameixa vermelha
375 g de açúcar refinado
2 anises-estrelados
25 g de gengibre fresco descascado e cortado em fatias finas

1 colher de sopa de sementes de coentro
2 paus de canela quebrados ao meio
3 tiras finas de casca de laranja
500 g de ameixas cortadas ao meio e sem caroço
3 frascos de 500 ml ou equivalentes

Em uma panela grande, ferva o vinagre de ameixa com o açúcar, os anises-estrelados, o gengibre, as sementes de coentro e a casca de laranja. Mexa bem até todo o açúcar estar dissolvido e ferva em fogo baixo por 15 minutos. Retire do fogo e deixe esfriar um pouco.

Enquanto os frascos ainda estiverem quentes, encha-os com as metades de ameixa até chegarem a 5 cm da boca. Regue o vinagre, cobrindo as ameixas, ficando 2,5 cm acima delas. Dê batidinhas nos frascos para se certificar de que não sobrou nenhuma bolha de ar dentro. Insira um espeto longo nas laterais e gire, só para se certificar (funciona pelo mesmo princípio do palitinho para misturar drinques, ou pelo menos eu gosto de pensar assim). Tome o cuidado de distribuir igualmente os temperos e a casca de laranja e arranjá-los de modo a aumentar o prazer estético. Feche bem os frascos e guarde em um lugar frio e escuro por no mínimo 1 semana antes de comer. Depois de aberto, deixe na geladeira.

Rende 3 frascos de 500 ml.

VARIAÇÃO
Use vinagre de vinho tinto (ou qualquer outro vinagre que queira) em vez do vinagre de ameixas vermelhas.

De cima, no sentido horário: Chutney de Abacaxi (p. 368), Chutney Condimentado de Maçã (p. 367) e Molho de Ameixas Chinês (p. 373)

CHUTNEYS E CONSERVAS

Chutneys, você deve saber antes de continuar lendo, são facílimos de fazer. Basta colocar todos os ingredientes em uma panela e deixar ferver por mais ou menos 30 minutos, até obter uma pasta macia.

CHUTNEY CONDIMENTADO DE MAÇÃ

Bom, todos os chutneys contêm temperos, mas os sabores intensos e picantes deste chutney são o foco. Eu torci o nariz quando Hettie sugeriu esta receita em um momento em que tínhamos uma árvore cheia de maçãs que eu estava deixando apodrecer, mas ela estava certa. A ideia de um chutney de maçã pode parecer sem graça — eu o imaginava como um purê granulado —, mas o sabor é de outro mundo. Agora não consigo comer um Pastel da Cornualha sem ele.

500 g de maçãs
1 cebola média
2 pimentas-malaguetas
250 g de açúcar demerara
1 colher de chá de pimenta-da-jamaica em pó
1 colher de chá de cravo em pó

½ colher de chá de sal marinho
Pimenta-do-reino
1 colher de sopa cheia de gengibre fresco picado ou ralado
1 colher de chá de cúrcuma
350 ml de vinagre de sidra
4 frascos de 250 ml ou equivalentes

Descasque e pique grosseiramente as maçãs, e pique bem fino a cebola. Retire as sementes das pimentas e pique-as também bem fino (aconselho usar luvas de borracha para fazer isso, sobretudo se usar lentes de contato).

Coloque todos os ingredientes em uma panela e deixe ferver. Cozinhe em fogo médio por 30 a 40 minutos, até a mistura engrossar. Transfira para os frascos limpos e, quando esfriar, coloque-os, com grande e calorosa satisfação, no armário da sua cozinha.

Rende 1 litro.

A despensa da diva 367

CHUTNEY DE ABACAXI

Este chutney fica fabuloso com presunto frio. E você pode diluí-lo para pincelar presuntos depois de cozinhá-los e antes de assá-los no forno. Adoro esta receita com peru frio — junto com um pouco de molho de pão* frio e um pouquinho de mostarda inglesa — em um sanduíche de Boxing Day.** Frango frio e maionese também podem funcionar bem.

1 abacaxi maduro descascado e cortado em pedaços médios

Suco de abacaxi (cerca de 4 colheres de sopa)

1 maçã média descascada, sem sementes e picada bem fino

100 ml de vinagre de arroz (ou de sidra)

150 g de açúcar demerara

1 pau de canela em pedaços

3 cravos

2 anises-estrelados

1 colher de chá de sementes de mostarda

1 colher de chá de cúrcuma

2 frascos de 250 ml ou equivalentes

Coloque todos os ingredientes em uma panela de fundo grosso e leve ao fogo. Ferva e cozinhe em fogo baixo por 45 minutos, até obter uma massa rústica e pastosa.

Deixe esfriar um pouco e depois transfira com uma concha para os frascos lavados e esterilizados.

Rende 500 ml.

---

*"Bread sauce" é um molho branco temperado com especiarias como cravo, louro e pimenta-do-reino e engrossado com pão. (*N. da T.*)

**Em alguns países, como a Inglaterra, o Boxing Day é um feriado que cai no dia seguinte ao Natal, desde que não seja um final de semana. (*N. da T.*)

CHUTNEY DO PARAÍSO

Em um velho livro maravilhoso e instrutivo, *Let's Preserve It*, de Beryl Wood, que comprei em um sebo em Falmouth, li sobre uma geleia que parecia maravilhosa, feita com maçãs, marmelos e cranberries, chamada "geleia do paraíso". Então, achei que podia usar a ideia — e o nome — para fazer algo mais plausível em uma cozinha moderna.

Esta receita é perfeita para dar graça a um prato de sobras. E saiba que este chutney fica excelente com queijo azul.

500 g de marmelos descascados e cortados em pedaços

750 ml de água

500 g de maçãs descascadas, sem sementes e cortadas em pedaços

1 cebola média picada

250 g de cranberries frescos

150 g de cranberries secos

500 g de açúcar refinado

4 cravos

2 paus de canela despedaçados

1 colher de sopa de mostarda inglesa em pó

Suco e as raspas de 1 laranja

Suco e as raspas de 1 limão-siciliano

350 ml de vinagre de sidra

350 ml de água de marmelo (feita com o cozimento da casca do marmelo com os 750 ml de água)

4 frascos de 500 ml ou equivalentes

Guarde as cascas e os miolos dos marmelos e coloque-os em uma panela com a água. Ferva por 10 a 15 minutos até restarem 350 ml.

Em uma panela grande e larga, ponha todos os ingredientes, incluindo os 350 ml de líquido coados das cascas dos marmelos e deixe o açúcar se dissolver em fogo baixo. Depois, aumente o fogo e deixe cozinhar por 1 hora. Tente manter a fervura fraca, pois é preciso que tudo cozinhe e engrosse devagar. Quando estiver pronto, deve estar macio e bastante pastoso. Apenas pedaços de marmelo devem continuar visíveis.

Transfira para os frascos esterilizados com uma concha.

Rende 2 litros.

A despensa da diva 369

CONSERVA DE LIMÃO TAHITI DE EDITH AFIF

Eu a chamo "conserva de limão" porque é assim que meu amigo Steve, que me deu a receita de sua falecida avó, a chama. Mas pense em limões Tahiti salgados, enxaguados e preservados em um azeite aromático. Quando a Edith do título os preparava em seu Egito natal, ela deixava os limões cobertos de sal durante dias; só mais tarde adaptou seu método para o que era então a tecnologia moderna. Às vezes, as pessoas se preocupam muito com a tradição, e eu adoro a prova de que a mudança e a modernidade podem ser um progresso: de algum modo, salgar os limões e congelá-los — uma ideia brilhante da parte dela — quebra as fibras das frutas com muito mais eficácia.

Você gosta de coisas azedas ou não gosta. Eu gosto, e amo esta conserva — com pão e queijo, cozidos aromáticos, carnes frias, qualquer coisa.

10 limões Tahiti
1 kg de sal grosso
500 ml de azeite de oliva (não extravirgem), aproximadamente
1 colher de sopa de cúrcuma

1 colher de chá de sementes de cominho
3 pimentas-malaguetas secas amassadas
3 frascos de conserva de 350 ml
1 assadeira ou pirex de 30 x 20 cm

Corte os limões em 8 partes na vertical e cubra o fundo da assadeira com eles. Cubra os limões com sal e leve ao freezer de um dia para o outro ou por um dia inteiro (12 horas bastam, porém, mais tempo não os estraga).

Retire do freezer e descongele completamente. Coloque em um escorredor e enxague sob a torneira. Agite para secá-los. Coloque ⅓ em cada frasco limpo. Adicione o azeite em uma jarra medidora e misture com a cúrcuma, as sementes de cominho e a pimenta amassada. Regue o azeite até a boca dos frascos (e se você precisar de mais de 500 ml para isso, basta adicionar mais — se os limões não ficarem submersos, vão mofar). Feche e guarde em um lugar escuro. Deixe descansar por no mínimo 3 semanas antes de comer. Quanto mais tempo de descanso, mais macios e deliciosos eles ficam.

Rende 3 frascos de 350 ml.

MOLHO MARROM

Eu sei que os ingredientes da lista não parecem os componentes habituais do molho marrom, e devo admitir que esta receita não começou como um. Foi concebida como um chutney de ruibarbo, só que eu adicionei líquido demais e no final das contas acabei decidindo que a única maneira de salvar aquilo era bater no liquidificador e transformar em molho. Este não é apenas um caso em que algo deu errado e foi bem-aproveitado: é uma das minhas receitas preferidas do livro inteiro — por seu sabor profundo e sua forte acidez — e um lembrete de que, muitas vezes, cozinhar se resume ao que você faz, sem planejamento, em resposta ao momento, não apenas a cuidadosa aplicação de fórmulas culinárias.

1 kg de ruibarbo
500 g de cebolas roxas (cerca de 5 pequenas)
2 pimentas dedo-de-moça sem sementes
2 dentes de alho
300 g de maçãs (cerca de 1 média)
30 g (cerca de 3 cm) de gengibre fresco ralado

1 colher de sopa de gengibre em pó
1 colher de sopa de páprica
150 g de uvas passas brancas
75 g de cerejas secas
500 ml de vinagre de vinho tinto
1 colher de sopa de sal
1 kg de açúcar demerara
2 frascos de 1 litro e 1 frasco de 500 ml, ou equivalentes

Apare os ruibarbos, cortando-os grosseiramente, coloque no processador e pique bem fino, mas não os transforme em uma papa; é melhor fazer isso em etapas, ou cortá-los à mão em fatias de 0,5 cm. Transfira-os para uma panela grande, de fundo grosso. Processe as cebolas, a pimenta e o alho até ficarem bem finos, e junte aos ruibarbos. Corte a maçã do mesmo jeito e adicione à panela.

Misture o gengibre fresco ralado (uso meu ralador fino da Microplane que é inigualável para essa função, mas um espremedor de alho também funciona), o gengibre em pó, a páprica, as uvas passas, as cerejas secas, o vinagre de vinho tinto, o sal e o açúcar.

Deixe ferver, baixe o fogo e cozinhe até tudo se transformar em uma massa ainda encaroçada — cerca de 45 minutos.

Retire a panela do fogo, deixe esfriar por uns 10 minutos e transfira para o liquidificador, ou para o processador, em pequenas porções, e bata até ficar homogêneo. Transfira para os frascos esterilizados, deixe esfriar, tampe e guarde, com alegria e satisfação no coração.

Rende 2,5 litros.

372 **A despensa da diva**

MOLHO DE AMEIXAS CHINÊS

Se os chineses chamam esta receita de molho de ameixas chinês, eu realmente não sei, mas não vamos nos ater a detalhes. Fica maravilhoso com porco, com cheddar maturado, com... bem... com quase tudo. Às vezes, misturo 1 ou 2 colheres de sopa dele a um ensopado de carne com vinho. É muito viciante, o que acho que tem a ver tanto com o açúcar quanto com a pimenta — e com o fato de ser tão gostoso.

Eu o preparei no ano passado com algumas ameixas do meu jardim, o que foi mais do que satisfatório, mas sem dúvida vale a pena comprar algumas só para isso.

2 kg de ameixas sem caroço, cortadas em quatro

750 g de maçãs descascadas, sem sementes e cortadas em pedaços de 1 cm

1 cebola roxa média

4 dentes de alho picados

750 ml de vinagre de arroz

500 g de açúcar refinado

500 g de açúcar mascavo escuro (ou claro, se você preferir)

1 pedaço de 2 cm de gengibre, descascado e cortado em lascas finas

2 pimentas dedo-de-moça

2 a 4 pimentas-malaguetas secas, amassadas (dependendo do quão picante você quer que fique)

2 colheres de chá de 5-perfumes-chineses*

1 pau de canela em pedaços

2 pedaços de casca de laranja seca (opcional)

5 frascos de 550 ml

Use uma panela grande e larga para que o molho possa ferver bem e reduzir, e coloque todos os ingredientes dentro dela.

Cozinhe tudo por 1 hora a 1 hora e 30 minutos. Quando estiver pronto, vai continuar líquido — lembre-se de que é um molho —, porém, ficará mais firme, pois tanto as maçãs quanto as ameixas vão firmar ainda mais ao esfriar. Entretanto, deve ficar reduzido a uma mistura semelhante a uma geleia, sem sinais aparentes de frutas.

Transfira para os frascos esterilizados.

Rende 2,75 litros.

*Tempero composto de cinco especiarias, tradicionalmente: sementes de erva-doce, cravo, canela, anis-estrelado e pimenta de Sichuan. (*N. da T.*)

BIBLIOGRAFIA

ANDERSON, Pam. *The Perfect Recipe*. Houghton Mifflin, 1998.
APPEL, Jennifer e TOREY, Allysa. *The Magnolia Bakery Cookbook*. Simon & Schuster, 1999.

BAUER, Michael e IRWIN, Fran (ed.). *The San Francisco Chronicle Cookbook*. Chronicle Books, 1997.
BERY, Odette J. *Another Season Cookbook*. The Globe Pequot Press, 1986.

COLLISTER, Linda. *Sweet Pies and Tarts*. Ryland Peters & Small, 1997.
COLWIN, Laurie. *Home Cooking*. HarperCollins, 2000.
CONTE, Anna del. *The Gastronomy of Italy*. Bantam Press, 1987.
———————. *Secrets from an Italian Kitchen*. Bantam Press, 1989.
COSTA, Margaret. *Four Seasons Cookbook*. Grub Street, 1996.
CRAWFORD-POOLE, Shona. *Iced Delights*. Conran Octopus, 1986.

FARROW, Genevieve e DREHER, Diane. *The Joy of Muffins*. Golden West, 1989.
FOBEL, Jim. *Jim Fobel's Old-Fashioned Baking Book: Recipes from an American Childhood*. Lake Isle Press, 1996.

GREENSPAN, Dorie, com Julia Child. *Baking with Julia*. William Morrow, 1996.
GREENSTEIN, George. *Secrets of a Jewish Baker*. The Crossing Press, 1993.
GRIGSON, Jane. *Fruit Book*. Michael Joseph, 1982.
———————. *English Food*. Ebury Press, 1992.

KIMBALL, Christopher. *The Yellow Farmhouse Cookbook*. Little, Brown, 1998.

LAWSON, Nigella. *How to Eat*. Chatto&Windus, 1998.
LEVY BERANBAUM, Rose. *The Cake Bible*. William Morrow, 1988.

MACHLIN, Edda Servi. *The Classic Cuisine of the Italian Jews*. Giro Press, 1981.
MCNAIR, James. *James McNair's Cakes*. Chronicle Books, 1999.

OJAKANGAS, Beatrice A. *The Great Scandinavian Baking Book*. University of Minnesota Press, 1999.
ORTIZ, Joe. *The Village Baker*. Ten Speed Press, 1993.
——————— e ORTIZ, Gayle. *The Village Baker's Wife*. Ten Speed Press, 1997.

PURDY, Susan G. *The Family Baker*. Broadway Books, 1999.

RUBINSTEIN, Helge. *The Chocolate Book*. Macdonald & Co., 1981.

SCHLOSS, Andrew. *One-Pot Cakes*. William Morrow, 1995.
STAVROULAKIS, Nicolas. *The Cookbook of the Jews of Greece*. Jason Aronson Inc., 1996.

TREUILLE, Eric e FERRIGNO, Ursula. *Bread*. Dorling Kindersley, 1998.

WILLAN, Anne. *Real Food: Fifty Years of Good Eating*. Macmillan, 1988.
WILLARD, Pat. *Pie Every Day*. Algonquin Books of Chapel Hill, 1997.
WOOD, Beryl. *Let's Preserve It*. Souvenir Press, 1970.

AGRADECIMENTOS

Muitas pessoas ajudaram, com ingredientes ou equipamentos, ao longo deste livro, e eu agradeço, sobretudo, a Conran Shop, Ecko Bakeware, Graham & Greene, Kitchen Ideas, Marks & Spencer com W. Brice and Son da Mockbeggar Farm, Michanicou Brothers, Mortimer & Bennett, Selfridges, Somerill & Bishop, Tiffany & Co., Vessel e Wedgwood.

Entra-se na terra do lugar-comum dizendo que nenhum livro é o produto do esforço de apenas uma pessoa, mas mesmo assim é verdade. Sou grata a várias pessoas, principalmente a Eugenie Boyd, Caz Hildebrand, Gail Rebuck, Alison Samuel, Petrina Tinslay e Ed Victor.

Eu não poderia nem começar a expressar minha imensa gratidão sem mencionar as divas da cozinha Lisa Grillo e Kate Mellor, que me possibilitaram trabalhar, escrever e até viver, e Hettie Potter, que entrou na minha vida no momento exato, e sem a qual este livro jamais poderia ter sido escrito. Ela cozinhou comigo, tomou notas para mim, me apoiou e me manteve sã.

ÍNDICE

abobrinhas:
o famoso bolo de abobrinha da Flora 28-9
torta de abobrinha e grão de bico com
massa filo 103
açúcar de baunilha 346
aguardente de ruibarbo 349
alecrim:
bolo inglês de alecrim 19
ver também açúcar de baunilha (variações)
ameixas em conserva 364
ameixas:
ameixas em conserva 364
bolo de ameixas de inverno 47
crumble de ameixa e pecans 138
molho de ameixas chinês 373
torta de ameixa alemã 326
ver também torta de ruibarbo (variação)
amêndoas e essência de amêndoa:
bolo fácil de amêndoas 16-18
bolo inglês de cerejas com amêndoas 38
bolo úmido de limão-siciliano e amêndoas 22
folhado doce de amêndoas 339
galette des rois 299
maracoons espanhóis 64
ricciarelli 66
amendoim/manteiga de amendoim:
biscoitos doces e salgados de amendoim 65
joias de manteiga de amendoim e geleia 231, 233
muffins de snickers e manteiga de amendoim 228
quadradinhos de manteiga de amendoim 233
amoras:
crostata 115
galete de amoras 125
geleia de amora 358
minipavlovas 249
torta assada de frutas silvestres 121
torta de amora e maçã 128-29
torta preta e branca 122
avelã:
bolo de Nutella (torta alla gianduia) 182

bagels 314, 316
baklava 283
bananas:
cupcakes de chocolate branco, banana e
cereja 210
muffins de banana 228, 230
pão de banana 43
barrinhas de aveia da Soot 242
barrinhas dos sonhos 237

batatas:
latkes 284
pão de batata 308
tortinhas de queijo, cebola e batata 109
biscoitos 57
biscoitos amanteigados recortados 222
biscoitos azuis irlandeses 74
biscoitos da vovó Boyd 214
biscoitos de aveia 76
biscoitos de bordo com noz pecan 69
biscoitos de café e nozes 72
biscoitos de chocolate branco e pistache 215
biscoitos de halloween *ver* cupcakes de
halloween (variação)
biscoitos decorativos de Natal 280
biscoitos doces e salgados de amendoim 65
biscoitos italianos 73
discos picantes 74, 76
joias de limão-siciliano 71
madeleines de botão de rosa 59
snickerdoodles 68
ver também macaroons
biscoitos amanteigados recortados 222
biscoitos azuis irlandeses 74
biscoitos da vovó Boyd 214
biscoitos de aveia 76
biscoitos de bordo com noz pecan 69
biscoitos de chocolate branco e pistache 215
biscoitos decorativos de Natal 280
biscoitos italianos 73
blintzes de queijo 164, 166
bolinhos de chocolate derretido 189
bolinhos em formato de anel 36
bolinhos galeses 85
bolo de ameixas de inverno 47
bolo de aniversário com leitelho 220-21
bolo de aniversário outonal 34
bolo de caramelo em camadas 30-1
bolo de chocolate com creme azedo e cobertura
de creme azedo 179
bolo de coca-cola 242
bolo de cominho *ver* bolo madeira (variações)
bolo de especiarias coberto de neve 263
bolo de gengibre fresco com glacê de limão-
-siciliano 246
bolo de Natal
ver também bolo negro; certosino
bolo de sementes *ver* bolo madeira (variações)
bolo inglês de cerejas com amêndoas 38
bolo madeira 15

Índice 377

bolo negro 260-2
bolo úmido de limão-siciliano e amêndoas 22
bolos 12-13
    bolinhos de chocolate derretido 189
    bolinhos em formato de anel 36
    bolo de ameixas de inverno 47
    bolo de aniversário com leitelho 220-21
    bolo de aniversário outonal 34
    bolo de caramelo em camadas 30-1
    bolo de chocolate com creme azedo e cobertura de creme azedo 179
    bolo de chocolate com marsala 193
    bolo de chocolate com pistache 184-85
    bolo de chocolate denso 176
    bolo de chocolate e castanhas portuguesas 181
    bolo de coca-cola 242-43
    bolo de coco 33
    bolo de especiarias coberto de neve 263
    bolo de frutas com marzipã 44
    bolo de maçãs e nozes 46
    bolo de merengue com sorvete de castanha portuguesa 156-57
    bolo de Natal 258-59
    bolo de ruibarbo com farinha de milho 40
    bolo de sementes *ver* bolo madeira (variações)
    bolo fácil de amêndoas 16, 18
    bolo improvisado de chocolate com laranja 180-81
    bolo inglês com xarope de limão-siciliano 23
    bolo inglês de alecrim 19
    bolo inglês de cerejas com amêndoas 38
    bolo invertido de cranberry 294
    bolo madeira 15
    bolo negro 260-62
    bolo úmido de limão-siciliano e amêndoas 22
    bolo-musse de chocolate 186
    bolos borboleta 227
    certosino 265
    fairy cakes 49-50, 225
    fairy cakes com balas sortidas 225
    gateau Breton 21
    gotas de pão de ló 53
    kuchen de maçã 329-30
    minipães de ló com xarope de limão Tahiti 252
    o famoso bolo de abobrinha da Flora 28-29
    pão de banana 43
    pão de ló Vitória 24-25
    torta alla gianduia 182
    torta de creme Boston 31-2
    ver também cheesecakes; cupcakes
bolos borboleta 227
bolos de aniversário:
    bolo de aniversário com leitelho 220-21
    bolo de aniversário outonal 34

bolos de frutas:
    bolo de frutas com marzipã 44
    bolo de Natal 258-9
    bolo negro 260-2
    certosino 265
brownies 203
    brownies com cream cheese 204
    brownies de chocolate branco e macadâmia 204-5
brownies de chocolate branco e macadâmia 204-5

café:
    biscoitos de café e nozes 72
    bolo de caramelo em camadas 30
    bolo-sanduíche *ver* pão de ló Vitória (variações)
    cupcakes de cappuccino 209
    cupcakes de espresso 208
    vulcão de chocolate com café 191-92
café da manhã:
    bagels 314, 316
    bolinhos galeses 85
    cuca de ruibarbo 331
    folhado doce de amêndoas 339
    folhado doce de ricota 338
    johnnycakes 84-5
    kuchen de maçã 329-30
    muffins da manhã de Natal 287
    muffins de baklava 83
    muffins de banana 228, 230
    muffins de donut com geleia 230-31
    muffins de limão-siciliano e framboesa 84
    muffins de mirtilo 82
    muffins de snickers e manteiga de amendoim 228
    panquecas americanas para café da manhã 87
    rolinhos de canela noruegueses 332
    schnecken 334-35
calda gelada de rum 268
canela:
    açúcar de canela *ver* açúcar de baunilha (variações)
    rolinhos de canela noruegueses 332
caramelo de cinzas 239
castanhas:
    bolo de chocolate e castanhas portuguesas 181
    bolo de merengue com sorvete de castanha portuguesa 156-57
    Mont Blanc 298
cebolas:
    torta de cebola para o jantar 95
    tortinhas de queijo, cebola e batata 109
    ver também torta de ameixa alemã (variações)
cerejas:
    pavê de cereja 159-60
    ver também torta de ameixa alemã (variações)

378 Índice

certosino 265
cheesecake italiano do Joe Dolce 171
cheesecake londrino 169
cheesecake nova-iorquino 167
cheesecakes:
    cheesecake de chocolate 185
    cheesecake de maracujá 170
    cheesecake italiano do Joe Dolce 171
    cheesecake londrino 169
    cheesecake nova-iorquno 167
    minicheesecakes 245
chocolate 174-75
    biscoitos da vovó Boyd 214
    biscoitos de chocolate branco e pistache 215
    bolinhos de chocolate derretido 189
    bolo de chocolate com creme azedo e
        cobertura de creme azedo 179
    bolo de chocolate com marsala 193
    bolo de chocolate com pistache 184
    bolo de chocolate denso 176
    bolo de chocolate e castanhas portuguesas 181
    bolo improvisado de chocolate com laranja 180-81
    bolo-musse de chocolate 186
    brownies 203
    brownies com cream cheese 204
    brownies de chocolate branco e macadâmia 204-5
    cheesecake de chocolate 185
    chocodoodles *ver* snickerdoodles (variação)
    cobertura de chocolate 32
    creme de chocolate branco com rum 178
    cupcakes de cappuccino 209
    cupcakes de chocolate 178
    cupcakes de chocolate branco, banana e
        cereja 210
    cupcakes de chocolate com cereja 206
    cupcakes de espresso 208
    cupcakes dia e noite 211
    dominós de menta 244
    florentinos 213
    macaroons de chocolate 196-97
    multiuso 205
    ninhos de Páscoa 241
    pão de banana com chocolate *ver* pão de
        banana (variação)
    pilha pegajosa de chocolate 195-96
    profiteroles (variação) 152-53
    pudim de *pain au chocolat* 200
    quadradinhos de manteiga de amendoim 233
    rocky road 234
    shortbread milionário da Roxane 250
    tarteletes de chocolate com framboesas 197
    torta alla gianduia 182
    vulcão de chocolate com café 191-92

chutney condimentado de maçã 367
chutney de abacaxi 368
chutney do paraíso 369
chutneys 367
    chutney condimentado de maçã 367
    chutney de abacaxi 368
    chutney do paraíso 369
clafoutis de uva-crispa vermelha 146
cobertura:
    cobertura de chocolate multiuso 205
    cream cheese 52
    creme azedo 179
    ganache de chocolate 32
    limão
    manteiga 220, 221
coco:
    bolo de coco 33
    macaroons de coco 60
conhaque de marmelo 350
conserva de limão Tahiti de Edith Afif 371
cranberries:
    bolo invertido de cranberry 294
    o curd de cranberry 353
cream cheese:
    brownies com cream cheese 204
    cupcakes de cenoura com cobertura de
        cream cheese 52
    cupcakes dia e noite 211
creme de ovos 144
    creme de chocolate branco com rum 178
    creme de sauternes 268
crème brûlée de Natal 297
creme de chocolate branco com rum 178
creme de moscatel e mascarpone 41
creme de sauternes 268
crianças 219
    barrinhas de aveia da Soot 242
    barrinhas dos sonhos 237
    biscoitos amanteigados recortados 222
    bolo de aniversário com leitelho 220-21
    bolo de coca-cola 242-43
    bolo de gengibre fresco com glacê de limão-
        -siciliano 246
    bolos borboleta 227
    caramelo de cinzas 239
    crocantes de flocos de milho 227
    cupcakes de Halloween 226
    dominós de menta 244
    fairy cakes tradicionais 225 *ver também* cupcakes
    fudge 238
    joias de manteiga de amendoim e geleia 231, 233
    maçãs carameladas 236
    merengues 241

Índice 379

minicheesecakes 245
minipavlovas 249
muffins de banana 228, 230
muffins de donut com geleia 230-31
muffins de snickers e manteiga de amendoim 228
ninhos de Páscoa 241
quadradinhos de manteiga de amendoim 233
rocky road 234
shortbread milionário da Roxanne 250
crocantes de flocos de milho 227
crostata 115
crumbles:
   crumble de ameixa e pecans 138
   crumble de creme de uva-crispa 139
cupcakes 49
   cupcakes de cappuccino 209
   cupcakes de cenoura com cobertura de
      cream cheese 52
   cupcakes de chocolate 178
   cupcakes de chocolate branco, banana e
      cereja 210
   cupcakes de chocolate com cereja 206
   cupcakes de coca-cola ver bolo de coca-cola
      (variações)
   cupcakes de espresso 208
   cupcakes de Halloween 226
   cupcakes de lavanda 50
   cupcakes de manteiga queimada e açúcar
      mascavo 51
   cupcakes de Natal 277
   cupcakes dia e noite 211
cupcakes de cappuccino 209
cupcakes de cenoura com cobertura de cream
   cheese 52
cupcakes de espresso 208
cupcakes de Halloween 226
cupcakes de lavanda 50
cupcakes de manteiga queimada e açúcar
   mascavo 51
cupcakes de Natal 277
cupcakes dia e noite 211
curds 353
   curd de cranberry 353
   curd de limão Tahiti 354
   curd de maracujá 354

discos picantes 74, 76
dominós de menta 244

espinafre:
   torta de espinafre, ricota e trigo para quibe 101
   torta de linguiça e espinafre 100

fairy cakes 49-50, 225
   fairy cakes com balas sortidas 225
fairy cakes com balas sortidas 225
famoso bolo de abobrinha da Flora, o 28-29
figos:
   figos com xarope de rum 363
   ver também torta preta e branca (variação)
florentinos 213
framboesas:
   geleia fácil de framboesa 356
   minipavlovas 249
   muffins de limão-siciliano e framboesas 84
   pavê de travessa de limão-siciliano e
      framboesas 163
   tarteletes de chocolate com framboesas 197-8
   torta assada de frutas silvestres 121
frascos limpos 345
fudge 238

galette des rois 299
gateau Breton 21
gelatina de gim e tônica 141
gelatina:
   gelatina de gim e tônica 141
   gelatina de vodca com limão tahiti, *ver*
      também gelatina de gim e tônica (variações)
   geleia de moscatel 362
geleia 356
   geleia de ameixa rainha cláudia 358-9
   geleia de amora 358
   geleia de morango 357
   geleia de moscatel 362
   geleia fácil de framboesa 356
   geleia mole de pêssego e groselha 359
   ver também curds
geleia com casca de laranjas-azedas *ver* geleia
   com casca de toranja rosa (variações)
geleia de ameixa rainha cláudia 348-9
geleia de laranja:
   geleia com casca de toranja rosa 361
   pão de ló com geleia de laranja, *ver* pão de
      ló com calda no vapor (variação)
geleia de moscatel 362
glögg sueco 279
gotas de pão de ló 53
grão de bico:
   torta de abobrinha e grão de bico com massa
      filo 103
groselha:
   geleia mole de pêssego e groselha 359
   torta assada de frutas silvestres 121
   torta de groselha com merengue 131

Hanukkah:
    latkes 284
    loukamades 284, 285-6

johnnycakes 84-5

lahmacun 322-23
laranjas:
    geleia de laranja *ver* geleia com cascas de
      toranja rosa (variações)
    torta de laranja-azeda e mirtilos 119-20
latkes e loukamades 284
limão-siciliano:
    bolinhos em formato de anel 36
    bolo de limão-siciliano com sementes de
      papoula, *ver* bolo madeira (variação)
    bolo inglês com xarope de limão-siciliano 23
    bolo-sanduíche de limão-siciliano com
      mascarpone 25-26
    bolo úmido de limão-siciliano e amêndoas 22
    joias de limão-siciliano 71
    muffins de limão-siciliano e framboesa 84
limão Tahiti:
    conserva de limão Tahiti de Edith Afif 371
    curd de limão Tahiti 354
    minipães de ló com xarope de limão Tahiti 252
    minitortas de limão-galego 251
    torta de limão (galego) 113-14
    ver também bolinhos em formato de anel
      (variações)
loukamades 284, 285-6

macarons:
    macarons de chocolate 196-7
    macaroons de coco 60
    macarons de pistache 63
    macaroons espanhóis 64
    ricciarelli 66
maçãs carameladas 236
maçãs:
    bolo de maçãs e nozes 46
    chutney condimentado de maçã 367
    kuchen de maçã 329-30
    maçãs carameladas 236
    tarte tatin 340
    torta de amora e maçã 128-29
    torta de duas maçãs 127-28
    torta invertida de maçã com calda 145
    ver também torta de ameixa alemã (variações)
madeleines de botão de rosa 59
maids of honour 278
manteiga de conhaque 267

maracujá:
    cheesecake de maracujá 170
    curd de maracujá 354
    pão de ló Vitória (variação)
    pavê de maracujá, mascarpone e merengue 161
    ver também shortcakes de morango (variação)
marmelo:
    calda de marmelo 352
    chutney do paraíso 369
    conhaque de marmelo 350
    recheio de frutas secas e marmelo 275
marzipã:
    bolo de frutas com marzipã 44
    bolo fácil de amêndoas 16-18
mascarpone:
    bolo-sanduíche de limão-siciliano com
      mascarpone 25-26
    creme de moscatel e mascarpone 41
    pavê de maracujá, mascarpone e merengue 161
    torta preta e branca 122
massa básica 93
massa de processador para folhados doces 337
    folhado doce de ricota 338
    tarte tatin 340
massa folhada de processador 93
massa:
    massa básica 93
    massa folhada de processador 93
merengue 241
    bolo de merengue com sorvete de castanha
      portuguesa 156-7
    minipavlovas 249
    mont blanc 298
    pavlova de Natal 293
    torta de groselha com merengue 131
miniquiches de cogumelo 112
miniquiches de tomate 110
miniquiches *ver* tortas e miniquiches
mirtilos:
    agarra-marido de mirtilos 136-7
    muffins de mirtilo 82
    torta assada de frutas silvestres 121
    torta de laranja-azeda e mirtilos 119-20
molho de ameixas chinês 373
molho marrom 372
molhos:
    calda de mirtilos 164
    calda gelada de rum 268
    manteiga de conhaque 267
    molho de ameixas chinês 373
    molho marrom 372
mont blanc 298

morangos:
geleia de morango 357
shortcakes de morango 79-80
muffins da manhã de Natal 287
muffins de baklava 83
muffins de donut com geleia 230-1
muffins de snickers e manteiga de amendoim 228
muffins:
muffins da manhã de Natal 287
muffins de baklava 83
muffins de banana 228, 230
muffins de donuts com geleia 230-1
muffins de limão-siciliano e framboesa 84
muffins de mirtilo 82
muffins de snickers e manteiga de amendoim 228

ninhos de Páscoa 241
noz:
barrinhas dos sonhos 237
biscoitos doces e salgados de amendoim 65
brownies de chocolate branco e macadâmia 204-5
rocky road 234
ver também amêndoas; castanhas; avelãs;
pecan; pistache; nozes
noz pecan:
biscoitos de bordo com noz pecan 69
crumble de ameixa e pecans 138
pão de bordo com pecan 313
nozes:
biscoitos de café e nozes 72
bolo de maçãs e nozes 46
brownies 203
ver também biscoitos de bordo com noz
pecan (variações)

Om Ali 150

pães 302-4
lahmacun 322-23
pão artesanal de alho e salsa 316, 318
pão branco essencial 306-7
pão chato nigellano 321-22
pão de batata 308
pão de bordo com pecan 313
pão de centeio finlandês 309
pão integral 307
pão italiano 310-11
pão-montanha norueguês 312
schiacciata com gorgonzola e pinolis 319
panquecas:
johnnycakes 84-5
panquecas americanas para o café da manhã 87
ver também welshcakes

panquecas americanas para o café da manhã 87
pão artesanal de alho e salsa 316-8
pão chato nigellano 321-22
pão de bordo com pecan 313
pão de centeio finlandês 309
pão de ló com calda no vapor 142-4
pão de ló Vitória 24-26
pão italiano 310-11
pão-montanha norueguês 312
pastéis da cornualha 106-7
pavês:
pavê de cereja 159-60
pavê de maracujá, mascarpone e merengue 161
pavê de travessa de limão-siciliano e
framboesas 163
pavlovas:
minipavlovas 249
pavlova de Natal 293
pavlova de Natal 293
pêssego:
geleia mole de pêssego e groselha 359
ver também torta preta e branca (variação)
pêssegos secos:
torta de creme e pêssegos 129-30
pilha pegajosa de chocolate 195
pistache:
baklava 283
biscoitos de chocolate branco e pistache 215
bolo de chocolate com pistache 184-5
suflês de pistache 155-6
pizza casareccia 325
pizza rústica 96
pizza rústica all'inglese 99
profiteroles 152-3
pudim de arroz com moscatel 147
pudim de carne e rim 104, 106
pudim de Natal 266
pudim de *pain au chocolat* 200

queijo:
biscoitos azuis irlandeses 74
biscoitos de queijo *ver também* biscoitos de
bordo com noz pecan (variação)
blintzes de queijo 164, 166
folhado doce de amêndoas 339
pizza rústica 96, 98
pizza rústica all'inglese 99
schiacciata com gorgonzola e pinolis 319
scones de queijo *ver também* scones da Lily
(variação)
tortinhas de queijo, cebola e batata 109
ver também cream cheese

recheio de frutas secas sem sebo da Hettie
   Potter 274
ricciarelli 66
ricota:
   torta de espinafre, ricota e trigo para quibe 101
rocky road 234
rodelas de hortelã-pimenta *ver também* dominós
   de menta (variação)
rolinhos de canela norugueses 332
rolinhos:
   rolinhos de canela norugueses 332
   schnecken 334-35
romã:
   pavlova de Natal 293
ruibarbo:
   aguardente de ruibarbo 349
   bolo de ruibarbo com farinha de milho 40
   cuca de ruibarbo 331
   grunt de ruibarbo 137
   molho marrom 372
   torta de ruibarbo 117-8
   ver também pão de ló Vitória (variação)
rum:
   calda gelada de rum 268
   creme de chocolate branco com rum 178
   figos com xarope de rum 363

schiacciata com gorgonzola e pinolis 319
schnecken 334-5
scones da Lily 77
shortbread milionário da Roxanne 250
shortcakes de morango 79-80
snickerdoodles 68
sobremesa 134-5, *ver também* cheesecakes; gelati-
   nas; tortas doces; pavês
   agarra-marido de mirtilos 136-7
   blintzes de queijo 164-6
   bolo de merengue com sorvete de castanha
      portuguesa 156
   clafoutis de uva-crispa vermelha 146
   crème brûlée de Natal 297
   creme de moscatel e mascarpone (variação) 41
   crumble de ameixa e pecans 138
   crumble de creme de uva-crispa 139
   galette des rois 299
   grunt de ruibarbo 137
   mont blanc 298
   Om Ali 150
   pão de ló com calda no vapor 142
   pavlova de Natal 293
   pilha pegajosa de chocolate 195-6
   profiteroles 152-3
   pudim de arroz com moscatel 147

pudim de Natal 266
pudim de pain au chocolat 200
suflês de pistache 155-6
syllabub de calvados 149
torta invertida de maçã com calda 145
vulcão de chocolate com café 191
suflês de pistache 155-6
syllabub de calvados 149

tarte tatin 340
toranja rosa:
   geleia com cascas de toranja rosa 361
   ver também variações
torta alla gianduia 182
torta assada de frutas silvestres 121
torta de ameixa alemã 326-27
torta de caça 291-2
torta de cebola para o jantar 95
torta de creme Boston 31-2
torta de laranja-azeda e mirtilos 119-20
torta de limão (galego) 113-4
   minitortas de limão-galego 251
torta de linguiça e espinafre 100
torta de ovos e bacon do Boxing Day 288
torta preta e branca 122
tortas de frutas secas com estrelas 270, 272
tortas de frutas secas com frangipane 273
tortas de frutas secas manjedoura 269-70
tortas e miniquiches:
   salgadas
      miniquiches de cogumelos 112
      miniquiches de tomate 110
      pastéis da cornualha 106-7
      pizza rústica 96, 98
      pizza rústica all'inglese 99
      pudim de carne e rim 104, 106
      torta de abobrinha e grão-de-bico com
         massa filo 103
      torta de caça 291-2
      torta de cebola para o jantar 95
      torta de espinafre, ricota e trigo para quibe 101
      torta de linguiça e espinafre 100
      torta de ovos e bacon do Boxing Day 288
      tortinhas de queijo, cebola e batata 109
   doces
      crostata 115
      galete de amoras 125
      maids of honour 278
      minitortas de limão-galego 251
      tarte tatin 340
      tarteletes de chocolate com framboesas 197-8
      torta assada de frutas silvestres 121
      torta de ameixa alemã 326-7

torta de amora e maçã 128-9
torta de creme e pêssegos 129-30
torta de duas maçãs 127-8
torta de groselha com merengue 131
torta de laranja-azeda e mirtilos 119-20
torta de limão (galego) 113-4
torta de ruibarbo 117-8
torta invertida de maçã com calda 145
torta preta e branca 122

uva-crispa:
clafoutis de uva-crispa vermelha 146
crumble de creme de uva-crispa 139
ver também pão de ló Vitória (variações)

vinho quente 279

vodka:
gelatina de vodka com limão Tahiti *ver
também* gelatina de gim e tônica
(variações)
glögg sueco 279